教育部人文社会科学研究青年基金项目研究成果（项目编号：18YJC850020）
宁波城市职业技术学院优秀学术著作出版基金资助项目

吴越海神信仰的传说展演研究

● 谢秀琼 / 著

宁波出版社
NINGBO PUBLISHING HOUSE

图书在版编目（CIP）数据

吴越海神信仰的传说展演研究 / 谢秀琼著. -- 宁波：宁波出版社，2024.9. -- ISBN 978-7-5526-5520-9

Ⅰ．B933

中国国家版本馆 CIP 数据核字第 2024ND6979 号

吴越海神信仰的传说展演研究
谢秀琼　著

出版发行	宁波出版社（宁波市甬江大道 1 号宁波书城 8 号楼 6～7 楼　315040）
网　　址	http://www.nbcbs.com
责任编辑	黄　彬
责任校对	余怡荻
内文排版	朝曦图文
印　　刷	宁波白云印刷有限公司
开　　本	787mm×1092mm　1/16
印　　张	12.75
字　　数	200 千
版　　次	2024 年 9 月第 1 版
印　　次	2024 年 9 月第 1 次印刷
标准书号	ISBN 978-7-5526-5520-9
定　　价	42.80 元

如发现缺页或倒装，影响阅读，请与本社发行部联系调换。电话：0574-87279895

前　言

　　海神信仰，是沿海居民在长期的涉海活动中，面对变幻无常且神秘莫测的海洋时创造、发展而成的精神寄托和生活理想。它以神灵崇奉为传承纽带，以信仰仪式为行为规范，与其他民俗事象互动互构，是海洋民俗的重要构成。海神信仰既是沿海居民敬畏大海、祈求海神带来平安幸福的心理投射，也是世代传承的民间海洋观念和意识的外在表现。透过海神信仰，我们得以窥见沿海民众在海洋生产劳作、祭祀仪式及日常生活中所彰显的思维模式与价值选择，进而对海洋文化产生更为深刻的认识。

　　传说的概念容易与神话、故事混淆，但彼此之间又有着千丝万缕的联系。根据传说的历史性、文学性、神圣性要素，我们将吴越海神传说界定为，基于一定的历史记忆对吴越海神进行虚构、渲染或附会，又与现实需求有着较为密切关系的传奇性叙事。

　　民间信仰与传说呈现互为表里的关系。民间传说从来都不是民间信仰的文学再现，而是用自己的方式诠释、修改，甚或推动民间信仰。作为对海神来源、神职演变的文学注释，海神传说并非简单的静态呈现。在开放的民间话语场中，不同社会群体参与了对海神显应事迹的修改、消除或叠加，从而影响、推动着海神信仰的播衍与在地化接受。通过海神传说的类型、播衍及其叙事主题分析，我们能较为清晰地勾勒吴越民众历时性选择、展演和重构海神信仰文化图景，进而把握吴越海神信仰的文化内蕴与时代价值。

一、相关学术回顾

(一)海神信仰的类型研究

曲金良[①](1999)根据海神来源,将历代海神划分为:动物图腾崇拜与早期的海神、人兽同体的海神、人神同形的海神、由人鬼转化成的海神、其他海神信仰与淫祀等。李广志[②](2011)重点考察从唐代至民国期间宁波地区海神信仰的产生及演变过程。宁波海神信仰体现了佛、儒、道等宗教思想,同时又具有鲜明的地方民俗特色。每一位海神都构成一条文化链,其中龙王、观音和妈祖信仰影响最大,另有众多的民间海神人物。按照功能,将海神划分为:海洋水体本位神、航海神、镇海神、引航神、商业神和全能神。谢必震[③](1998)认为,福建沿海居民信仰的海神除天妃外,还有临水夫人、龙神、拿公、陈文龙、苏臣等,同时伴随着多样的祭祀海神活动。王荣国[④](2003)认为,海洋信仰传统深远,其中海神家族成员众多而庞杂,而又有自身的构成规律可循,其海洋神灵的结构体系,是由海洋水体本位神,航海保护神与渔商专业神,镇海神与引航神三个系统的神灵构成的。蔡勤禹、赵珍新[⑤](2015)从避灾护佑的功能分析,将海神分为海洋水体本位神、航海神、镇海神、引航神和全能神等。海神信仰的禳灾功能主要体现在给人们带来精神支柱,给社会带来安定,起到安定身心、凝聚人心的作用。王巧玲(2015)分析海洋信仰文化是如何在原始水崇拜的基础上继承、吸收、充实、扩展了原

---

① 曲金良:《海洋文化概论》,青岛海洋大学出版社1999年版,第143—151页。
② 李广志:《宁波海神信仰的源流与演变》,《民间文化论坛》2011年第5期,第31—37页。
③ 谢必震:《古代福建沿海居民的海神信仰》,《福建师范大学学报(哲学社会科学版)》1998年第2期,第95—99页。
④ 王荣国:《海洋神灵:中国海神信仰与社会经济》,江西高校出版社2003年版,第38—87页。
⑤ 蔡勤禹、赵珍新:《海神信仰类型及其禳灾功能探析》,《中国海洋大学学报(社会科学版)》2015年第3期,第25—29页。

有的水神信仰的,"新水神除了继承原始水崇拜的司水和生育繁衍的职能外,还被赋予了保护平安、祈求丰收、拯危救难等新职能"①。以上研究成果主要从海神来源和功能两大方面梳理海神信仰类型,同时表明海神信仰研究作为一个相对完整的体系,还应将物质层面的景观(诸如庙宇、宗祠)和行为层面的信仰仪式等加以互文比较、考察。

(二)民间信仰与传说的互动研究

林继富②(2003)认为,民间信仰与民间传说互为作用、互为表里,二者构成民间基层社会极具活力的文化运动。一方面,从信仰到传说展演,原始信仰不断传奇化、模式化和人格化,诞生了民俗信仰和叙事传说;另一方面,民间传说发展到民间信仰,是从表层言语到深层民俗心理的演化。比如以忠、义闻名于世的蜀国战将关羽,凭借传说和信仰互动走向全国,被封为战神、保护神、财神。唐霞③(2016)以青龙神信仰和传说的相互影响为例,认为民间传说在它产生和发展的过程中,其内在包孕的民间信仰是支撑传说流变、传承的关键和核心所在。作为一种文化现象,民间传说在与信仰的互动发展过程中,逐步从表层的、外在的言语演化为深层的民俗心理。田泥、粟世来④(2017)提出,在民间信仰中,民众能直接参与到神祇相关的传说创作,而这些传说作为对神祇来源、仪式意义、神祇功能等的文学注释,是一个开放的体系。在这开放的"话语场"中,所有人都有可能对神祇的理解发表看法,从而影响神灵信仰的生成和走向。民间信仰与传说是互为表里的关系,这一研究成果,为民间传说、民间信仰的产生、传播动因提供了新的观察视角。

---

① 王巧玲:《海洋文化的信仰渊源探究》,中国社会科学出版社2015年版,第2页。
② 林继富:《神圣的叙事——民间传说与民间信仰互动研究》,《华中师范大学学报(人文社会科学版)》2003年第6期,第11—18页。
③ 唐霞:《豫西北青龙神相关传说与信仰互动研究》,《河南科技大学学报(社会科学版)》2016年第3期,第10—15页。
④ 田泥、粟世来:《白帝天王:传说与信仰》,《吉首大学学报(社会科学版)》2017年第5期,第132—137页。

(三)海神信仰的传播研究

对海神信仰的传播研究,主要从传播中介、传播线路、传播历程及文化认同等方面切入。毕旭玲[1](2016)考察吴越海神信仰对外传播的主要通道是起于吴越的东海丝绸之路,梳理吴越海神信仰从先秦至魏晋、从南北朝至隋唐、宋元明清这三个阶段的传播路径,展现海神形象由最初的龙蛇形海神,到东海龙王和南海观音,再到东海龙王、南海观音与妈祖三大主要海神的历史变迁,同时伴随着海外祠庙的兴建与稳定信众群体的形成,东亚海神信仰文化圈由此得以巩固。郭泮溪[2](2009)研究中国海神信仰发生的演变过程及其人化影响,认为中国海神与内陆神之间的联系,主要基于人的流动(经商、迁徙等)这一中介实现相互传播与角色转化,不论是发生于沿海地区的海神妈祖,还是发生于内陆地区后来转化为海神的大禹、大王神、关帝等。莫莹萍[3](2016)以明清时期处州地区妈祖信仰的传播为例,认为妈祖文化传入处州的传播途径主要有以下两条:一是福建籍移民、流民迁入处州,带来妈祖文化;二是闽商来处州经商,传播妈祖文化。此外,福建籍处州地方官员的大力支持也是推动妈祖文化在处州传播的动因。妈祖文化在处州的接受认同,也经历了妈祖形象与庙宇功能的在地化转换。

(四)海神信仰的文化内蕴研究

朱建君[4](2007)通过考察中国古代主要海神信仰的历史传承与流变,结合海神传说及相关民俗事象,透视出中国古代海洋观念三个方面的主要内

---

[1] 毕旭玲:《吴越地区海神信仰域外传播概述》,《中原文化研究》2016年第4期,第106—111页。

[2] 郭泮溪:《中国海神信仰发生演变过程及其人化影响》,《民俗研究》2009年第4期,第94—104页。

[3] 莫莹萍:《明清时期处州地区妈祖信仰的传播及其演变考》,《丽水学院学报》2016年第4期,第6—11页。

[4] 朱建君:《从海神信仰看中国古代的海洋观念》,《齐鲁学刊》2007年第3期,第43—48页。

容和特点,即源远流长的"四海"水体观念、"鱼盐商利"的海洋价值观念,以及敬畏与驾驭交织的海洋本体观念等。由此进一步推断,由海神信仰所折射出的中国古代海洋观念在现实和虚幻两条轨道上前行,并且随着涉海生活的深入,在历史时期内越来越趋向现实,人海关系中人的力量不断增加。此观点也有力反驳了不少学者关于以中国海洋文化为代表的东方海洋文化始终处于一种追求安逸和稳定的传统看法。闵祥鹏[①](2011)认为,伴随着人们对海神护佑的迫切心理需求以及汉唐之际多元文化传播,不同地域之间的海神信仰得到了融合。尤其是在佛教、伊斯兰教相继传入我国后,其中的异域宗教元素更与我国传统的海神观念融合,形成了我国早期海神信仰的多元化格局。林国平[②](2017)认为,海神信仰贯穿于航海始终,它既反映了时人对海上巨大风险的畏惧心理,又体现了航海者借助海神信仰战胜各种艰难险阻的必胜信念。两种心态交织在一起,但后者占主导地位,由此促使大批闽人勇敢地走向海洋。

综上所述,学界对海神信仰的类型及特征有较多的研究成果,但对海神信仰的民间传说展演研究,即民间传说是如何参与海神信仰的核心要素构建,使之成为民众深层的民俗心理,传说是如何选择、重塑海神信仰的区域文化认同,又是如何历时性参与民间海洋观念表达等,却鲜有较为系统的论述。可以说,民间传说作为海神信仰的核心要素,经过口口相传与再创作,对民间信仰的传播及其信仰文化圈的形成,民间海洋观念的表达与嬗变,均产生了重要影响。基于此,梳理海神信仰传说的生成机制、互构关系,考察海神传说类型流变及叙事主题,分析孕育其中的共时性信仰文化信息与历时性的传播机制,揭示民间海洋观念变迁与传承等,将在一定程度上弥补海神信仰传说研究之相对阙如。

---

① 闵祥鹏:《区域生存意识、功利性思想与汉唐海神信仰的演变》,《社会科学》2011年第3期,第163—170页。

② 林国平:《海神信仰与古代海上丝绸之路——以妈祖信仰为中心》,《福州大学学报(哲学社会科学版)》2017年第2期,第5—9,15页。

二、研究意义

(一)理论价值

其一,吴越地区海神信仰传说的系统梳理,是丰富区域海洋文化形态与样貌的题中应有之义。通过对吴越海神信仰从先秦秦汉时期、魏晋南北朝隋唐时期、宋元明清时期到近代进行历史考察,探讨海神信仰传说的海神形象变迁、类型流变,发掘民间海洋观念与价值取向嬗变,均是对海洋文化的丰富和发展。

其二,以民间传说为视角,为海洋信仰研究提供了新路径。民间传说与民间信仰关系密切,民间传说通过参与、强化海神信仰的核心要素构建,使之成为民众深层的民俗心理、思维观念。通过对各类海神传说的海神形象变迁、类型流变的分析,能较为清晰地勾勒吴越民间如何选择、描述和建构在地化的海神信仰文化,即以民间传说为视角,为把握各种海神信仰的内涵与本质,提供了新路径。

其三,在海神信仰传说的异文比较中,凸显吴越地区的文化特征,为较为完整呈现中国海神信仰文化打下基础。吴越文化形成于春秋时期,基于吴越"同俗并土""习俗同,言语通"的事实,作为文化界分的吴越地域概念延续至今。而对海神信仰的传说改写、传播与认同等历程,实则折射出吴越地区海洋文化关于冒险拓展、安慰与共、重诺守信、相对开放的实用理性之光。在此基础上,关注吴越海洋文化与内陆、域外文化的流动、交融,从而为系统描述中国海神信仰文化打下基础。例如,随着海洋渔业的发展及人口流动,许多陆地的保护神信仰出现了"海洋化",以至于妈祖、观音信仰被进一步传播,成为全国普遍信奉的海神。

(二)实际应用价值

党的十八大报告首次提出了"建设海洋强国"战略目标,海洋上升至前

前　言

所未有的国家发展战略高度。吴越区域内陆与海岛的海神信仰传说体系，伴随着人们走向海洋、追求海洋经济利益而产生、发展及进一步充实。它的发展、充实又增强了人们认知、开发海洋的勇气和信心。海神信仰伴随着海神传说的生动演绎，已深深根植于沿海地区老百姓的心中，对提升区域海洋社会内部的凝聚力，间接促进海洋经济发展，继续发挥着无可替代的作用。

三、研究思路及内容

《吴越海神信仰的传说展演研究》通过考察海神形象变迁、海神传说的生成机制等内容，呈现了相对完整的吴越地区海神传说体系。在此基础上，全书聚焦海神传说的类型与播衍、多重叙事主题，探析海神信仰的跨区域传播及在地化接受，发掘蕴含于传说中的冒险拓展、安慰与共、重诺守信、相对开放等实用理性之光。

本书研究内容主要分三部分。第一、二章为第一部分，重在考察海神信仰与传说的互构关系。第一章概述吴越海神信仰的内涵、类型及特征。吴越海神形象的演变大体经历了由海洋生物、半人半兽向人形神、凡人羽化成神的过渡，人格化趋势渐浓的同时，海神神职也经历了从简到繁的变化。第二章论述吴越海神传说的生成机制，包括基于历史片段的记述或渲染、借用神话或故事、虚构与想象、共同的文化心理等路径。海神传说与海神信仰的依存关系表现为，民间海神信仰规约传说叙事变化，传说又参与了海神信仰的核心要素建构。

第三至七章为第二部分，重点分析吴越地区流传较广的海神传说，如鱼神传说、盐神传说、观音传说、妈祖传说及龙王传说，在海洋文化与内陆文化的碰撞、交融之中，大体勾勒出民间选择、重构在地化海神信仰的文化图景。第三章论述鱼神信仰与传说，分析海中大鱼想象、鱼神传说类型，进而揭示了沟通生死、泣泪成珠等文化记忆在相关传说播衍中的作用。第四章论述盐神信仰与传说，盐神主要由盐的发现者或赐福者、制盐工艺革新者及盐政改革者等神化而来。盐神相关传说共同指向着区域盐业发展的历史轨迹，见证盐在人们日常生活中的重要性，寄寓着人们祛病消灾、生活富足的殷切期盼。第五章论述观音信仰与传说，观音信仰的本土化主要表现在观音形象的女身转换、观音道场的本土化以及观音信仰的世俗化演变趋势。探讨本土化的观音传说，如观音本生传说、观音显灵传说、观音海洋救难传说等演化，有助于把握民间观音信仰传播的内在逻辑。第六章论述了妈祖信仰与传说，妈祖信仰从东南沿海的莆田走出，其影响范围扩及全国，离不开官方的认可与不断敕封，亦与妈祖信仰传说的衍展和不断丰富有关。第七章论述龙王信仰与传说。吴越地区龙神信仰的演变，其大体经历了原始蛇图腾崇拜、龙蛇崇拜融合、龙王崇拜三个阶段。龙神早期形象的神秘性和复合性，在传播过程中被淡化，取而代之的是人情世故、世俗观念的不断注入，生动演绎了不同类型的龙王传说。

第八至十章为第三部分，重在考察海神信仰传说的叙事主题，探析吴越海神传说所折射的冒险开拓、相对开放、重诺守信等实用理性之光。第八章论述海洋冒险叙事。随着海洋认知和海洋活动日趋世俗化，海洋仙境想象从"《山海经》时代"充满神秘奇险色彩，到汉唐时期浸染漂流遇仙的奇幻浪漫色彩，再到宋元明清笔记小说、海洋小说中出现海上探险和遇仙互为交织的诡谲多变叙事，海洋的神秘性和神圣性逐渐消失。随着人们海洋探索实践的不断深入，海洋获益叙事也日益增多。第九章论述海洋神圣性叙事。本章通过"因功成神""因水而灵""因善成神"叙事分析，讨论不同来源的海神是如何被赋予海洋灵性，并成为沿海百姓解除生活困厄的重要精神寄托。第十章论述了海洋禁忌叙事。海神传说中的禁忌叙事，包含自然禁忌、窥视禁忌、语言禁忌、宝物禁忌、神谕禁忌等，具有强化海神信仰的禁忌规则，实现惩恶扬善、劝人向善以及一定程度的抚慰心灵等文化功能。

以上三部分内容构成了本书的基本框架，希冀本书能对广大读者了解海神信仰与民间传说的互构关系，吴越海神传说类型与演变，叙事主题及其文化意蕴等有所帮助。

目　录

第一章　吴越海神信仰 ··· 001

　第一节　民间海神信仰 ··· 001

　第二节　吴越海神信仰的类型及特征 ························· 003

　第三节　吴越海神形象变迁 ···································· 015

第二章　吴越海神传说 ··· 024

　第一节　吴越海神传说的生成 ·································· 024

　第二节　海神信仰与传说的互构 ······························· 036

第三章　鱼神信仰与传说 ······································ 045

　第一节　海中大鱼想象 ··· 045

　第二节　鱼神传说的文化内蕴 ·································· 052

　第三节　鱼神传说的播衍 ······································ 058

第四章　盐神信仰与传说 ······································ 062

　第一节　吴越地区盐业发展历程 ······························· 062

　第二节　盐的发现与传说 ······································ 066

　第三节　制盐工艺革新与传说 ·································· 068

　第四节　盐政改革与传说 ······································ 071

第五章　观音信仰与传说 …… 074
第一节　观音信仰的本土化 …… 074
第二节　观音传说类型 …… 078
第三节　观音传说的播衍 …… 087

第六章　妈祖信仰与传说 …… 090
第一节　妈祖生平及传说 …… 090
第二节　妈祖传说类型 …… 096
第三节　妈祖传说的播衍 …… 100

第七章　龙王信仰与传说 …… 108
第一节　龙王信仰溯源 …… 108
第二节　龙王传说类型 …… 113
第三节　龙王传说的播衍 …… 120

第八章　海洋冒险叙事 …… 124
第一节　海中"仙境"的时空叙事 …… 124
第二节　海洋漂流遇仙与遇险叙事 …… 131
第三节　海洋宝物的形态与叙事 …… 136

第九章　海洋神圣性叙事 …… 148
第一节　"因功成神"叙事 …… 148
第二节　"因水而灵"叙事 …… 161
第三节　"因善成神"叙事 …… 169

第十章　海洋禁忌叙事 …… 173
第一节　海洋禁忌习俗 …… 173
第二节　海神传说中的禁忌形态 …… 175
第三节　海神传说中的违禁叙事 …… 181

后　记 …… 189

第一章　吴越海神信仰

第一节　民间海神信仰

民间信仰到底是"民俗""宗教"抑或"宗教性的",学界对此争论不止。第一种观点是强调民间信仰的民间流行性,与一般宗教信仰是相对立的存在。欧大年指出,"地方性的民间信仰有他们自己的组织形态、秩序和逻辑,并制度化于百姓的日常生活之中,包括在家庭生活、庙宇,或是社区活动之中。这是人民最真实、也最具体的活动、仪式和信仰"①。赵世瑜认为,"所谓民间信仰,则指普通百姓所具有的神灵信仰,包括围绕这些信仰而建立的各种仪式活动。它们往往没有组织系统、教义和特定的戒律,既是一种集体的心理活动和外在的行为表现,也是人们日常生活的一个组成部分"②。也有学者从民俗学角度加以界定与研究,认为当代民间信仰在生活中流溢,"在某种程度上是一种生活化的俗信"③。"中国民间信仰深植于民众的生产生活之中,是民众的一种思维方式、一种价值观念,既作为一种文化现象,也寄

---

① 张志刚:《"中国民间信仰研究"反思——从田野调查、学术症结到理论重建》,《学术月刊》2016 年第 11 期,第 5—24 页。
② 赵世瑜:《狂欢与日常——明清以来的庙会与民间社会》,生活·读书·新知三联书店 2002 年版,第 13 页。
③ 陈勤建:《当代民间信仰与民众生活》,上海锦绣文章出版社 2013 年版,第 16 页。

附着民族精神,满载着中华五千年文明的历史文化信息。"①第二种观点认为民间信仰的本质近乎宗教。张志刚将民间信仰诠释为"一种原生态的宗教—文化现象群"②,这种广义的阐释折中了学界对民间信仰是"民俗"还是"宗教",是"世俗"还是"崇圣"的理论分歧,也在一定程度上还原了看似矛盾却又实际共存的某些表征,如"传统与现代""功利与尚德""个人与公共"。第三种观点认为,民间信仰介于一般宗教和一般信仰形态之间③,故称民间信仰为"准宗教"更加准确些。金泽认为,"民间信仰是个很复杂的宗教学范畴或说宗教形态。说民间信仰是一种宗教形态,有两层意思:一是说它本质上同其他宗教形态一样,具有'宗教性',即执着对神圣、神灵或超自然(超人)存在的信仰,并有相关的崇拜行为,这使之不同于其他的民间文化形态(如民俗、民间艺术、民间娱乐等);二是说它与其他宗教有形态上的不同,这种不同构成了它与众不同的特殊性(如杨庆堃将其称作'弥散性')"④。换言之,他认为民间信仰具有的原生性、民间性和不断演变特质,使其更接近于一种宗教形态。

　　本书的民间信仰概念倾向于第一种观点,将其视作民俗的重要组成部分。民间信仰是流传于民间,为多数社会底层民众崇信、信奉的观念,起着行为上的现实功利和心理上的精神慰藉作用。具体到海神信仰,它是沿海居民在涉海活动中,面对变幻无常且神秘莫测的海洋时创造、发展而成的精神寄托和生活理想。"人类在向海洋发展与开拓、利用的过程中对异己力量

---

① 张祝平:《民间信仰民俗化:价值、问题与路径》,《宁夏社会科学》2020年第3期,第199—206页。

② 张志刚:《中国民间信仰研究的几个关键问题》,《民俗研究》2018年第4期,第14—18,157页。

③ 陈勤建,衣晓龙:《当代民间信仰研究的现状和走向思考》,《西北民族研究》2009年第2期,第115—123页。

④ 金泽:《当代中国民间信仰的形态建构》,《民俗研究》2018年第4期,第5—13,157页。

的崇拜,也就是对超自然和超社会力量的崇拜。"①简要而言,海神信仰经过长期的历史演变和实践,以神灵崇奉为传承纽带,以信仰仪式为行为规范,与其他民俗事象互动互构,是海洋民俗的重要构成。海神信仰既是沿海居民敬畏大海,祈求海神带来平安幸福的心理反应,也是世代传承的朴素海洋观念和意识的外在表现。透过海神信仰,我们得以窥见沿海民众在海洋生产劳作、祭祀仪式及日常生活中所彰显的思维模式与价值选择,进而对海洋文化产生更为深刻的认识。

第二节 吴越海神信仰的类型及特征

作为地域文化概念的吴越地区,历来有不同的界定。蔡丰明在《吴越文化的越海东传与流布》一书中,将吴越地区框定为春秋战国时期的吴国和越国的政权及其统治的地域范围。"'吴'与'越'本是中国东南沿海地区两个族属的名称,他们的活动范围,主要在现今的江苏、浙江、上海一带。春秋时期,吴和越先后崛起,并且建立了两个十分强盛的国家——吴国和越国。为了争夺霸主地位,吴国与越国长期征战,最后相继灭亡。虽然吴越两国的国家政权已经不复存在,但是'吴越'这一名称却被一直沿用至今。现在,我们所谓的'吴越地区'这一概念,正是在这种沿袭古名的意义上所提出的。"②毕旭玲在《吴越地区海神信仰域外传播概述》一文中提及的吴越地域,在春秋吴国、越国政权范围的基础上,强调其文化学属性——吴越"同俗并土","习俗同,言语通","火耕水耨,食鱼与稻,以渔猎为业"。"吴越地域概念形成于春秋时期,以当时地域性的诸侯国吴国和越国的统治区域为主要范围。虽然两个诸侯国早已消失,但基于吴越'同俗并土'(《越绝书》),'习俗同,言语

---

① 王荣国:《海洋神灵:中国海神信仰与社会经济》,江西高校出版社 2003 年版,第 28 页。

② 蔡丰明:《吴越文化的越海东传与流布》,学林出版社 2006 年版,第 6 页。

通'(《吕氏春秋》)的事实,作为文化界分的吴越地域概念始终存在。本文所指的吴越地区即此文化地域概念,以今天的江苏南部、上海和浙江全部为其核心区域。"①也有学者将吴越文化的范围扩至长江下游地区,"吴越文化是一个不断发展演进的概念,其有狭义和广义之分。狭义的吴越文化是指先秦时期吴、越两国的文化;广义的吴越文化则包括古今以来长三角的地域文化"②。

吴越文化作为中国东南沿海的一个地方区域文化,在相当长一段时间里作为独立于中原文化之外的异质文化而存在。在华夏族南迁的推动下,经历了数次融合、吸收,直到春秋时期,才逐渐形成了两个诸侯大国,"吴都于姑苏(今江苏苏州),国土包括今江苏大部和安徽、浙江一部,北至淮泗流域,南临太湖流域(今浙江嘉兴湖州之地),东依海"③。"越首都为会稽(今浙江绍兴),初时有浙江大部和江西东部,灭吴后,据有吴地,其后迁都琅琊,据有山东南部。"④即使两个诸侯国已消失,地域文化概念上的吴越一直沿用至今。广义的吴越地区相当于今天的皖南、苏南、浙江、上海、赣东北。本书所指的吴越地区取其狭义概念,以吴都姑苏、越都会稽为中心,加以文化同质性的框定,其范围相当于今天的江苏、浙江及上海地区。

一、吴越海神的类型及来源

关于海神信仰的类型及特征,学界已涌现出较多的研究成果。总的来说,海神类型研究的切入角度有三:一是结合海神信仰生成的因素,对其进

---

① 毕旭玲:《吴越地区海神信仰域外传播概述》,《中原文化研究》2016 年第 4 期,第 106—111 页。

② 寿永明、卓光平:《从吴越文化到"新江南"文化:长三角文化的演进与新构》,《名作欣赏》2021 年第 3 期,第 42—44 页。

③ 曲金良:《中国海洋文化史长编·先秦秦汉卷》,中国海洋大学出版社 2008 年版,第 185 页。

④ 同上,第 186 页。

行历时性分类。曲金良①根据海神来源,将历代海神划分为:动物图腾崇拜与早期的海神、人兽同体的海神、人神同形的海神、由人鬼转化成的海神、其他海神信仰与淫祀等。**二是依据海神信仰的功能特点,对其进行神职分类。**蔡勤禹、赵珍新②从避灾护佑的功能分析,将海神分为海洋水体本位神、航海神、镇海神、引航神和全能神等,海神信仰的禳灾功能主要体现在给人们带来精神支柱,从而给社会带来安定,起到安定身心、凝聚人心的作用。王荣国③认为,古代人们信仰的海洋神灵虽多且杂,但也有其结构层次,主要由海洋水体本位神、航海保护神与渔商业专业神、镇海神与引航神三个系统的神灵构成。**三是按照海神信仰的空间分布划分,可以分为全国性、区域性及地方性海神。**全国性海上保护神主要有观音、妈祖。随着海上贸易的渐趋发达,观音、妈祖信仰在中国沿海地区广泛传播。区域性的海上保护神,如临水夫人(陈靖姑)信仰主要流行于闽东、浙东南地区,且伴随着特定群体的迁移活动而出现跨区域传播现象。地方性海神信仰大多流行于一地或其周边,如浙江宁波、台州沿海地区的渔师信仰就是一例。

吴越海神信仰深受地理环境、历史人文因素影响,其来源主要有三:

其一,始于自然崇拜。"在传统中国,人们抵制自然灾害的能力还很低,各地的自然灾害对当地人的生活及其社会造成了不可估量的破坏力。"④"多变的风向、疾起的暗涛、不期而临的暴雨、突然而来的鲸鲨、时隐时现的崖礁,这些不确定的因素中的每一项都可将渔民或航海者置于死地。在与海洋的对比中,人的力量显得尤其的渺小……由于无法在实际存在中驾驭和控制自然,只能以想象的方式去把握它、操纵它,这就势必将自然力量人格

---

① 曲金良:《海洋文化概论》,青岛海洋大学出版社1999年版,第143—151页。
② 蔡勤禹、赵珍新:《海神信仰类型及其禳灾功能探析》,《中国海洋大学学报(社会科学版)》2015年第3期,第25—29页。
③ 王荣国:《海洋神灵:中国海神信仰与社会经济》,江西高校出版社2003年版,第38—87页。
④ 朱海滨:《祭祀政策与民间信仰变迁——近世浙江民间信仰研究》,复旦大学出版社2008年版,第168页。

吴越海神信仰的传说展演研究

化,然后,或以巫术的方式命令控制,或以宗教的方式讨好取悦。"① 由于无法在实际生活中抵抗各种海洋自然灾害,对于看不见、摸不着、猜不透的风信、水文、鱼情等,古人倾向于将它们和超自然力量联系在一起。在"万物有灵"观念影响下,水中的大鱼、蛟龙等物直接与海洋相关,成为先秦时期人们敬畏的对象。《史记·秦始皇本纪》载:"始皇梦与海神战,如人状。问占梦博士,曰:'水神不可见,以大鱼蛟龙为候……'"对海中大鱼又敬又畏的原始思维保留至今,浙江舟山渔民见鲸鱼游行于海中,视为吉兆,往往焚香烧纸,遥望祝拜。吴越地区多水环境亦多蛇蟒,百姓深受其害,使人产生崇蛇、敬蛇心理,"文身以像龙子,避蛟龙之害"等习俗反映了越人蛇图腾崇拜。另据叶舒宪在《石家河新出土双人首玉玦的神话学辨识——〈山海经〉"珥蛇"说的考古新证》中研究,远古时期的神职人员如先知、占卜师,常以珥蛇为特殊标记,象征其通神能力。要之,恶劣的自然环境下,面对水生习性或半水生习性的动物诸如大鱼、蛇、龟等,先民们很容易将其联想为掌管一方海域的神灵,并赋予其一定的人格化色彩。

其二,来源于御海有功的历史人物。 如果说,造舟穿梭于水道河川、跨海向外发展是对水的掌控与利用,那么,为防水而造堤坝是对水患的畏惧与防患。早在春秋时期,吴越百姓开始修筑堤塘,湖泽变良田。《越绝书·卷八》记载,"富阳里者,外越赐义也。处里门,美以练塘田"②,"勾践已灭吴,使吴人筑吴塘,东西千步,名辟首"③。历史上的杭州湾、钱塘江沿岸各府县,曾饱受潮水之害,当地很早就产生了潮神崇拜现象。在诸多潮神中,最早也是最为出名的当属春秋时期伍子胥。"《宋史》:'马亮知杭州,会江涛大溢,亮祷伍员祠,明日潮却,出横沙数里。'是伍相之神,久而益显也。"④ 潮神伍子胥信仰滥觞于吴越,后流布四方,扩大到荆楚以西、闽粤一带。除了多变风向、

---

① 王青:《海洋文化影响下的中国神话与小说》,昆仑出版社2011年版,第19页。
② 李步嘉:《越绝书校释》,中华书局2013年版,第225页。
③ 同上,第228页。
④ 〔清〕赵翼著,栾保群、吕宗力校点:《陔余丛考》,河北人民出版社1990年版,第620页。

第一章 吴越海神信仰

疾起暗涛等无法预测的自然灾害,给沿海百姓带来深重灾难的还有海盗、敌寇侵扰。始于明朝洪武初年的倭患,到了嘉靖时期尤为严重,东南苦倭患,人们追忆曾在浙江沿海设卫所的汤和,敬仰曾在浙江、福建一带抗击倭寇[①]的戚继光。汤和俗信大约形成于明代中叶,其人幼有奇志,常习骑射,晚年沿海设置卫所抵御倭寇。根据《明史·汤和传》记载:"嘉靖间,东南苦倭患,和所筑沿海城戍,皆坚致,久且不圮,浙人赖以自保,多歌思之。巡按御史请于朝,立庙以祀。"[②]汤和丈量浙东、浙西远近,沿海设置卫所59座。这些卫所城堡为浙人抗倭自保发挥了重要作用,百姓感激其造城庇民的功绩。嘉靖七年(1528)巡按御史请示朝廷,在宁村建成汤和庙。嘉靖四十年(1561),浙江平定倭患后,沿海百姓在中元节举行抬神像巡游仪式,祭祀汤和及抗倭将士亡魂,遂形成"七月十五汤和节"一说。另一位抗倭英雄戚继光因平定倭寇侵扰,更是深受吴越沿海地区百姓的敬仰,至今仍保留的"戚公祠"等一批宫庙与戚将军传说、戚公祭祀仪式共构民间关于东南沿海抗倭的久远历史记忆。这些历史人物生前有灵迹,死后成神庇佑一方,他们身上集中体现了儒家对忠义的倡导、民间对忠勇向善的推崇。官方主流意识和民间价值的高度趋同,使得历史人物神占据了海神谱系的重要一席。广义而言,不独御海有功的历史人物,那些投水而亡的忠义之士,如屈原、伍子胥,甚至因水遭遇非正常死亡的名人如王勃、李白,也可能成为一方水神。在民间泛海者的意识里,历史人物涉水而亡的经历之所以被格外重视,是因为类似经历让海神拥有了对海上遇难感同身受的心理基础,当海难发生时,能够为泛海者提供最切实的庇护。

其三,来源于神话、佛、道神灵谱系。儒教奉行的经世致用观念,将神话看作荒诞不经之说,煞费苦心地把神话中的"神"改造成现实中的"人",使之

[①] "以日本海盗、浪人和武士为首,兼有大量中国海盗、奸商、无赖及失意文人等参加,并与日本大名有着千丝万缕的联系",参见万晴川、万思蔚:《在历史记忆建构与娱乐兼顾之间徘徊——近五十年来明代倭乱题材影视剧综论》,《电影文学》2019年第16期,第7—13页。

[②] 〔清〕张廷玉等:《明史》,中华书局1974年版,第3755页。

成为人类历史的一部分。人类曾饱受洪水之患,在鲧治洪水神话中,鲧完全是神的形象,出于对世间困难的悲悯,偷息壤,以埋洪涛。而在禹治洪水的神话中,大禹的形象逐渐由神转为人间英雄,顺着大禹治水的事迹演绎而成"大禹锁五龙"①"大禹劈山"②"禹余粮"③"禹王治水"④等系列神话。太湖地区流传着大禹治水的故事:观音脚下的鳌鱼,常在湖上兴风作浪,被大禹收服锁在太湖中央的平台山上。渔民也将平台山称作"鳌上"。还有一个版本,说大禹治水来到了太湖的平台山,见蛟龙作怪,山泉如涌。他铸造了一口大铁镬,把它堵在泉眼上,但水仍汹涌不止,情急之中他坐到了铁镬上,才将泉眼堵住。⑤ 另外,舟山群岛渔民崇奉的网神原型相传为伏羲,"伏羲受蜘蛛结网捕飞虫之诱发,从而发明了渔网"⑥。根据地方志记载,清康熙年间定海建有伏羲神庙,新网下船之前,渔民要把渔网抬去伏羲庙,接受网神的检视。供三牲福礼等待网神允准后,渔民才能抬新网下船。伏羲"网神"形象在传说流布之中被不断构建,又通过庙宇这一神圣性空间和祭祀仪式等物质载体得以传承、延续。

外来佛教与本土的儒教、道教文化在民间的碰撞、选择与相互消长,较为明显地反映在民间传说中。民间传说不仅将观音神仙化,还将观音形象世俗化、人格化,契合了深处困境的人们的精神需求。随着佛教的普及,放生、布施、烧香拜佛盛行于吴越地区。"在宋代民间信仰中,许多佛教的菩萨都得到了崇拜。时人认为只要时常敬奉神佛,念诵佛经、佛的名号,或在佛

---

① 《浙江省民间文学集成·嘉兴市故事卷》,浙江文艺出版社1991年版,第10—12页。

② 《浙江省民间文学集成·绍兴市故事卷(上)》,中国民间文艺出版社1989年版,第51—52页。

③ 同上,第55—56页。

④ 《中国民间故事集成·江苏卷》,中国ISBN中心1998年版,第8—9页。

⑤ 陈俊才:《太湖渔民夏禹信仰的由来》,《江苏地方志》2002年第5期,第44—47页。

⑥ 上海社会科学院东亚文化研究中心:《东亚文化论谭》,上海文艺出版社1998年版,第126页。

前许愿,就会获得保佑,得到善报福报。"①念诵佛经、佛的名号,得到神灵的庇佑,经常出现在泛海者遭遇海难叙事之中。念诵海神名号,得神灵相助而化险为夷便是生动写照。海神信仰还受到土生土长道教的影响。汉末三国以降,道教开始在吴越地区传播,至魏晋南北朝大为兴盛。道教中的部分神灵被赋予海神职掌的同时,龙王、金龙四大王、妈祖等海神开始融入道教的信仰体系。那些掺杂了道术术语和意识、民间方术等内容的民间咒术,常被用作道教神仙驱邪除病、除妖降魔的手段。

"各种地方神都与当地特殊自然、人文背景相适应,满足着当地民众的特殊心理欲求。"②结合海上神灵由来及功能,本书将逐章分析海洋自然神如鱼神、庇佑鱼盐之利的盐神及吴越地区传布广泛的观音、妈祖、龙王信仰。

二、吴越海神信仰的主要特征

(一)多神信仰的融合性

吴越之地,多丘陵、海岛,在水乡泽国,人们大多乘舟出行,与诡波骇浪为伴,素有"信鬼神,好淫祀"之说。如《史记·孝武本纪》中记载:"越人俗信鬼,而其祠皆见鬼,数有效。昔东瓯王敬鬼,寿至百六十岁,后世谩怠,故衰耗。"《隋书·地理志》:"江南之俗,火耕水耨,食鱼与稻,以渔猎为业。信鬼神,好淫祀。"③春秋时期,越王勾践曾利用巫术,"覆祸吴人船"。吴、越同俗并土,火耕水耨,食鱼与稻,以渔猎为业,浓厚的祭祀鬼神风气成为吴越文化的典型特征之一。"这种情况下,民众很容易将对水的敬畏和恐惧转化为对神灵的崇拜意识,赋予水以超自然的幻想力量,从而为水的人格化和神灵化

---

① 陈华文等:《浙江民俗史》,杭州出版社2008年版,第255页。
② 朱海滨:《祭祀政策与民间信仰变迁——近世浙江民间信仰研究》,复旦大学出版社2008年版,第177页。
③ 胡朴安:《中华全国风俗志·上编》,河北人民出版社1986年版,第76页。

吴越海神信仰的传说展演研究

提供了意识基础。"① 吴越地区民间信仰的多神并存现象在内陆地区亦是常见,但沿海神灵信仰之多、杂、奇的特征,却为其他区域少见。海神来源除了儒教、佛教、道教诸神,还有历史人物神、民间传说神、自然神等。海神中不管是大慈大悲的观音菩萨、有感必通的妈祖、忠义可嘉的关公,还是捕鱼技术精湛的船老大或渔民,只要能被沿海百姓认可、传播,都可以成为海神。根据《宣和奉使高丽图经》记载,出使高丽的官员徐兢不仅详细记录了海上42天航程,还记载了船员们沿路举行的多次祭祀仪式。出使高丽的途中,船员们拜谒不同的寺院,举行不同的仪式,部分是出海船只的惯例使然,同时也透露出多神信仰的普遍性。"这些仪式并不意味着一定排斥其他神祇。出外洋是一桩危险的航程,船员们因此向所有可能的神祇求助,管他是东海龙王、岳渎主治之神,还是观音菩萨。"② 在返航途中,为确保顺利通过一浅海区,船队还用鸡黍来祭祀。海神偶像日益增多,一定程度上反映了航海、海洋生产劳作及沿海百姓日常生活需海神保佑的功能愈多。

与之相呼应的,还有一庙多神、一船多神现象。吴越沿海地区的海神庙,除供奉妈祖、观音和海龙王等海神像外,还供奉有地方特色的海洋保护神,如"渔师""陈十四娘娘""如意娘娘"等。不独民间如此,官方主持修建的庙宇,也存在一庙多神的现象。在众多祭祀潮神的庙宇中,影响较大者当属由雍正敕建的海宁盐官的海神庙。该庙集中了为朝廷祀典所认可的包括伍子胥、钱镠在内的历代潮神及水神,正殿供奉武肃王钱镠、吴英卫公伍子胥;左右配殿供奉越国上大夫文种,汉代忠烈公霍光,晋横山公周凯,唐代潮王石瑰和升平将军胡暹,宋代宣灵王周雄、平浪侯卷帘使大将军曹春、护国宏佑公朱彝、广陵侯陆圭、静安公张夏、转运使判官黄恕,元代平浪侯晏戍仔、护国佑民永固土地彭文骥、乌守忠,明代宁江伯汤绍恩、茶槽土地陈旭。一船多神现象,表现在渔船神龛中供奉的海神并不定于一尊,许多远海捕鱼的

---

① 陈建波:《瓯江源头》,浙江古籍出版社 2015 年版,第 224 页。
② [美]韩森著,包伟民译:《变迁之神:南宋时期的民间信仰》,浙江人民出版社 1999 年版,第 30—31 页。

大渔船往往供奉多尊。基于海神功能的考虑,商船多供奉海上保护神妈祖,边上供奉有顺风耳、千里眼两神神像——他们眼观千里、耳听八方,保护海上长途航行安全。在神灵偶像组合方面,与商船有所不同,渔船神龛更倾向于供奉区域性或地方性保护神。讲吴侬软语的渔民多供奉观音、天妃、关羽、杨甫老大,讲闽南语的渔民多供奉妈祖,讲温州话的渔民多供奉陈十四娘娘、杨府爷。另外,不同的生产作业船也会供奉不同性别的船神,在舟山地区,大对、背对船供奉的是男性菩萨,流网、小对船供奉的是女性菩萨。"海神类型的多样化使得海神信仰体系及海神庙和相关祭拜仪式呈现多样叠合的特点,不同神祇的职能不尽相同,可以功能互补;即便有重合的职能,也是多多益善,福上添福。"[1]

(二)海神信仰的渗透性

这一表征主要表现为,生产习俗、人生习俗、礼仪习俗、口头语言习俗中多有信仰习俗的渗透。海神信仰与海洋渔业生产的关系十分密切。渔船出海前,船主在海神庙或船上择吉飨神;到了海上,渔民焚香占卜以求神灵明示可否捕捞;渔船登岸后,捕获的第一网鲜鱼要供奉海神。可以说,生产习俗中的海神信仰带有强烈的现实功利性,"其目的归结到一点,就是平安捕鱼、多捕鱼、捕好鱼。这是渔民所有海神信仰活动的出发点与归宿点"[2]。海神信仰也深刻影响着沿海百姓的人生礼仪。以龙王信仰为例,渔家若是产下男婴,满月那天,"大人要抱着婴儿去海边戏浪浴海,俗称'与海龙王攀亲'"[3]。不仅如此,婚礼习俗中的拜龙王、报龙灯,寿俗中吃龙须面,葬俗中选"龙穴"宝地为墓地,传统捕鱼劳作时穿"龙裤"习俗亦带有龙王信仰印记。口头语言习俗蕴藏着丰富、多元的海神信仰,如观音信仰在浙东的传播过程

---

[1] 宋宁而、宋枫卓:《海神信仰的"叠合认同":支撑理论与研究框架》,《中国海洋社会学研究》2020年卷总第8期,第133—155页。

[2] 王荣国:《明清时期海神信仰与海洋渔业的关系》,《厦门大学学报(哲学社会科学版)》2000年第2期,第130—135页。

[3] 姜彬、金涛等:《东海岛屿文化与民俗》,上海文艺出版社2005年版,第393页。

中,产生了大量的民间传说,有"不肯去观音院""观音降雨""观音放生""佛灯引渡"等;与妈祖相关的,有"救父寻兄""化草救商""降伏二神""收伏晏公""解除水患""收伏二怪"等。关于陈夫人(陈靖姑)的传说在民间流传甚广,其结构与晋干宝《搜神记》中的《李寄斩蛇》相似,几经改编,《李寄斩蛇》与陈夫人传说相互吸收、充实,变成《陈十四夫人》。在唐末五代以前,《陈十四夫人》主要以歌谣、故事形式流传,后受到佛经变文的影响,经民间艺人加工而成鼓词《夫人词》,亦称《娘娘词》。旧时的温州苍南百姓为祈保太平,在娘娘宫内唱《娘娘词·南游》。该词主要讲述陈靖姑从小矢志学道,学成后归乡,沿途跋山涉水,征服大小精怪的曲折故事。全本可唱七天七夜。

(三)海神信仰中的商贸性

民间信仰中包含祈福平安、期盼丰收的祭祀仪式,由此衍生出出巡、庙会活动等兼具推动社会经济发展的功能。不同阶层、性别的百姓在海神庙内或附近聚集,举行以娱神祈福为主旨的迎神赛会、抬神出巡、庙会等活动。这些活动具有凝聚人心、宣泄狂欢的作用。例如,每年农历二月十九,浙江台州玉环市清港镇都要举行"二月十九"娘娘宫庙会。庙会举行时,当地老百姓抬着陈十四娘娘神像巡游各村,神灵后面是多支巡游队伍,博得沿途观看百姓的阵阵喝彩。伴随海神祭祀仪式,各地还产生和丰富了民间舞蹈艺术,如镇海澥浦的船鼓,宁海、象山等地的船灯舞,温岭的大奏鼓等。镇海的澥浦船鼓始于清嘉庆中后期,是一种船形道具与大鼓合一的生产习俗舞蹈,起初是当地渔民出海捕捞和归来谢洋时作迎送之用,后逐渐融入当地庙会和民间节庆活动,以艺术化的形式寄寓人们祈祷平安与庆贺丰收之期盼。流传于宁海、象山等地的船灯舞多在庙会期间表演,也用于谢洋、祈雨等场合,舞蹈动作以模仿渔船在海里行进为主,兼有"走八字""穿十字""剪刀叉"等动作,音乐伴奏以"马灯调"为主,烘托喜庆热闹的节庆氛围。每年春汛来临之际,温岭地区流行表演大奏鼓。这种祭祀海神的舞蹈,最初来源于闽南沿海的"车鼓弄",温岭渔民将之与本地民间舞蹈相融合,发展为今天的大奏鼓。其中,舞者男扮女装,身着惠安渔姑传统服饰,舞姿夸张、豪放,配以打击乐和唢呐声,在民间舞蹈艺术中可谓独树一帜。"海神信仰是沿海民众基于一定的时空构建而成的,包含了许多来自海洋生产生活实践的具体经验性知识。但随着时空的推移,现在航海技术和造船技术日新月异,不断提升与变化,海难也不像以前那样经常发生,从前的经验性知识已不再具有原有的效力,祈求海神的庇佑心理似乎也已经过时。在这一条件下,沿海民众、渔村村民也会在实践中主动对海神信仰进行改造,把其作为发展文化民俗、推动渔村建设的一个重要动力。"①时至今日,以海神信仰为基础的祭祀、出巡、庙会活动,仍然发挥着祈福、商贸、娱乐的综合作用。

(四)海神信仰的神职流动性

海神神职流动性主要体现在神职扩展、神职置换两方面,其目的在于通过传说叠加、融合、创新,进而实现海神信仰的跨区域传播及地方化认同。

1. 神职扩展

神职扩展大体是基于核心神格的衍生和丰富。"观音信仰在南印度濒海地区的存在使它具有了海洋文化的属性,成为具有海上守护神品格的菩萨"②,后来的救济品格大体围绕着"海上救济"事迹演化而成。在内陆地区的传播中,救济场域被切换为江河湖泊,称念观世音而转危为安的叙事大量出现在《观世音应验记》《续观世音应验记》《系观世音应验记》等记载之中。随着普陀山观音道场的确立,观音海上救护事迹在更广范围得到传布,番舶商舟、出行渔民出海因观音护佑而免遭海上灾难的"应验"事迹也大量涌现。明清时期,倭患、外患严重,观音信仰还被赋予了平定海波、保护海疆的海神品格。观音海上形象与神职的转变,不仅呈现出明显的历时性特征,还反映了沿海百姓对观音信仰的本土化接受与传播。又如临水夫人陈靖姑,原是

---

① 宋宁而、宋枫卓:《海神信仰的"叠合认同":支撑理论与研究框架》,《中国海洋社会学研究》2020年卷总第8期,第133—155页。

② 王青:《海洋文化影响下的中国神话与小说》,昆仑出版社2011年版,第159页。

妇幼保护之神,后被纳入妈祖传播谱系,有了"天妃妹妹"之称,在沿海地区的传播进程中又被赋予海洋属性,为商人、使人及渔民等涉海群体保驾护航,海上显灵神迹也随之播衍。

2. 神职置换

吴越地区的文化因子融入了较多的海洋性与开放性。在传播过程中,许多陆地的保护神信仰出现了不同程度的"海洋化",被赋予了海洋神灵的神格,例如关公信仰。宋以前,关羽庙并不显著,之后受朝廷册封,成为全国性信仰。明清时期,关帝成为最能贯通阶层、跨越地域的神祇。陆地战神关羽何以转化为护疆海神?明中期抗倭的特殊诉求无疑起着关键性推动作用。明朝中叶,浙江沿海倭寇猖獗。而在围剿倭寇过程中,由于受到关公信仰的庇护,明军最终消除倭患的叙事被大量记载。因此,浙江境内杭州、余姚等地在修建关帝庙时,都强调了关公信仰在抗倭期间的显灵作用。明中叶以来,在地方官员、乡绅的积极助推之下,关公信仰作为海上神灵的形象得以确立起来,更有渔民将其供奉于船上,称为"船菩萨",或者"船关老爷",保佑出行和丰收。①

刘猛将神格跨区域转换也较为典型。刘猛将是在江南信仰较广的地方神,相传其为南宋名将刘锜。宋景定四年(1263),封刘锜为扬威侯天曹猛将。有敕书云:"飞蝗入境,渐食嘉禾,赖尔神灵,蔚灭无余。"也有说刘猛将是宋光宗宰臣刘漫塘,或是宋钦宗时人刘鞈,或是元朝将领刘承忠。关于刘猛将的原型人物记载虽然莫衷一是,但历史文献记载、相关传说无一不是聚焦于驱除蝗虫这一灵验叙述。饶有意味的是,江南的刘猛将信仰之盛远甚于蝗灾严重的中原、华北地区。在浙江、江苏水网地带刘猛将获得另一重身份——航运保护神,且久盛不衰。从"驱除蝗虫"到"保护水运"神职转换的机缘,似乎可以从流传于杭嘉湖地区的刘猛将传说中找到些端倪。元末,江浙交界处发生蝗灾,时任江淮指挥使的刘承忠带领兵民消灭蝗灾。后来,他

---

① 金涛:《独特的海上渔民生产习俗——舟山渔民风俗调查》,《民间文艺季刊》1987年第4期,第225—235页。

又带领老百姓下湖捕鱼,却不幸溺死于莲泗荡。刘猛将消灭蝗灾造福百姓却落水而亡的经历使其初具水神的演绎基础。

第三节　吴越海神形象变迁

一、人神结合:人面鸟身的早期海神

海神信仰的产生最初与原始图腾相关。吴越先民向海而生,面对变化莫测的海洋,在各种不确定因素、未知恐惧的驱使下产生崇拜心理。这种心理也呈现在海神形象的具象化表达中。在"万物有灵"观念作用下,早期海神最为显著的特征:一是形象呈现人兽同体,鸟兽构成其主体,人格化处于从属地位;二是文化心理方面表现为较少功利性的自然崇拜或图腾崇拜。

"就中原地区居住的人们而言,东、南、北三方均有海洋存在这一地理基础,辅之于四方+中心的结构模式,很容易发展出四海的观念。"[①]古代的四海说与现今的渤海、黄海、东海、南海不甚相同。"由于古人以自己的生活的所在地的地理位置来命名相对方位的海域,所以有时也把现在的黄海,乃至渤海,称之为'东海'。"[②]因此,以黄河为地标,视其东边的海域为东海,就包括了今天的东海和黄海。"勾践伐吴,霸关东,从琅琊,起观台,台周七里,以望东海。"[③]而古代所述的"南海"包括了今天的东海和南海,这种划分标准同样是以黄河流域为中心,故而将黄河中下游的南方诸国视作蛮荒之地。秦始皇三十七年(前210)十月,秦始皇"过丹阳,至钱塘。临浙江,水波恶,乃西百二十里从狭中渡。上会稽,祭大禹,望于南海,而立石刻颂秦德"(《史记·

---

① 王青:《海洋文化影响下的中国神话与小说》,昆仑出版社2011年版,第102页。
② 宋正海、郭永芳、陈瑞平:《中国古代海洋学史》,海洋出版社1989年版,第88页。
③ 李步嘉:《越绝书校释》,中华书局2013年版,第222页。

秦始皇本纪》)。根据《史记》的这段记载,亦是将浙江外海称为南海。北海大体为现在天津、沧州东的渤海。西海之称较早见于《山海经》,"南山经之首曰鹊山,其首曰招摇之山,临于西海之上",但很难实指其所处位置。在汉代文献中,西海所指之地有青海湖、居延海以及西方域外大海等说法。

  伴随着四海观念的形成,四海海神也随之生成。《山海经·大荒东经》:"东海之渚中,有神,人面鸟身,珥两黄蛇,践两黄蛇,名曰禺䝞。黄帝生禺䝞,禺䝞生禺京。禺京处北海,禺䝞处东海,是为海神。"①《山海经·海外北经》:"北方禺疆,人面鸟身,珥两青蛇,践两青蛇。"②《山海经·大荒南经》:"南海渚中,有神,人面,珥两青蛇,践两赤蛇,曰不廷胡余。"③《山海经·大荒西经》:"西海渚中,有神,人面鸟身,珥两青蛇,践两赤蛇,名曰弇兹。"④根据《山海经》记载,东海海神禺䝞、西海海神弇兹、北海海神禺京均人面鸟身,区别仅仅是所珥、所践蛇的颜色不同。唯一不同的是南海海神不廷胡余"人面,珥两青蛇,践两赤蛇"。对此的解释,较为合理的是,东海、北海之神反映了东夷族以鸟为图腾,珥蛇、践蛇视作对蛇图腾民族的征服。南海之神的人面,珥蛇、践蛇,依旧可视作古越人蛇图腾崇拜,该形象也隐约透露着南海尚未在东夷族的控制之下。总的来说,东海之神、北海之神、南海之神、西海之神形象均为人兽合体,有意凸显其兽类特征,而相对弱化人的属性,属于典型的"自然神"。

  人兽同构的形象建构也反映在殊方异域"他族"的想象之中,"《山海经》中记载了海内外一百多个国家和居民,其对殊方异域远国异民的想象多以生理构造特异性为标志,譬如长臂国人臂长两丈,聂耳国人耳大垂肩,厌火国人兽身黑色口能吐火,羽民国人面鸟喙赤目而白首等"⑤。对此,方群在

---

① 方韬译注:《中华经典藏书·山海经》,中华书局2016年版,第332页。
② 同上,第282页。
③ 同上,第344页。
④ 同上,第362页。
⑤ 方群:《中国古代涉海小说叙事流变》,《湖南工业大学学报(社会科学版)》2019年第6期,第64—70页。

第一章 吴越海神信仰

《中国古代涉海小说叙事流变》中解释,将殊方异域"他族"想象成为人兽结合的形象,可能源于远国异民的图腾崇拜,经口耳相传变异为神奇怪异之物。

随着造船技术、航海能力的逐步提升,人们对海洋的认识和利用不断深入。春秋战国时期,出现了吴、越等航海强国。吴越先民很早就掌握了造船与航海技术。从河姆渡的船桨、陶舟,到吴越战船的大翼、小翼、突冒、楼船、桥船等细分,都可作为先秦时期吴越造船、航海技术领先的佐证。航海活动所集中呈现的向外发展特质,使得早期海神信仰的图腾崇拜影响式微;向海而生中亲眼所见或想象之大鱼、蛟龙等海洋生物为时人崇拜。究其原因,首先是源于这些海洋生物拥有庞大的体型——这是引发崇高感的必要条件之一。海中大鱼、蛟龙常以超越常识经验的巨型、多样性、变幻性引发人们对它们惊恐又敬畏的情感体验。时至今日,舟山渔民看到"乌耕"(即鲸鱼)露面,便有举行盛大"鱼祭"习俗,场面甚为壮观。由此可窥见吴越先民大鱼崇敬意识在沿海百姓文化心理的深厚积淀。其次是充满着神秘性。受谶纬思想影响,大鱼出没与祸害将至的预兆关联,又在很大程度上增加了海洋的神秘、恐惧色彩。再次是崇敬鱼神的同时,人们也可以与之抗衡。《史记·秦始皇本纪》载:"始皇梦与海神战,如人状。问占梦博士,曰:'水神不可见,以大鱼蛟龙为候……'"鱼神以凶恶形象示人,很大程度上源于百姓对海洋怒涛汹涌、未知的恐惧。大鱼、蛟龙往往会危及海上出行安全,神灵或英勇人物降服海中大物的叙事隐喻着沿海百姓面向海洋发起的探索与抗争。浙江宁波象山地区流传的《玉鱼山》[①]在上述记载的基础上想象而成,讲述了徐福一行在寻找长生不老药的途中,遇到兴风作浪的大鱼,徐福手持宝剑、画符将其收服的故事。

---

① 郑辉:《中国民间故事丛书·浙江宁波象山卷》,知识产权出版社2015年版,第109—110页。

二、人格化趋势:四海海神、海龙王

秦汉至隋唐的1000多年,早期海神形象的人格化趋势加强,原先的兽形逐渐褪去,人形、人性、人情更为凸显,呈现出一种较为普遍的世俗化倾向。大禹治水神话广泛流传于吴越地区,大禹的形象与普通人并无太大差异,但在治水进程中,偶尔会现出原形。如《大禹治水》①中的大禹为猪婆龙星下凡,开河治水靠嘴巴拱土,大禹妻子在送饭途中无意间发现这一秘密。《禹余粮》②中,大禹抵达剡溪,决定劈开崌大山,引剡溪洪流入舜江,他自己也加入了劈山挑土的队伍。晚上夏禹夫人涂山氏来送点心,到了八里洋边的山上,望见对面山岗上有只似象非象、似牛非牛的庞然怪兽,用又粗又长的鼻头拱山。涂山氏吓得跌倒在地,篮子里的馒头顺着山坡滚了下去。原来这个怪兽是夏禹的化身,看见惊慌失措的妻子,他连忙恢复人形相见。两则神话的共同之处在于:一是大禹不管是猪婆龙星所化用嘴拱土,还是化为"怪兽"用鼻头拱山,都是他以疏导之法治水的叙事想象;二是大禹日常生活与常人无异,妻子在送饭途中偶然发现他的奇异化身也证明了大禹身上神性部分的减弱,人性部分的增多,神话中的神灵逐步转变为历史传说的人。其实,大禹的怪异神状不乏古老记载。《山海经·海内经》:"鲧腹生禹。"《淮南子》:"禹治洪水,通轩辕山,化为熊。"民间传说便是对这一古老记忆的延续,大禹治水时化身为巨兽形象,而被赋予了力大无穷的神力。

这一阶段,四海神从自然神形象过渡到人格神,其神职也从最初较少功利的自然崇拜过渡到护佑风调雨顺、庇护风平浪静等。

进入汉代以后,四海神形象摆脱了原始图腾崇拜,人格化倾向明显,有名有姓,世俗气息趋浓。汉代出现的"四海神君"——南海之神祝融、东海之

---

① 《中国民间故事集成·江苏卷》,中国ISBN中心1998年版,第8—9页。
② 《浙江省民间文学集成·绍兴市故事卷(上)》,中国民间文艺出版社1989年版,第55—56页。

神句芒、北海之神玄冥、西海之神蓐收,相传为方位神。另有民间流传的"四海神君"——东海君冯修青、南海君视赤、西海君勾大丘百、北海君禺帐里,还煞有介事地被百姓分别配上四位夫人。无论是为四海神取名还是配上夫人之举,看似荒诞,但不妨将其看作是民众日常生活在神灵身上的投射。唐天宝十载(751),朝廷敕封四海之神,封东海神为广德王,封南海神为广利王,封西海神为广润王,封北海神为广泽王。宋康定二年(1041),加封四海神为王,规定立春祀东海于莱州,立夏祀南海于广州,立秋祀西海、河渎于河中府,立冬祀北海、河渎于孟州。南宋,东海莱州为金国统治,东海祭祀的地点改为明州定海县,并加封东海海神为"东海渊圣助顺广德王"。只是官方的敕封,并未得到沿海百姓的普遍认同,除南海神之外,东海神、北海神、西海神无法取代后来居上的观音、妈祖、海龙王在沿海民众心中的崇高地位。至于四海龙王何时与原有四海神信仰融合,成为内陆和沿海民众对掌管海洋之神的普遍认同,有学者推测大体在宋代。"唐代海龙王的身影开始在不同文献中出现,在与四海神信仰保持了一段各自独立的发展历史后,到宋代有资料明确显示,四海神的名称之下已经不再是原来的海洋水体神形象,而被替换成了四海龙王,仿佛是经历了一场悄无声息的竞争,自此海龙王进入沿海的海神庙中接受人们奉祀,并且成为四海神之真身,至今仍在北方海域兴盛不衰,这也是龙王信仰定型的最后一步。"[①]

龙、蛇本为早期海神形象,佛教传入后,原始图腾海神与佛教龙王形象互为融合,产生了龙王信仰。先秦时代就已出现的四海神以四方海域为掌管空间,与传统掌管陆地水域的龙王,有着鲜明的神职区分。但也因为二者的职掌区域与水沾边,就为后来的纠缠、合体,奠定了一定的基础。历代帝王对龙王的推崇和祭祀始于唐代,朝廷正式册封龙王则要到北宋。"宋徽宗大观四年(1110)八月,诏天下五龙神皆封王爵,封青龙神为广仁王,赤龙神为嘉泽王,黄龙神为孚应王,白龙神为义济王,黑龙神为灵泽王。"[②]至此,民

---

① 乔英斐:《中国龙王信仰的发生与定型》,《民俗研究》2022年第1期,第83—93页。
② 王青:《海洋文化影响下的中国神话与小说》,昆仑出版社2011年版,第138页。

间推崇的龙王概念得到官方的认可。通过对比四海神、龙神的加封材料,宋代的四海之神已经很大程度上替换为龙王形象。可以说,宋以后,龙王作为四海之神真身逐渐定型。与海龙王形象的普遍认同和接受相伴随的,还有广为流传的龙女形象。与印度故事中的龙女形态丑陋、地位卑贱的畜类形象不同,中国化龙女不仅拥有崇高的地位,且心地善良、无所不能。在唐传奇《柳毅传》《刘贯词》,宋元戏曲《郑生遇龙女》《张生煮海》等影响下,民间传说塑造的龙女形象坚强而勇敢,迸发出一种久违的传统观念所忽略的女性潜在力量。

三、多元性趋势:地方海神和专业海神

吴越地区属于典型的水乡泽国风貌,与水密切相关的渔业、造船航运业相对发达,而南方四通八达的水路又推动着手工业、海外贸易发展。宋元以降,随着航海技术的发展,吴越与外界的联系、交流不断增多,海洋文化的开放性不断彰显。"宋代统治者非常重视民间信仰,封赐秉持'灵验'原则,并要求地方主动上报,派官员访问民众、加以核查,已有稳固信仰基础的神明才有机会得到封赐;海龙王与四海神在宋代合体,与当时官方、民间频繁的信仰互动有着密不可分的关系。"①宋朝,在面向海洋的相对开放政策的刺激下,不少民间海神因护航有功获得朝廷敕封而被纳入正祀体系。受此影响,海神形象呈现多样性、专业化趋势。首先,专业海神出现。渔盐之神呈现明显的地域性特征。随着航海技术的发展、专业领域的细分,相对应的专业海神呼之欲出,如引航神、港神、风神、潮神等,不断深化着吴越海神谱系。其次,与海洋意识的不断强化相呼应的是,海神被不断赋予新的庇佑功能。如妈祖作为全国范围内影响最为广泛的神灵之一,除了救护海难,还承担着祛病除灾、保佑生儿育女等职能,可以说涵盖了老百姓日常生活的方方面面。

特殊地理环境制约着、影响着吴越百姓特殊的生存方式与生活需要。

---

① 乔英斐:《中国龙王信仰的发生与定型》,《民俗研究》2022年第1期,第83—93页。

第一章　吴越海神信仰

正是这种特殊的依山傍海、亦耕亦渔的生产方式,吴越民众从生产习俗到生活习俗,都保留了与内地不同的民俗文化现象。各地的渔业保护神不尽相同,沿着海岸线往北,浙江宁波崇奉"渔师",江苏海州湾一带信奉"楚太"——能保佑渔业丰收。但无论是"渔师"还是"楚太",其原型无一例外都是普通船老大。他们擅长观流潮、察风候、辨水色,因能准确判断鱼群出没之地,生前为渔民所敬仰,去世后被百姓立庙祭祀。"海洋在中国人眼中更多是广阔而平和的,虽然难免会有些惊涛骇浪,但对人类的恩赐远大于破坏。不仅如此,由于将海洋视为被水淹没了的土地,因而中国古人对待海洋的态度与对待土地的态度非常相似。在他们看来,海不过是另一种形式的田,只是出产物与大陆上的土地不同而已。"①因此,以海为田,制盐、养殖一直是沿海开发利用海洋的重要形式之一。在沿海百姓认识海盐、淋卤制盐的历程中,那些盐的发现者或赐福者,盐业管理者或技术革新者,甚至制盐的重要设备如"𥪡"等都不同程度地被神化,成为民间封祀的盐神。

　随着对海洋认知的逐渐深入,吴越民众的海洋意识不断强化,主要表现在对海洋充满兴趣,将海洋作为机遇与冒险并存的空间,对航海贸易充满着赞许之情。宋代,应海外贸易快速发展之需要,妈祖信仰应时而生并被传播至沿海各地。"妈祖信仰真正的发祥年代恰巧就是在泉州设立市舶司的前一年,这不能不说妈祖的发祥是应泉州海外贸易迅速发展的需要。"②海上航行者遭遇的自然风险除了狂风巨浪,还有船舶漏水、迷失方向、疾病伤痛、遭遇海盗等,因得妈祖救助而转危为安的叙事为人们津津乐道。妈祖在海上显灵救助的方式通常有两种:一种是在桅樯上出现灯火,即"妈祖火";另一种救援方式是送顺风。无论是遭遇海上大雾,妈祖持神灯现身,还是妈祖送顺风让船只顺利返航等显灵救援的方式,都与航海上经常见到的自然现象

---

① 滕新贤:《沧海钩沉:中国古代海洋文学研究》,上海三联书店2018年版,第14页。

② 李金明:《略述闽南妈祖信仰中的海洋文化因素》,载《守望与传承:第四届海峡两岸闽南文化学术研讨会论文集》,鹭江出版社2010年版,第261—264页。

吴越海神信仰的传说展演研究

息息相关。

海神被寄寓了出海平安、降雨祈晴、治病救人等多种职能,在宋元相对发达的海外贸易刺激下,他们还相应获得了新的护佑功能及灵验圣迹。其一,敏锐发现商机。海神助人赢利的故事很大程度上满足了人们渴望一夜暴富的心理诉求,在传统利益观的影响下,这类经海神指点、因契合时需赢利或致富故事流传甚为广泛。《林泗爷京城卖盐》[①]传说中,温州苍南一带食盐丰产,堆满十八个大仓库,卖盐成了难事。林泗爷挑起一担盐上京城售卖。此时的京城正在闹饥荒,当地百姓见有人卖盐便围了上来。林泗爷一手舀盐,一手接钱,盐快售完时,他便拿着铁勺敲打盐篓,盐很快满上了。京城有好事者暗中调查,发现林泗爷既没有仓库,又没有挑多余盐担,就报了官,诬告他卖私盐。后来,大家才晓得林泗爷用了法术,用一个肩头担去了家乡十八个仓库的食盐,将滞销的盐售往缺盐之地,两地困境随之迎刃而解。也有海神化身商人,直接前往物产丰富之地,解决当地的粮食危机。通常民众祈福海神,希望神灵降雨,帮他们渡过难关,减少自然灾荒,但是台州灵康庙之神赵炳另辟蹊径,以人身现身于福建、广东,将米运往台州,帮助民众躲过灾荒。其二,酬神以赢利。"在一个商业化的时代,问题并不在于神祇能否显灵,而在于她能否为人赢得利润。"[②]浙江宁海县流传《正月初一不扫地》的故事[③],其大致情节结构为:(1)一个叫欧阳的生意人,每次经过彭泽湖时,总会抛几样随身物品到湖里。(2)往复几次后,湖中出现一人,说是奉湖神之意请欧阳去做客,并嘱咐其在回礼之中独选名叫"如愿"的女子。(3)欧阳谢绝了湖神美意,求得如愿。(4)婚后,欧阳想要什么,如愿都能替他办到。不出几年,欧阳成为远近闻名的富翁。(5)某年正月初一,欧阳多喝了

[①] 黄志林、林子周:《中国民间故事丛书·浙江温州苍南卷》,知识产权出版社2016年版,第16—17页。

[②] [美]韩森著,包伟民译:《变迁之神:南宋时期的民间信仰》,浙江人民出版社1999年版,第74页。

[③] 戴余金:《中国民间故事丛书·浙江宁波宁海卷》,知识产权出版社2015年版,第98—99页。

第一章　吴越海神信仰

几盅酒,对着如愿发起酒疯。如愿躲进门后的畚斗、扫帚等杂物堆里,此后一直没出来。《正月初一不扫地》中的主人公欧阳之所以求得如愿,是因为他常向湖中抛掷随身之物,有明显的酬神之意。作为回报,欧阳顺利求得如愿,并在如愿的帮助下致富。另外,这则风俗传说与《搜神记》中《欧明遇龙君海神》如出一辙,只是主人公名字、故事发生地点稍有变化。

总的来说,从吴越海神演变的历史进程看,其形象大体从海洋生物、半人半兽向着人形神、凡人羽化成神过渡,人格化趋势趋浓的同时,神职也经历了由简到繁的变化。就其本质而言,反映的是敬神、祈神、镇神观念交织兴替下的传统海洋观不断变迁,且伴随着沿海百姓对海洋的开发而愈加明显。随着科技的发展、人们认知水平的提升,今人看似荒诞不经的海神信仰,在古代都有其存在的合理性和必要性,其所折射的关于冒险拓展、休戚与共、重诺守信、相对开放的实用理性之光,促使大批吴越先民将涉海生产、生活领域推向深入,间接促进了海洋经济社会的发展与繁荣。

第二章　吴越海神传说

第一节　吴越海神传说的生成

"传说"这一概念容易与神话、故事混淆,但又和它们有着千丝万缕的联系。学界对传说的概念的界定,首先强调其历史性。钟敬文先生在《民间文学概论》一书中认为:"民间传说是劳动人民创作的与一定的历史人物、历史事件和地方古迹、自然风物、社会习俗有关的故事。"①这一概念强调了传说的历史性,把传说称为"口传的历史"。传说具有解释功能,对历史人物、地方风物、地方古迹等进行记述、溯源或阐释。其次,强调其文学性。刘守华在《民间文学概论十讲》一书中认为:"民间传说是和一定历史人物、历史事件以及地方古迹、自然风物、风俗习惯等等相关连,因而具有较强历史性的一种故事。"②此概念强调传说的历史性、可信性的同时,提出文学性特征,一般口头传闻不在民间传说之列。再次,重视传说的历史性、文学性的同时,强调其传奇性。万建中在《民间文学引论》一书中认为:"所谓传说,就是描述某个历史人物或历史事件,解释某种风物或习俗的口头传奇叙事。"③此

---

① 钟敬文:《民间文学概论》,上海文艺出版社1980年版,第183页。
② 刘守华:《民间文学概论十讲》,湖北教育出版社1985年版,第68页。
③ 万建中:《民间文学引论》,北京大学出版社2006年版,第169页。

第二章 吴越海神传说

外,民间传说的另一个重要特征为口耳相传,它与史传、地方志、笔记小说等古史传说亦形成互构互补关系。如民间流传的陈靖姑自小立志学法除妖,满师下山后,除蛇妖情节与《搜神记》中的《李寄斩蛇》颇为相似。或者说,在闽北、浙江地区流传的陈十四娘娘故事受到笔记小说、佛经变文等书面传说影响,经过长时间的加工、充实,形成当下流传的《夫人词》《娘娘词》等。根据传说的历史性、文学性、传奇性要素,我们将吴越海神传说界定为,基于一定的历史事实对吴越海神进行虚构、渲染或附会,又与现实需求有着较为密切关系的传奇性叙事。类似的还有大禹治水时化为奇异怪兽情节,大体与《淮南子》所载"禹治洪水,通轩辕山,化为熊"有一定关联。

从发生学的角度看,"地方传说,也可以作相当的分类。第一,是纪述的,第二,是创造的,第三,是借用的"①。其一,记述的传说,一般是对历史事实进行记述或稍加渲染;其二,创造的传说,这也是地方传说中数量最多的部分,由地方民众虚构而成,带有一定的神话色彩;其三,借用的传说,借由神话、民间故事附会而成,从这个角度而言,传说与神话、故事确实有着千丝万缕的联系,很难严格区分。同时,钟敬文先生还提及传说情节在不同地方呈现相似性情节的问题,借用了"心理作用相同说",即出于相似的文化或民族心理,各地民众创造了相似的情节传说。

一、基于历史片段的记述或渲染

海神传说中的历史性和真实性,好似一块硬币的两面,不是对历史记录的简单重复,而是无限接近于百姓心中的真实可感、真实可信。"要从地方传说中,去寻找出真的历史事实(狭义的),有时可也并不见很容易。因为民间对于某事物,往往喜欢附会在一二有名人物的身上[这种人物,或擅长于某种工作,或与其地方有相当关系;前者如鲁(班或作般)师之于工程,后者

---

① 钟敬文:《中国的地方传说》,载《民俗丛书 17》(娄子匡编校),东方文化书局 1970年版,第 71 页。

如王羲之之于绍兴,韩昌黎之于潮州等],而那些说法,有时固一望而知其为'乌有'的;但有时也不能如此容易辨识。"①因地方传说中包含着历史零星真实片段,民众也喜欢将地方传说附会到某些历史名人身上。

一是借由一点历史因缘,使历史人物与地方名物达成最为默契的捆绑。"传说不同于历史的真实,但又和历史脱离不了关系。正因为此类传说具有某种历史的依据可寻,才使得故事情节显得真实而可信。"②浙东沿海百姓常将各地特产的制作附会于戚继光身上。久而久之,戚继光成了"箭垛式的人物",与其相关的地方风物、特产也逐渐增多,如不少地方特色美食的来历与戚家军的铁血传说相关。在浙江台州,人们将戚继光吃过的面饼,称为"光饼"或"肚脐饼"。明嘉靖年间(1522—1566),倭寇猖獗,戚继光率领士兵四处围捕追杀,不便造锅做饭。当地老百姓为士兵们献上了中间有大孔的面饼,让他们用绳子穿成一串串挂在腰间或胸前,在行军和打仗时可随时取食,极为方便。如歌谣《肚脐饼谣》所唱:"肚脐饼,像肚脐,倭卵上陆扰我地,害得百姓遭烧杀,全靠戚军来抵制。肚脐饼,圆又圆,送给戚军好上船,胜利回来平了乱,使我百姓好团圆。肚脐饼,甜又香,送给戚军当干粮,继光将军爱百姓,百姓敬他如天长。"③在慈溪,戚继光为鼓励将士们奋勇杀敌,曾当众宣布,杀得倭寇一名,奖励蚕豆一粒,并穿线挂在胸前,代表取得的"倭头"个数。慈溪一带百姓出于敬仰,便把蚕豆改称为"倭豆"。每年元宵节,台州地区各家各户,都有烧"糟羹"的习俗。相传,戚继光曾率军在临海筑城墙,天寒地冻之时,老百姓自发送来米饭、芋头、粉丝、芥菜等食物。为了让戚家军吃上一口热饭,老百姓抬来几口大锅,把四面八方送来的食物倒在一起,烧成"大锅羹"。戚继光深为感动,派属下买来酒糟,掺入大锅羹里,创制而成"糟羹"。

---

① 钟敬文:《中国的地方传说》,载《民俗丛书17》(娄子匡编校),东方文化书局1970年版,第70页。

② 杨晓红:《附会与挟君自重:民间传说中的帝王形象存在——以徽山湖康乾传说为例》,《枣庄学院学报》2020年第3期,第56—60页。

③ 朱亚非:《戚继光志》,山东人民出版社2009年版,第217页。

二是遵循基本的生活逻辑,完成普通民众期待的传奇性叙事。"所谓'传奇性'是指传说的故事情节首先必须基本上具有生活本身的形态,故事发展基本上符合生活的逻辑;同时又把生活素材加以剪裁、集中、虚构、渲染、夸张、幻想,通过偶然的、巧合的,以至'超人间'的情节来引起故事的转变。"①民众依据自己的生活经验,在故事中置入让人信以为真的情境,以传奇性情节实现由人而神的转变,如吴越地区流传较广的刘猛将信仰。关于刘猛将原型人物的历史记载存在着较大分歧,而在民间传说中,老百姓更愿意将之塑造为有着神力的放牛娃。也就是说,相对于官方主流话语对刘猛将原型不同时期的选择与塑造,民间有着相对稳定且独立的话语表达。在民间文学叙事层面上,民间传说、故事顽固地保持着对神灵的社会记忆。这种社会记忆与老百姓的日常生活又密切相关。刘猛将显灵事迹与日常生活、民俗事象密切关联,为了增强叙事的"真实性",其开头或结尾会自然添加"亲身体验""亲耳所闻""亲眼所见"等内容。这些场景、素材与神灵事迹相糅合,进一步发酵,发展成为刘猛将系列传说,并在不同时代得到更多的阐释与传承。在《刘猛将的传说》②中,其大体情节结构为:刘阿大自小丧母—遭后娘虐待—被亲爹踢入江—经娘舅搭救—遇仙获奇异能力—驱蝗而死—百姓造庙塑像纪念。该传说一开始便讲述刘阿大的悲惨身世——遭后娘虐待,如棉袄里塞芦花以次充好、让刘阿大种炒过的豆子等,这些都是太湖周围生活场景的具体再现。其后,刘阿大被狠心的父亲踢入江中,经娘舅搭救奇迹生还,生还后的刘阿大获得神异能力……所叙之事依旧围绕日常劳作,如山上放牛、河中赶鸭、推木龙下水等展开,不仅符合生活逻辑,还满足了听众对平凡生活出现奇迹的期待。该传说中的刘阿大,稚气未脱甚至有点顽劣,会在八仙的"怂恿"下偷吃牛肉、鸭肉;也不乏勇猛表现,为了不让乡民的稻田遭受蝗灾,只身一人将蝗虫驱赶入海,以绝后患,自己却因为疲惫不堪被海浪卷走。可以说,真实可感的生活化场景再现,加之"大难不死"

---

① 万建中:《新编民间文学概论》,上海文艺出版社2011年版,第117页。
② 《中国民间故事集成·江苏卷》,中国ISBN中心1998年版,第238—242页。

"山中遇仙"神奇性叙事,让自小受后娘虐待又被亲爹遗弃的刘阿大成为继官方推崇的刘锜、刘漫塘、刘輪、刘承忠之外的神主。

二、借用神话或故事

关于远古时期的神话和传说,很难将它们清晰分开。海洋起源神话不仅是吴越海神传说中较为古老的一部分,也常被民众用以解释海洋、陆地的由来和变化。关于海洋起源的神话解释,"不仅指示出世界在时间意义上的'开始',而且指示着现存世界秩序所以如此的'根据'与'前提'"①。在传统社会中,海洋环境对于人们海洋生产、生活的制约与影响几乎是决定性的。"民间信仰是民众在此环境中生活的经验的反映,是民众适应环境谋求生存与发展的手段。它为民众构筑了一个万物有灵的世界,形塑了其知识系统,包括其对生存环境的认识和解释。这种意识把人类与自然、自然与超自然融为一体,塑造了气候、资源、交通等地理环境神。这些神灵执掌地方社会存在发展的自然基础、物质条件,受到当地全体民众的崇拜。"②传说保留了原始自然崇拜因子,蕴含着对自然万物的独特认知与思维模式。

《海鸟与稻谷》讲述了盘古开天之后,东海边的大鸟飞往陆地发现野生稻谷的过程,其深刻的寓意印证了原始人类从渔猎到农耕生产方式的转变,反映了较为朴素的海洋思维。《黄三郎与黄海》③讲述了黄海命名的由来,与黄三郎造海滩有关。黄海原本没有海滩,渔民出海非船即筏,若是退潮后出海,比登天还难。玉皇大帝知晓渔民心声后,派状元星投胎出生在海边黄姓人家。黄三郎家里排行老三,出生当天能说话,第二天能走路,他跑到海边,伸手去太行山抓了把土,绕着海边一周,海陆相接的地方便出现了海滩。他

---

① 钟敬文:《民俗学概论》,上海文艺出版社1998年,第242页。
② 王守恩:《论民间信仰的神灵体系》,《世界宗教研究》2009年第4期,第72—80页。
③ 季忠新:《中国民间故事丛书·江苏南通启东卷》,知识产权出版社2016年版,第9页。

第二章 吴越海神传说

抖了抖衣衫上的灰尘，拍了拍手掌心的泥沙。灰尘随风飘扬，洒落在荒滩上，变成了蛏蜞、螃蟹、文蛤等。手掌心的泥沙掉进海里，海水变得浑浊，这片海域也被称为黄海。从此，渔民不但能在退潮时出海捕鱼，妇女、小孩也可在海滩上捉蛏蜞、挖文蛤。"虽然早期人类畏惧自然，他们确有征服自然、改造自然的强烈愿望。因此，人们创造了神的故事和英雄传说，借以抒发他们征服自然、改造自然的强烈愿望。"① 流传于江苏阜宁县的《绿鸭淘沙造大地》②开头便是"宇宙洪荒"的宏大叙事，寥寥几笔，将神话中的洪水泛滥、神灵救世情节杂糅在一起，看似杂乱却保留着沿海百姓对海洋由来的朴素思考。相传在大地生成之初，洪水漫天，如来佛造化出一朵莲花，可随海浪漂荡。绿鸭道人一时找不到落脚之地，只能不停飞翔，飞累了落在如来佛头上。如来佛建议绿鸭道人潜入水底，掏些石子泥沙，便能让他有落脚之地。绿鸭道人一头栽入水里，过了七天七夜，衔了满满一口沙土，吐在了如来佛的掌心。如来佛在沙土之中掺入些许海水，吹一口气，将之撒向汹涌洪水。泥沙撒到之处，变成了平地，泥沙里的石子化作大小不一的山；没有撒到的地方依旧是汪洋大海。"宇宙生成之初，世界为一片茫茫大水，无边无涯，这就是缥缈浩瀚的原初之水（primordial water）或是宇宙海（cosmic ocean），而宇宙万物正是从水中逐渐诞生。此一原始海不但生成了大地，生成了神山，生成了岛屿，也是万事万物的生成之源。"③《绿鸭淘沙造大地》中绿鸭道人潜水取土造地叙事，隐喻着原初大地的形成与海洋"原水"之间有着密不可分的关系。

海洋不仅仅是空间范畴，更是时间范畴的体现。滨海环境影响下的沧海桑田传说，来源于人们对反复出现的海陆变迁的漫长观察，昔日海水退去，变为滩涂，又被勤劳的百姓改造为良田。《神仙传》中的麻姑自成仙以

---

① 杨序：《试论民间信仰对我国民间文学之影响》，《洛阳理工学院学报（社会科学版）》2009年第5期，第33—36,61页。

② 《中国民间故事集成·江苏卷》，中国ISBN中心1998年版，第13页。

③ 高莉芬：《蓬莱神话：神山、海洋与洲岛的神圣叙事》，陕西师范大学出版总社有限公司2018年版，第59页。

来,已见东海变为桑田三次,而现在东海海水又浅了下去,继而发出又要变成陆地的疑惑。"沧海桑田"反映了当时人们的时空观,在海洋面前,人类感受到空间的无限大,也感触到了时间的无始无终。由此反观自身,这何尝不是对人生短暂的深刻洞见。沧海桑田的自然演进过程"被道教方士利用,成为他们夸耀年寿的手段"①。流传于上海的《大陆的来历》叙述了修行成仙的绿鸭道人和红君老祖通过造陆比试道行高下的故事。红君老祖掼泥成陆的情节反映了沿海民众对海洋中升起陆地的现象的漫长观察,也可视作沧海桑田叙事的一部分。

三、虚构与想象

由地方民众虚构而成,带有一定神异色彩的故事,也是地方传说中数量最多的部分。吴越地区近1000千米的延绵海岸线北起长江口,南至温州湾,呈现出向外凸展的扇面形态。在吴越地区的海岸线上,相间着多个深入内陆的海湾,如杭州湾、三门湾、台州湾、隘顽湾、乐清湾、温州湾。除了海湾,还分布着大大小小近千个岛屿。除舟山群岛外,由北向南依次为嵊泗列岛、鱼山列岛、东矶列岛、台州列岛、玉环岛、洞头岛等。这些海岛以其近岸,或近港口航道,或近渔场的区位优势,不仅有着较为悠久的开发史,其来历也常与民间信仰相关联,寄寓了人们对出海平安的期盼。流传于舟山普陀地区的岛屿传说就有《认母涂》《乌石塘》《东福岛》《六横岛》《佛渡岛》等。其中,《六横岛》说的是为岛上村庄遮风挡浪的六道横山,原为六条蟒蛇所化。这六条蟒蛇常兴风作浪,经观音点化,化而成山以赎其过往的罪过。《乌石塘》中的海塘为乌龙所化,与《六横岛》作恶多端的蟒蛇不一样,小乌龙为报答渔民救命之恩,不愿返回龙宫,而是选择留在漳州湾守护海塘。从此,他的龙鳞经过岁月的打磨,化作乌石子为渔民抵挡风浪来袭。《乌塘琴潮》与《乌石塘》的结构相似,故事中的乌龙所为并非出于报恩,折射出的是那种盗

---

① 王青:《海洋文化影响下的中国神话与小说》,昆仑出版社2011年版,第82页。

取火种,造福百姓的大爱。温州洞头流传的《横止岛》①传说与民间机智故事相结合,妙趣横生地述说了岛上奇怪形状岩洞的来由,很大程度上满足了人们对出海平安的心理诉求。洞头鹿西岛的口仓村地处岙口,原本风浪极大,如果不是横止岛的阻挡,出海打鱼晚归的渔民经常遭遇不测。人们将如此奇妙的造物安排归功为天上神灵的相助。

围绕海、港、湾、岛形成并流传的各类民间传说,往往套用神话思维、神灵形象展开奇幻想象,用以解释吴越独特的地理地貌、复杂的海洋环境、丰富的海洋生物资源,具有较高的原创性与科学价值。那些与海洋复杂环境、海洋多样生物相关的传说以其独特的形式隐喻了沿海百姓在认识和改造海洋过程中对人与海洋相互依存、和谐共生的思考。在《泥螺山的传说》中,相传王母娘娘突然犯病,胃口不好,看到"两盆腌得异香扑鼻、又红又黄的泥螺就吃了起来。吃着吃着突然感到病好了许多,饭一下子就吃了两碗"。"泥螺带壳嚼,好比吃补药",腌制过的泥螺成了王母娘娘的最爱,但由于天庭所需泥螺越来越多,为了不使泥螺断子绝孙,泥螺王只能通过圆寂来控诉天庭的索取无度。类似的故事很容易让人联想到蛤蜊观音传说。《佛祖历代通载》《佛祖统纪》都载有这个故事。相传,唐文宗爱吃蛤蜊,沿海地区需经常进贡,这变相增加了百姓的负担。某天,御厨准备皇帝的膳食,有颗蛤蜊特别大,用尽方法也打不开。御厨向文宗禀奏这奇异之象后,文宗开始焚香祝祷,这个时候,蛤蜊竟然自动开启,里头出现一尊观音像。文宗询问群臣,异象代表何意,终南山的惟政禅师解释为,这是观音应众生的需要化现示教的缘故。

四、共同的文化心理

吴越地处东南一隅,政治上很长一段时间的边缘地位,并不影响其经

---

① 邱国鹰、陈爱琴:《中国民间故事丛书·浙江温州洞头卷》,知识产权出版社2016年版,第42—43页。

济、文化的相对优势地位。依托大海的地理特点,吴越地区的文化因子融入了较多的创新意识与开拓精神,外显为对外发展、向外辐射的海上探险活动由最初的小规模迁移、海上三山求仙继而转为外交与海外贸易等活动。流传于浙江慈溪、象山等地的徐福东渡传说传递着古代人们渴望探索千里之外未知世界的开拓冒险精神。该类传说还漂洋过海,成为中日韩三国文化交流的情感纽带。光绪《慈溪县志》记载:"秦始皇登此山,谓可以达蓬山而东眺沧海,方士徐福之徒,所谓跨溟蒙,泛烟涛,求仙采药而不返者也。"至今,达蓬山留有秦渡庵、摩崖石刻、小休洞、徐福祠等。流传于慈溪的《择渡出海》[①]传说以徐福一路向南寻找海上三山为背景。到了浙东,他一路打听蓬莱、瀛洲、方丈三山踪迹,从一白发老翁处打听到东海蓬莱的所在,从香山(后改为达蓬山)向远处眺望,果见到"楼台层层,白龙缠绕"的仙岛。徐福大喜,确定香山为东渡蓬莱的起航之地,出海口选在了香山的东坡,那里东有凤凰山、北有伏龙山、南有大洋山,群山环抱,南北各有一条航道通向外海,是出海东渡的绝佳之地。在《天帝助力出龙口》[②]传说中,每年的春夏之交,达蓬山的"风门冈"常刮猛烈的南风,这股南风是徐福向天帝借来的。自从发现了蓬莱的所在,徐福经过长时间的准备,反复训练,率船队择良辰吉日出海。没驶出多久,海面上袭来一股乌黑旋转气流,这股"龙卷风"来势汹汹,船队顿时乱作一团。徐福命人摆出香案,跪地祈祷,求天帝让船队闯过这一"龙口"难关。徐福的一片至诚之心打动了天帝,虽说"龙卷风"乃龙王常规操演,不能立即喊停,但也不能伤及船上三千多无辜生命,两难之下,天帝急速命令达蓬山山神猛吹南风,将船队送出"龙卷风"范围。突然刮来的南风,让徐福喜出望外,命令船队将船帆高高升起。借着南风,船队驶出杭州湾方向的大海,漂入黑潮主流后北上。从此,每年的春夏之交时节,达蓬山总要刮几阵南风,山神们似乎在提醒人们,徐福成功东渡蓬莱,有他们吹

---

① 童银舫:《中国民间故事丛书·浙江宁波慈溪卷》,知识产权出版社2015年版,第10—11页。
② 同上,第11—13页。

南风之功劳。这一传说提及的南风为徐福向天帝借来,实为民间浪漫的想象,但吴越先民很早就能利用季风和海流进行直接漂流是有历史可证的,他们借助冬季的东北季风和夏季的西南季风,顺风顺水迁徙至距离较近的中国台湾、日本、朝鲜等地。象山也是徐福文化的发源地之一,清乾隆《象山县志》记:"徐福隐迹于栖霞观,发舟至亶、夷,盖闻始皇至鄞,故发舟避之,始皇去而仍反。"该地拥有蓬莱山、蓬莱观、蓬莱泉等相关历史遗址。这些徐福东渡相关的地名、遗迹又在某种程度上增加了徐福东渡传说的可信性。

  人口大规模迁移,加上各地商贸流通、交往频繁,也是促使吴越海神传说的生成和流传的原因之一。自宋代以来,随着国家政权对地方神祇的不断赐额或赐号,尤其在建炎南渡,宋高宗敕封明、台、温三州海神,浙江地方海神一路从私祀、淫祀升格进入祀典,海洋神灵体系得以迅速发展壮大。如地处旧时鄞县东二里的猛将庙,"神姓李,名显忠,高宗避难,神扈驾,防送御舟出海,祥飙送风,赐爵猛将重节武功大夫。水旱疫疠,蕃舶海船,有祷辄应。拨官地一片,兴建祠宇"。根据地方文献记载,南宋鄞县的猛将神因护驾高宗有功获得敕封,特拨官地修建庙宇,其后的显灵事迹基本围绕水旱疫疠、庇佑出海展开。南宋王权为了自身统治的合法性,求助于"神权",对地方海神不断加封,让人相信帝王之兴,自有灵兆。而后世流传于民间的海神传说对此进行托用,希望通过讲述帝王遇难时受到海神庇佑的故事,从王权认可处谋求"神权",作为其灵验叙事的一部分。"北宋末年,金人入侵中原,京城沦陷,徽、钦二帝被俘,康王赵构由北而南逃到浙江。传说叙述康王在浙江各地逃难遇救等情节。"①主人公康王因所经之处、所遇之人、所见之物的相异而产生多个异文,但基本情节即核心母题相似,始终围绕着"遇难—获救—报恩"三段式情节结构展开。救助者可能是普通百姓,也可能是有神奇能力的动植物,如庙中蜘蛛、石马、路边樟树等。一般而言,获救的前提或是主人公善行感动上苍,或是施恩于神仙或动物,才有后来的种种神迹。然则,康王在没有上述两个前提条件的情况,命中注定获救,在传布过程中,一

---

① 《中国民间故事集成·浙江卷》,中国ISBN中心1997年版,第905页。

定程度上强化了获救者的帝王身份与历史选择。同时在施救中，传说展现出民间智慧和勇敢，并对民间机智给予了充分的认可。在《镇海渡驾桥的由来》①中，康王逃亡至明州定海的河边，前方无路，百姓临时架一座便桥，康王和官兵得以逃脱。后来重造一座石桥，取名为"渡驾桥"，意为皇帝曾在此起驾渡江。《浙江女子尽封王》②解释了浙东女子出嫁享有半副銮驾规格习俗的由来。康王逃到镇海涨鉴碶，因金兵紧追，便求救村姑。村姑用晒谷场的谷箩倒扣在康王身上，巧助其脱离追兵。后来又嵌入渡驾桥的故事，康王往明州方向逃跑时，姑娘用稻桶助其渡河。做了皇帝的康王，为了报恩，在当年渡河之处，造了"渡驾桥"，并下诏浙东女子出嫁可享用"龙凤花轿、凤冠霞帔"的规格。鄞州的《到王庙》③核心情节是"泥马渡康王"。康王出逃，杭州钱塘江的山神庙前的泥马相助，将其驮过钱塘江。过江后，康王往宁波方向逃亡。待他逃到一个孤庙时，庙内蜘蛛重新结网，恢复先前蛛网布满的破败样子，骗过了金兵，这个庙宇被唤作"到王庙"。

在康王系列故事中，历史真实性显然不是百姓的关注点，他们依据自己的认知和偏好，重构着历史事件及人物的民间表述。通过曲折细腻的叙述，我们能感受到民众朴素的道德情感，及蕴含其中的惩恶扬善的价值取向。"同一地域内的民众共同拥有某些以地方传说为载体的文化记忆，这是司空见惯的，由此构成了传说的地域认同。"④康王传说出现的地名及各种风物特产皆因挟康王之名而闻名，如崇明地区流传的《崇明蟹救康王》。⑤

位于长江口的崇明岛是我国第三大岛。岛上景色优美，因而

---

① 蔡泉根、沈志远：《中国民间故事丛书·浙江宁波镇海卷》，知识产权出版社 2015 年版，第 104 页。
② 同上，第 118—120 页。
③ 谢根芳：《中国民间故事丛书·浙江宁波鄞州卷》，知识产权出版社 2015 年版，第 87—88 页。
④ 毕旭玲：《中国 20 世纪前期传说研究史》，上海社会科学院出版社 2019 年版，第 4 页。
⑤ 《中国海洋文化·上海卷》，海洋出版社 2016 年版，第 123—124 页。

第二章 吴越海神传说

有个别名叫"小蓬莱"。著名的崇明小蟹,为岛上特产。崇明蟹肉壮实,味道鲜美,但不及阳澄湖大闸蟹那样伟岸威武,据说,崇明蟹原也肥实壮大,只因救过一次康王,才变了样。

话说宋金时代,金兵两次南下。康王再次逃难,辗转到了东海边,各路勤王兵马纷纷赶来救驾,但康王终日郁郁不乐。他因听说崇明号称"小蓬莱",便动了游兴带人上岛一游。不料那天金兀术带着兵马登陆也来游玩。康王望见金兵旗号,急忙逃回船上,命令扬帆开船,却不料正逢退潮,海水浅,一时开不动。眼看金兵即将追到,康王急得双目流泪,仰天长叹:"天哪,难道我今日将被俘于此,宋朝江山就完了吗?"这一来,惊动了岛上的螃蟹王,见危授命,急急带领全岛大小螃蟹,倾巢出动,居然把大海船抬到了海面,随着一阵顺风,海船开动了,康王终于得救。金兵只能面对滔滔海浪,望洋兴叹,后悔莫及。

崇明蟹为救康王出了力,却也付出不小的代价:它们身体都被沉重的大海船压僵,从此再也长不到像阳澄湖大闸蟹那样的个子,只能被称作"崇明小蟹"啦!

地方风物传说将地方物产与历史人物相嫁接,包含着民众对家乡风物的热爱,也隐含了对历史人物的情感态度。寥寥几笔勾勒出贪生怕死、一路逃亡的皇帝形象;螃蟹倾巢出动营救康王的情节看似离谱,也隐现着民众对康王命中注定继承皇位的权力认同。

第二节　海神信仰与传说的互构

研究民间传说与民间信仰的依存关系，主要有两个方面：一是民间信仰规约着民间传说叙事变化，随着信仰在民众生活中的流布，与之相关的神话、传说、歌谣等得到强化或再生；二是因传说流布和祭祀仪式中的文学展演，强化了神灵的神圣性，推动着民间信仰的传承。简而言之，民间信仰与民间文学在不断变化、重塑中，形成了"你中有我，我中有你"的共构关系。

一、民间信仰规约传说叙事变化

民间信仰作为民众生活普遍存在的文化现象之一，其表述方法主要有三种：一是口头叙事，依附于地域文化并扎根民众日常生活，在民间信仰的口头传播及在地化接受方面，表现出了强大的叙事技巧及生命力；二是物象叙事，传说直接依附于山川河海、地方名胜、风物特产等，在物象阐释中不断强化神圣性叙事；三是行为叙事，表现为民众结合口头叙事、物象叙事，推进神圣空间重构、祭祀仪式等文化实践。民间传说与民间信仰互为表里，其中，"规约民间传说叙事变化的重要内容是民间信仰。民间传说的发展离不开民间信仰，民间传说为民间信仰的传播和保存提供方便"①。

纵向看，海神信仰的神圣性是海神传说的叙事起点，在其后的时空和社会环境变迁中，以更加世俗化、生活化的方式加以虚构，使得最初的神圣叙事在后神话时代，得到更多的阐释和传承。上古先民认为万物有灵、生命不息。鱼类擅潜、多子且具有超强的生命力等特征，丰富了人们关于鱼神"幻化"想象。《山海经》《洞冥记》《搜神记》《博物志》中陆续出现人鱼、鱼妇、鲛

---

① 林继富：《神圣的叙事——民间传说与民间信仰互动研究》，《华中师范大学学报（人文社会科学版）》2003 年第 6 期，第 11—17 页。

第二章 吴越海神传说

人等人格化趋浓形象,蕴含其中的沟通生死、泣泪成珠等文化信息被激活,并在民间传说的流布中得以巧妙化用和强化。当大鱼、人鱼崇拜的神秘色彩褪去后,鱼神转而成为人们表达美好愿望的精神寄托,被赋予财富、爱情的象征。结合报恩主题,以"遇难—求归—献宝—善报"为情节模式,鱼神知恩图报、解难除害的传说在民间流传较广。

横向看,海神信仰以口头语言形式得到表达,并在庙宇、祭祀仪式中不断得到强化。随着社会历史发展,民间信仰沉淀于民间传说的深层次结构之中,并结合民俗仪式展演、传说流布继续传承。吴越地区的龙王信仰是原始龙蛇图腾崇拜,是中原龙文化以及佛教龙王(那伽)观念融合再造的产物。早期龙的形象与其预知晴雨、兴云布雨有关,在漫长的历史进程中,人们根据自己的生活体验、爱憎、功利需求,赋予海龙王较内陆龙王更多的职掌,兼有海上救护、平定风暴、护佑渔业丰收等功能。各地龙王庙既是崇奉龙王的神圣空间,又是民间祈雨的主要场所。如流传于浙江北仑地区的《敲锣求雨》①,再现了民间模拟巫术祈雨的仪式。

> 老早老早以前,有一年,天大旱,田里的庄稼快要枯死了。郭巨的老百姓聚集起来坐船到桃花岛请求桃花姑娘降雨。大家向龙潭撒下了碎馒头,引诱鱼虾游上来吃。只要这些鱼虾游上来,就算是请到了龙,就可以敲锣求雨了。可他们等了很多辰光,鱼虾就是不上来,打锣的小伙子心急死了,把锣伸向潭边使劲地敲着。工夫敲久了,一不小心,手一滑,那面响锣就跌进了潭内,慢慢沉入深不可测的龙潭底。龙没有请到锣却没了,请龙的人你一句我一句地埋怨起敲锣人来。那小伙子有一身好水性,竟然一个猛子扎下龙潭去撩锣。不一会儿,只见水面上浮起几个泡泡,可始终不见小伙子游上来。又过些时辰,鱼虾都浮到水面上来了,大家赶紧拿网把

---

① 唐佩娟:《中国民间故事丛书·浙江宁波北仑卷》,知识产权出版社2015年版,第138—139页。

鱼虾掬上来,龙算是求到了,可那敲锣的小伙子还是没有游上来,大家都以为他死了,于是一个个坐到船上悲痛地哭了起来。这辰光,海上突然刮起了大风,大家纵然用尽力气撑船也没法使船前进一步,船慢慢被漂到了双岙泥沙头岸。

这时,忽听岸上有人大喊:"你们总算回来了呀,我真等煞了!"大伙一看,不由大吃一惊,原来大声呼喊的正是那个敲锣的小伙子。见大家惊慌失色,小伙子猛敲了一下铜锣解释说:"事情是这样的,我跳下潭后,游到潭底寻找铜锣,当我找到铜锣准备上来时,恰巧遇到一个正在梳洗的小姑娘,她让我等她一下,说她梳洗完毕后,会陪着我一起上岸的。也不知怎么的,她就把我领到了这里,并说过一会儿你们的船就到,所以,我就在这里等你们。"大伙一听,都觉得神了,难道真的遇上神仙了?这时,小伙子又敲起了锣,于是大伙儿高高兴兴地放鞭炮回家。没一会儿,天边升起了黑云,紧接着雨点"哗哗"而下,人们放声高呼:"下雨了,下雨了,桃花姑娘请来了!"

古代求雨仪式,通常会用舞蹈、呼号以求雨,辅之以龙形工具,诸如制作土龙、画龙或用蜥蜴、蛇等动物。按照弗雷泽理论,制作、捕捉与龙形相似的动物进行降雨模拟,模拟之后祈求达到相同的降雨目的,属于交感巫术中的模拟巫术,如法炮制的还有止雨仪式。在《敲锣求雨》传说中,人们之所以对潭中浮现鱼虾充满期待,便是将其视作龙王显化的替代物。按模拟巫术仪式,请到鱼虾后,一路敲锣回程,便是请到了龙王。仪式进行中的关键时刻,铜锣掉入了深潭,模拟下雨仪式按下暂停键。随后,转为深潭遇仙叙事,潭中仙姑将敲锣小伙和铜锣送回岸边,求雨仪式得以继续,雨水适时而降。深潭遇仙的叙事功能并非主人公获得神力或宝物,更多的是延续了此前被迫中断的模拟巫术,让整个求雨仪式更为庄重、神圣,最终达成求雨目的。

二、民间传说对民间信仰的演绎

(一)强化神灵圣迹的某种确定性

民间传说具有真实性、严肃性等特征,在海神信仰的神圣性叙事诸如出生、神异能力、死后成神方面,表现出灵活的叙事技巧及强大的传播生命力,经不断扩展、演绎,强化了人们对于神灵圣迹的某种确定性。

1.神奇的出生

"非凡人物必有非凡经历。神奇的出生、神人或贵人相助、意外获得宝物或秘诀,等等,是传统民间文学塑造伟人的一个俗套,而且这个俗套很早就被历史学家们借用了。"① 神奇人物的出生,往往伴随有奇异现象,预示着不同寻常的命运和非凡能力。妙善传说讲述了皇家三公主出家成道,示现千手观音的故事。流传于浙江青田的《千手千眼观音的传说》②以《香山大悲菩萨》碑帖为基础,对妙善的出生加以奇异想象。妙善出生时,彩云缭绕,光照内外,满室异香。更为稀奇的是,这个女婴出生时手掌心各有一红字,右手"妙"字,左手"善"字,故取名为"妙善"。另一位海上女神妈祖的出生、成长也是非同寻常。妈祖原名林默,因满月而不闻啼声,故取名为"默"。她天资聪慧,7岁读书过目不忘,12岁从玄通道士学得玄微秘法,长大后行善济人。

受道教神仙"谪仙"观念影响,下凡成了民间传说中的海神身世叙述方式之一。不管是因为触犯天条被贬下凡还是天地令其造福人间,下凡的海

---

① 谢国先:《地方传说的形象塑造与国家历史的人物评价——以明代宜昌人王篆为例的分析》,《三峡论坛(三峡文学·理论版)》2015年第2期,第7—12页。
② 贺嘉:《观音传说》,中国社会出版社2008年版,第26—37页。

神有着明显的程式化经历：下凡人间—造福人间—重归仙界。《泗州大神》①中，泗州大神原为天上雨神，在天庭掌管水源。玉帝听信人间不爱惜食物的谣言，大为恼怒，传旨人间断水三年，以示惩罚。可是断水仅半年，人间所有的田地都开裂，庄稼颗粒无收。泗州大神看到人间惨剧，决计不顾禁令，偷偷撬开水闸，将天水引向人间。玉帝下令捉拿泗州大神，在众天将求情之下才免以死罪。为了纪念泗州大神，人们塑其金身，一到天旱无雨之时，烧香求雨，无有不应验的。

2. 非凡的经历

林泗爷是闽东、浙南的地方神。关于林泗爷的来历，一说普通人，另一说原是天上的神灵，被贬下凡，从小就表现得与众不同。在《林泗爷的传说·出圣园》②中，林泗爷小时好学勤农，常在屋前空地劳动，夏天酷暑难当时，便有祥云为其遮盖骄阳。有一年，田里的稻谷快成熟了，天气骤变，舴艋一带的渔民预测台风将袭，纷纷到田里抢收稻谷。林泗爷只是不慌不忙挖了一些黏土替代割稻。第二天，人们发现田里的稻子全被收割好了，原来是林泗爷用黏土做成的土人帮忙抢收了稻谷，没有一户人家因为台风而遭受损失。《没柴烧脚骨》③传说对应的是温州苍南的一句俗语"没有柴烧就烧脚骨"，二者皆围绕林泗爷超凡能力展开想象。某年春夏之交，梅雨季节特别长，眼看着家里柴火即将烧完，林泗爷却说"真的没柴烧，就烧脚骨"，他母亲只当是句玩笑话。当家中无柴烧时，林泗爷果真将脚伸入灶孔内。母亲见状慌忙上前阻止，但林泗爷的脚丝毫未损。实际上，林泗爷运用法力暗中调运了周围村民家中、学堂坏掉的桌椅脚来当柴烧。《"林泗大帝"的由来》④传说，突出了林泗爷高大无比的形貌特征，并附会以抗倭功绩。相传，倭寇趁

---

① 李炜、张君：《中国民间故事丛书·浙江温州平阳卷》，知识产权出版社2016年版，第95—96页。
② 黄志林、林子周：《中国民间故事丛书·浙江温州苍南卷》，知识产权出版社2016年版，第12—13页。
③ 同上，第13—14页。
④ 同上，第17—19页。

着金乡城内守军没有防备,组织人马于夜间发起偷袭。当倭寇临近金乡城时,一个身形高大之人坐在金乡的城墙上,脚伸到城墙下,目光如炬,吓得倭寇魂飞魄散,从此再也不敢进犯金乡城。

民间对凡人奇异能力的想象通常借助梦境实现,入梦时分,准神灵暂时脱离肉身凡体,以其超自然能力救助失事船只,如太湖地区流传的《赤脚黄泥郎》传说。这一情节在沿海地区则演化为渔家姑娘入梦救助遭遇海难的父兄,如流传于上海崇明岛的《娘娘庙》传说。在《娘娘庙》里,一户渔民人家生有一儿一女,长大后,儿子跟着父亲出海捕鱼,女儿跟着母亲在家纺纱织布。一天晚上,女孩在织布的时候,突然机声骤停,原来她趴在织布机上睡着了。母亲见状,在她的后脑上打了一下,醒来之后,女孩的第一句话便是父亲在洋里落难了。原来,女孩梦见父兄所撑之船在大洋中遇到风浪,情急之下,她赶紧上去相救,一口咬住父亲的衣服,一手拽住哥哥。但因为被母亲意外打醒,女孩嘴巴一松,父亲掉入了海里。后来,独自回家的哥哥也证实了女孩的预言。女孩离世后,人们塑像置于庙中。每逢农历二月十九日,渔民便到庙宇烧香祈祷出海安全。该传说与浙江象山的《妈祖的传说》情节结构相似,这是因为妈祖信仰传播至外地渔村时,民众根据自己熟悉的生活逻辑对妈祖生平进行改编、再创作。民间关于妈祖生平的知识传播,"不具有结构的永久稳固性,而是徘徊于传承与再造之间,在知识的不断发明与增长的过程中自我更新"[①]。

(二)促成海神信仰的在地化接受

海神信仰的在地化接受需要与传入地的文化相融合才能实现。妈祖信仰在传播过程中,"福建等地的商人扮演了非常重要的角色。他们每到一地,便会在会馆或公所内供奉妈祖的神位,虔诚礼拜,祈求妈祖保佑他们航

---

① 张士闪:《乡民艺术民族志书写中主体意识的现代转变》,《思想战线》2011年第2期,第9—13页。

吴越海神信仰的传说展演研究

海安全。客居他乡生意兴隆,同时也保佑自己及家人事事顺利,出入平安"①。《妈祖留塘头》②中福建莆田商船北上,途经黄大洋遭遇台风,触礁沉船。附近的塘头村渔民救起了落水船员,还帮着整修破损船体。台风过后,船员准备驾船离去,但船老大始终闷闷不乐,连日来,他一直找寻不到护佑他们航海平安、抢险救难的妈祖神像。塘头渔民一边相劝,一边应承他们如果找到妈祖像,一定会虔诚供奉。商队离开的第二天,渔民在鹅卵石滩拾到了木雕妈祖神像,随后他们在麒麟山海滩边筑起一座天后宫。两年之后,莆田商船又途经塘头,他们一来谢恩,二来请回妈祖。当他们把妈祖神像请进船舱准备回莆田,还未离开塘头滩涂时,天空乌云密布,风雨大作,商船根本无法启程。等候片刻,风歇雨停,可是这边商船刚起锚,黄大洋那边已是白浪滔滔,船体颠簸不定。接二连三的风雨大作,让船队和塘头渔民都确信是妈祖不愿离开塘头的神迹显现。从此,莆田妈祖神像就留在了塘头。《妈祖留塘头》叙述了莆田商船北上遭遇风浪,在妈祖的护佑下化险为夷的故事,进一步强化了妈祖保佑海波不扬、解除海洋自然灾害的神职。其后套用了"不肯去观音院"的核心情节,隐含着莆田妈祖信仰的传播途径,随着商人北上路径,妈祖信仰传播至浙江沿海地区及岛屿,并被当地百姓所崇奉。

与上述福建贾商每到一地,就建会馆来供奉妈祖的传播方式不同,温州洞头、苍南地区的妈祖信仰主要随着福建渔民捕捞路线沿途传播。历史上的洞头是闽浙沿海渔民捕捞、生息的理想之地,长期以来,聚集了福建惠安、崇武、莆田、泉州等地的渔民。每到鱼汛期,福建渔民就会驾着渔船到洞头,在北沙、东屏一带的山岙、港湾内搭建茅屋、安顿家眷,然后进行海上捕捞作业。为祈求平安,他们把妈祖神像带到了洞头,鱼汛结束后再带回。《石砰天后宫》③讲述了妈祖留苍南一带的故事。清宣统年间(1909—1911),浙江

---

① 侯杰、王小蕾:《民间信仰史话》,社会科学文献出版社2012年版,第134页。
② 忻怡:《中国民间故事丛书·浙江舟山普陀卷》,知识产权出版社2019年版,第60—61页。
③ 黄志林、林子周:《中国民间故事丛书·浙江温州苍南卷》,知识产权出版社2016年版,第68页。

青田等地遭受了大水冲击,山体塌方,天后神庙也随之倒塌,天后神像随水漂流,冲出温州港,一直漂到了苍南沿海一带。石砰坑南村的渔民林朱龙等人,偶然捕捞到了这尊天后神像。起初,林朱龙等渔民随手将神像抛弃于海面上。不久之后,他们再次捞起了这尊神像。如此巧合,这些渔民便将神像置于船头,祈祷鱼虾满舱。渔船到了内岙口,一网撒下满载而归。其后,天后屡显神迹,当地渔民便修建天后宫,把神像请进了大殿。信奉妈祖的同时,民间不断演绎着妈祖信仰的本土化现象。宁波石浦一带崇信的如意娘娘,虽无文献具体记载,民间更愿意把如意娘娘视作妈祖妹妹,这也说明外来神灵与本土神灵既有分庭抗礼的时候,更有不断融合、再造的现象。

(三)融入了民众的价值观念

民间传说从来都不是民间信仰的简单复述,而是以灵活的叙事技巧调整、凸显、推动着民间信仰的传播,其中还融入了民众思想意识和价值观念。民众基于一定的历史记忆,对钱镠传说进行了改编。在流布过程中,民众又通过附会、拼接等方式,将钱镠从骁勇善战的将领形象置换为力大无比的挑盐工,形成了既能满足民众抵御海潮侵袭心理又能激发崇拜情感的系列传说。滥觞于吴越地区的潮神伍子胥,在越地流传范围有限,这是因为越地百姓似乎难以接受劝吴王夫差灭越的历史人物为潮神。如此一来,宁绍平原地区包括鄞县、镇海、慈溪等地,民间潮神观念较淡。吴越争霸的这段历史记忆隐匿于越地民众内心,潮神伍子胥及其传说如果不经任何修改、润饰,很容易遭到越地民众的心理排斥。基于此,越国名臣文种死后化为水神,与伍子胥同游大海,可视作潮神伍子胥传说在越地的改造和接受。《吴越春秋》记载,"葬一年,伍子胥从海上穿山胁而持种去,与之俱浮于海。故前潮水潘候者,伍子胥也;后重水者,大夫种也"[①]。流传于绍兴的《涨潮神与退潮神》传说,将伍子胥和文种并列,双方各为其主,至诚至忠却含冤而死,在对

---

① 〔后汉〕赵晔撰,周生春辑校汇考:《吴越春秋辑校汇考》,中华书局2019年版,第168页。

照叙事中凸显历史人物的悲剧色彩。越地百姓把这两位各事其主的忠臣并列,伍子胥主司涨潮,文种主司退潮。传说结尾处,"尽管八月十五、八月十六的潮水要比八月十八的来得大,来得奇,但绍兴人却爱在八月十八看潮,其中就有缅怀'涨潮神'伍子胥与'退潮神'文种的意思"①。这种经修改润饰的传说虽与历史记载有出入,其背后的心理动机却饶有意味。在伍子胥传说的传播过程中,越地百姓借机将或然性关系转换为必然性关系,进而凝聚成为一种地方性的集体记忆。

---

① 《浙江省民间文学集成·绍兴市故事卷(上)》,中国民间文艺出版社1989年版,第72—74页。

第三章　鱼神信仰与传说

海洋鱼神是指民众对栖息海洋中的大鱼、鲛鱼等水族产生的崇拜。王荣国认为,"信鱼神是对海洋鱼类的崇拜"①。"鱼神是对海洋鱼类的崇拜,确切地说,主要是对巨鱼的崇拜。"②"鱼神就是统管鱼类的神,可以是海中的大鱼,也可以是特定神明。"③渔夫舟子、海商等涉海群体及沿海百姓之所以崇信鱼神,是因为海中大鱼超越常识经验的巨型、多样性、变幻性常引发人们对鱼神惊恐又敬畏的情感体验,而在传统文化中"鱼"还被赋予了多子多福、岁稔年丰等象征意义,寄寓着沿海百姓对太平丰年的期待与愿望。

第一节　海中大鱼想象

海洋浩瀚无垠,一如木华在《海赋》中所概括的,"其为广也,其为怪也,宜其为大也"。地理空间的壮阔无形中为海中大鱼的传奇叙事提供了想象基础。在《晏子春秋》中,齐景公曾问晏子天下极大之物,晏子对曰:"足游浮云,背凌苍天,尾偃天间,跃啄北海,颈尾咳于天地乎!然而漻漻不知六翮之

---

① 王荣国:《海洋神灵:中国海神信仰与社会经济》,江西高校出版社2003年版,第38页。
② 马树华、曲金良:《中国海洋文化史长编·明清卷》,中国海洋大学出版社2012年版,第622—623页。
③ 王巧玲:《海洋文化的信仰渊源探究》,中国社会科学出版社2015年版,第191页。

所在。"当被问及天下极细者,晏子对曰,"东海有虫,巢于蚊睫,再乳再飞,而蚊不为惊。臣婴不知其名,而东海渔者命曰焦冥"①。晏子认为,世间极大之物为北海大鹏鸟,其脚游浮云,背高出青天,尾巴横贯天空,嘴啄北海游鱼,充盈于天地之间,接近"无限"大。世间极小之物为"焦冥"的小虫,筑巢于蚊子睫毛之上,代代繁殖后飞出而蚊子浑然不觉,接近"无限"小。这极大与极小之物均产自大海。海洋大鱼最为显著的特征便是体型上的庞大,并通过类比、铺陈、衬托等表现手法加以呈现。

一、类比手法体现大鱼体型之巨大

古人常使用类比手法凸显大鱼之大,即以其他参照物(如大山)显现其庞大,继而引发人们对浩海汪洋的漫无端崖的想象。《庄子·逍遥游》对鲲鹏的状写:"北冥有鱼,其名为鲲。鲲之大,不知其几千里也。化而为鸟,其名为鹏。鹏之背,不知其几千里也;怒而飞,其翼若垂天之云。"其后,海中大物如"大鱼""大蟹""大虾"等频繁出现于涉海小说之中,并极尽夸张之能事,使人产生惊叹、崇敬之情。

清代蒲松龄《聊斋志异》卷十一中《于子游》记载:"一日,海中忽有高山出,居人大骇。一秀才寄宿渔舟,沽酒独酌。夜阑,一少年入,儒服儒冠,自称:'于子游。'言词风雅。秀才悦,便与欢饮。饮至中夜,离席告别,秀才曰:'君家何处?玄夜茫茫,亦太自苦。'答曰:'仆非土著,以序近清明,将随大王上墓。眷口先行,大王姑留憩息,明日辰刻发矣。宜归,早治任也。'秀才亦不知大王何人。送至鹢首,跃身入水,拨剌而去,乃知为鱼妖也。次日,见山峰浮动,顷刻已没。始知山为大鱼,即所云大王也。俗传清明前,海中大鱼携儿女往拜其墓,信有之乎?"②《于子游》中,夜间悄然出现的"高山",次日再现"山峰浮动",与《海大鱼》"忽见峻岭重迭,绵亘数里"相互印证,原是少年

---

① 吴则虞:《晏子春秋集释》,中华书局1982年版,第514页。
② 〔清〕蒲松龄:《聊斋志异(下)》,上海古籍出版社1979年版,第666—667页。

口中的大鱼。明代陆容的《菽园杂记》记载:"刘时雍为福建右参政时,尝驾海舶至镇海卫,遥见一高山,树木森然,命帆至其下。舟人云:'此非山,海鳅也。舟相去百余里则无患,稍近,鳅或转动,则波浪怒作,舟不可保。'刘未信,注目久之,渐觉沉下。少顷,则灭没不见矣,始信舟人之不诬。盖初见如树木者,其背鬣也。"①从舟人发出的与海鳅相距百余里无患的警告中,可以推测即使隔着较远距离,依旧能见海鳅高如山者。而在朱梅叔《埋忧集》卷六中《海大鱼》的叙事里,"崇祯初,海外忽涌一大鱼,至朱头堰近岸而止。鱼背有山,山有草木鸟兽。游人舣舟而上,凭眺登临,渐成蹊径。或把酒赋诗其上。有以篙楫触其鳞鬐者,鱼负痛一动摇,浪涌涛飞,舟辄覆"②。游人无视舟人勿近大鱼的警告,凭眺登临,甚至有人用篙楫触其鳞鬐,大鱼负痛摇动导致小舟终为怒涛淹没。流传于象山地区的《女娲降巨蟹》③也用类比手法展示了海中巨蟹形态。这只巨蟹的身子有千里长,蟹脚高过山丘。这一庞然大物的破坏力极强,兴风作浪淹没良田,常用大钳咬人、夹食往来动物。盘古挥舞神斧,也只是在它的巨壳上留下几处凹痕。后来,还是女娲用巧计将其制伏。巨蟹吞下女娲白布条所化的"勾筋削骨丹",巨大体型瞬间缩小,从此,大海里再也没有咬人食畜的千里蟹了。

二、夸张铺陈大鱼体型之巨大

相传,栖息于东海的"鱼虬","用以喷浪则降雨"④。从巨鱼喷浪降雨的习性推测,"鱼虬"大体为鲸鱼,另有海鳝、海龙翁、鱼王等名称。鲸鱼体型之庞大令人印象深刻,东晋郭璞所撰的《玄中记》数次提及海中大物,"东方之东海,有大鱼焉。行海者一日逢鱼头,七日逢鱼尾,其产则三百里水为血"。

---

① 〔明〕陆容撰,佚之点校:《菽园杂记》,中华书局1985年版,第151页。
② 〔清〕朱梅叔著,熊治祁点校:《埋忧集》,岳麓书社1985年版,第127页。
③ 郑辉:《中国民间故事丛书·浙江宁波象山卷》,知识产权出版社2015年版,第9—10页。
④ 〔宋〕吴处厚撰,李裕民点校:《青箱杂记》,中华书局1985年版,第85页。

三国曹操《四时食制》记载:"东海有大鱼如山,长五六里,谓之鲸鲵,次有如屋者。时死岸上,膏流九顷。其须长一丈,广三尺,厚六寸,瞳子如升棪大,骨可为矛矜。"①《玄中记》关于行海中七日才得以见大鱼之全貌,虚实结合,比之《四时食制》的夸张铺陈具体数字,稍胜一筹。南宋周密《齐东野语》中的《莫子及泛海》也描述过巨鱼形象,"风起浪涌,舟掀簸如桔槔。见三鱼,皆长十余丈,浮弄日光。其一若大鲇状,其二状类尤异,众皆战栗不能出语。子及命大白连酌,赋诗数绝,略无惧意,兴尽乃返"。这里用大鱼引发的旁人畏惧惊恐体验,来衬托吴兴莫子及面对险境时的从容豪迈气度。江苏如东县流传的《虾儿一身褶子》②对海虾为何一身褶子作了传说展演,所用的夸张铺陈方式与《玄中记》关于大鱼的描述有异曲同工之妙。《虾儿一身褶子》叙述了海边的大鸟试图飞到海的对岸,飞了三天三夜,又饿又累,找了两根桅杆歇脚,而这两根桅杆不过是大虾的两根须。大虾赶走海鸟之后,自鸣得意,以为自己才是世上最大的动物,却不自知地游入了一个"石洞",而这个"石洞"也不过是鲸鱼的鼻孔。这个故事通过以小见大,以局部显整体,呈现了鲸鱼形体之大,比之奢陈数量要高明不少,也让这则地方传说更为妙趣横生。

三、以磔肉者众衬托大鱼体型之巨大

随潮入港的鲸鱼不幸搁浅沙滩,引来众人聚集磔其肉。古代志怪小说、笔记小说常以磔肉者之众,取肉之多,用以衬托鲸鱼体大无比。宋洪迈的《夷坚甲志》卷七记,"绍兴十八年,有海鳍乘潮水入港,潮落不能去,卧港中。水深丈五尺,人以长梯架巨舟,登其背,犹有丈余。时岁饥,乡人争来剖肉。是日所取,无虑数百担,鳍元不动,次日有剟其目者,方觉痛。转侧水中,旁

---

① 宋正海、郭永芳、陈瑞平:《中国古代海洋学史》,海洋出版社1989年版,第348页。
② 《中国民间故事集成·江苏卷》,中国ISBN中心1998年版,第540—541页。

舟皆覆,幸无所失亡。取约旬日方尽,赖以济者甚众,其脊骨皆中米臼用。"①根据上述文献记载,海鱼趁涨潮之际游入海港,潮落而不能离去。周围百姓乘船架起长梯,试图登上鱼背,然而距离顶部仍有一丈之高,无法攀登。正值饥荒年代,乡亲们争相挖取鱼肉充饥,挖取数百担之多,大鱼却纹丝不动。次日,有人剜其目,大鱼方感疼痛,转身之际,周围渔船全部翻倒。鱼肉之多,数十天才被取尽。《菽园杂记》卷十二中记载:"景泰年间,温州乐清县有大鱼,随潮入港,潮落,不能去,时时喷水,满空如雨。居民聚集磔其肉,忽一转动,溺水死者百余人,自是民不敢近。日暮雷雨,飞跃而去,疑其龙类也。"②

四、海中大鱼想象的审美意义

海中大鱼的夸张体型,是引发崇高感的必要条件之一。"……崇高的对象在它们的体积方面是巨大的,而美的对象则比较小;美必须是平滑光亮的,而伟大的东西则是凹凸不平和奔放不羁的……"③借由类比、铺陈、衬托等表现手法状写物之大莫如鱼,反观天下之大莫如海,不觉发出惊叹之感,此种欲扬先抑的表现手法亦能产生审美意义的崇高感。在庄子的寓言故事中,大鱼还被赋予了其他深层蕴意。"任公子为大钩巨缁,五十犗以为饵,蹲乎会稽,投竿东海,旦旦而钓,期年不得鱼。已而大鱼食之,牵巨钩,錎没而下,骛扬而奋鬐,白波若山,海水震荡,声侔鬼神,惮赫千里。任公子得若鱼,离而腊之,自制河以东,苍梧以北,莫不厌若鱼者。已而后世辁才讽说之徒,皆惊而相告也。夫揭竿累,趣灌渎,守鲵鲋,其于得大鱼难矣。"(《庄子·外物》)限于时空、眼界的制约,任公子渔获之巨是那些拿着鱼竿垂钓于沟渠的

---

① 上海师范大学古籍整理研究所:《全宋笔记·四八》,大象出版社2019年版,第86—87页。
② 〔明〕陆容撰,佚之点校:《菽园杂记》,中华书局1985年版,第154页。
③ 〔英〕博克:《论崇高与美》,载《古典文艺理论译丛(第五册)》,人民文学出版社1963年版,第65页。

吴越海神信仰的传说展演研究

人难以想象的,这就好比"夏虫不可以语于冰""朝菌不知晦朔,蟪蛄不知春秋",虽无关价值大小,却有着境界高下之别。

一叶之舟泛于海上,即使不畏风浪,亦有鱼龙之险。海中大鱼远观之,引发崇高之感;近距离相遇时,却往往会危及海上出行安全。《史记·秦始皇本纪》记载了这样一件事:"方士徐市等入海求神药,数岁不得,费多,恐谴,乃诈曰:'蓬莱药可得,然常为大鲛鱼所苦,故不得至,愿请善射与俱,见则以连弩射之。'"徐市所言入海求神药为大鲛鱼所阻,可能是借口,然则海上有大鱼常危及海上行舟之人应是事实。《夷坚甲志》卷七载有舟被大鱼所吞故事,"得一鱼,长二丈余,重数千斤。剖及腹,一人偃然横其间,皮肤如生,盖新为所吞也"[1]。在民间,大鱼之祸轻则覆舟,重则吞舟,"吞舟之鱼"传说流传甚广。江苏镇江民间传说《海话》[2]说的是东海有条大鱼,跟着潮水游进了江,换气之际将出海打鱼的王老五一家连同渔船一口吸入。落潮时,大鱼干死在沙滩上;白鹤吃下大鱼,因肚胀死在江滩上。山上有个张奶奶,走路踩到了硌脚沙子,细看原是那只白鹤。张奶奶唤孙女儿剖鹤煮之,却救出王老五一家以及渔船。在环形结构叙事中,故事的结尾又跳到开头,即王老五一家出海打鱼。

类似的故事还有流传于宁波的《半边南瓜》[3]。一家人种了五亩南瓜,只结了一个果。收割后,母亲切了半个,兄弟两人分得半个,他们把半个南瓜当渡船。刚好有个戏班子要渡江,想借用这半个南瓜,便以唱戏作为渡船费。船行江上,船上唱戏的热闹惊动了江里大鱼,一口吞下了半个南瓜渡船。吞下南瓜的大鱼,因肚子发胀而浮出水面,被飞过的鸟儿啄取。鸟儿停靠树枝休息时被猎人举枪击中。但鸟儿实在太大,根本抬不动,猎人拿出随身携带的大刀,剖开鸟肚子。此时来了个惊人的还原:先是一条大鱼,再是

---

[1] 上海师范大学古籍整理研究所:《全宋笔记·四八》,大象出版社 2019 年版,第 86 页。
[2] 《中国民间故事集成·江苏卷》,中国 ISBN 中心 1998 年版,第 597 页。
[3] 《浙江省民间文学集成·宁波市故事卷》,中国民间文艺出版社 1989 年版,第 795 页。

第三章 鱼神信仰与传说

半个南瓜,仔细一看,南瓜船里的戏班子还唱着戏。

体型大如高山的海中大鱼腹中所藏,更是激发着人们的好奇与想象,这也是鱼腹失物型故事在民间流传的原因之一。宋代无名氏撰《湖海新闻夷坚续志》收入一则南宋初年传闻:"建炎中,高宗幸四明,尝执一折叠扇,中有玉孩儿为扇坠。金人至,登舟仓卒,失手沉扇于江。及都杭州十余年,忽一日,循王张俊预内宴,手执一扇坠玉孩儿。上熟视,乃向年四明所沉者,遂问循王得之何所。答曰:'臣于清河坊铺家买至。'上即遣人往问铺家所买之由,谓于每日提篮者得之。遂转问提篮者,乃谓得之候潮门外陈宅厨娘。继又问之厨娘,答云:'破黄花鱼重十斤,腹中有此一物。'奏闻,上大悦,以为失物复还之兆。铺家、提篮者各与进义校尉,厨娘仍诰封孺人。"建炎三年,高宗一行从建康前往浙东,金军在兀术的统帅下向南宋发起进攻,直扑临安。高宗只得一路逃难,由越州而明州,后由明州至定海,转而扬帆去了温州,徘徊于温、台州海面一段时间后才登岸。

《失物复还》传说就是基于这一历史背景诞生的。相传高宗常执坠玉孩儿的扇子,仓促逃难之际,扇子落入海中。十余年后,偶然发现坠子在张俊处。几经探访,寻至潮门外的陈家厨娘。厨娘告之,乃剖十余斤重的大黄鱼腹所得。高宗视此为失物复还之兆,卖坠的店家、提篮买卖之人、陈家厨娘由此获封赏。流传于浙江北仑的《康王郭巨失玉佩》①属于同一故事类型,叙述了小康王逃难时丢了玉佩,十年之后玉佩成了一个大将的扇坠。原来玉佩是明州厨娘从大黄鱼肚子里剖出来的,又辗转卖给了古玩店,后被朝廷大将购得。与民间流传甚广的康王逃难获救等核心情节不一样的是,此类传说重点在于失物何以会复还,这其中,大鱼成了不可或缺的沟通媒介,也是推动故事情节的要素之一。

---

① 唐佩娟:《中国民间故事丛书·浙江宁波北仑卷》,知识产权出版社 2015 年版,第 8—9 页。

第二节　鱼神传说的文化内蕴

一、预兆叙事

在古人看来，瑞应灾异、梦境等是人神沟通的一种方式；通过对异象、梦的解析以预言祸福，也反映了古人趋利避凶的心理。汉以来，受谶纬思想影响，大鱼出没与祸害将至的预兆关联，又在很大程度上增加了海洋的神秘色彩。英国哲学家霍布斯认为，人类在对原因无知的情况下，无从找到祸福的根源，便只能将其归于某种不可见的力量。"可能就是在这种意义下，某些旧诗人说，神最初是由人类的恐惧创造出来的。"①

晋代干宝《搜神记》卷六记载："成帝鸿嘉四年秋，雨鱼于信都，长五寸以下。至永始元年春，北海出大鱼，长六丈，高一丈，四枚。哀帝建平三年，东莱平度出大鱼，长八丈，高一丈一尺，七枚，皆死。灵帝熹平二年，东莱海出大鱼二枚，长八九丈，高二丈余。京房《易传》曰：'海数见巨鱼，邪人进，贤人疏。'"以海上鲸鱼的出没，来推测贤良遭遇排斥，实则是将海洋与善德相联系，这是对儒家"仁者乐山，智者乐水""夫水大，遍与诸生而无为也，似德"的传承，也是与道家以水比德观念"上善若水，水善利万物而不争，处众人之所恶，故几于道"是一脉相承的。类似的故事还有北宋刘斧编撰的《青琐高议》中的《巨鱼记》："嘉祐年，余侍亲通州狱吏，秋八月十七日，天气忽昏晦，海风泯泯至，而雨随之。是夜潮声如万鼓，势若雷动，潮逾中堰，卒闻阴风海水中，若有数千人哭泣声。及晓，有巨鱼卧堰下，长百余丈，望之隆隆然如横堤。困卧沙中，喘喘待死，时复横转，遂成泥沼，然或有气，沙雨交飞，后三日

---

① ［英］霍布斯著，黎思复、黎廷弼译，杨昌裕校：《利维坦》，商务印书馆1985年版，第80页。

乃死。额有朱书尚存焉。此地人莫有识此鱼者,身肉数万斤,皆不可食,但作油可照夜。次年通人大疫,十没四五。巨鱼死,亦非佳瑞也。"根据《青琐高议》记载,北宋嘉祐年间(1056—1063)秋,夜晚波涛汹涌,潮声如鼓,海风如泣。破晓时分,只见一条百余丈的大鱼如横堤一般搁浅于沙滩,反复横转三天之后,终气绝。次年通州大疫,由此,人们将大鱼出没与佳瑞预兆相关联,无形中强化了这则传说的神秘感。明代《涌幢小品》记载了关于"海钱"的故事:"乾道丙戌夏,乐清县海门有蛟,出水长丈余,既而塔头陡门水,吼二日,而海上浮钱甚多。有一父老识之曰:'海将钱鬻人也,风必作。'亟系船于屋。里人咸笑之。至八月十七日,海果溢,一县尽漂,其家独免。"①乾道丙戌夏,乐清县遭遇海啸,此前海中有大鱼出没,海上漂浮钱,有经验的老者认为这是海啸来临的前兆,便将船系于房屋。乡人未信此言,结果整个县城被海啸吞没,仅老者一家幸存。这则大鱼预兆故事与神谕禁忌母题相结合,将蛟龙出没、海上多浮钱作为海啸前兆,并通过老人转告他人,遵循禁忌者幸存,反之,可能招致惩罚。

二、"报恩"叙事

大鱼、人鱼崇拜的神秘色彩褪去后,鱼神转而成为人们表达美好愿望的精神寄托,结合报恩主题,基本围绕"被获—求归—献宝—善报"结构展开叙事。鱼神赐予财富、爱情,不少异文还添加了"惩罚"结局,惩恶扬善,为恩人解难除害的传说在民间流传较广。

(一)承袭鲛鱼泣珠者衍生出神鱼眼泪护佑渔业丰收叙事

在民间,鱼往往象征着财富、丰收,这在远古时代有实实在在的物质意义。先民选择临水而居,捕鱼是长期沿袭的传统生计之一。河姆渡文化、马

---

① 〔明〕朱国祯著,缪宏点校:《涌幢小品(全两册)》,文化艺术出版社1998年版,第633页。

吴越海神信仰的传说展演研究

家浜文化、崧泽文化遗址的发现证明,吴越先民能够利用网坠等捕捞工具向海洋索取食物。据考古发现,距今7000年的河姆渡文化遗址存在着大量的海洋鱼类,甚至还有鲨鱼、鲸鱼等深海鱼类。此外,遗址还出土了大量的土骨镞、芦苇编制的渔网工具。距今5000年的良渚文化遗址显示,太湖平原地区获取肉食资源以饲养家猪为主,浙东沿海地区、江淮东部则以渔猎为主。到了夏商时期,出现了铜制鱼钩,"宁波象山县塔山遗址出土了商周时代的渔具——青铜镞、陶网坠和青铜鱼钩"①,这鱼钩不仅与现在所用鱼钩相似,且保存完整。

洞头地区的民间传说《鱼神》②说的是少年乌姆出海打鱼,救下一条卡在礁岩中的大鱼的故事。这条鱼红鳞绿鳍,求乌姆将它放回到海中。乌姆见大鱼可怜,将其救出,放回了大海。大鱼一入海,回头告知乌姆,用它滴在岩石上的眼泪拭目,每次出海便能收获满舱鱼。其后,乌姆领着大家出海捕鱼,小船再多,渔网再旧,只要乌姆手一指,全部满载而归。讨海人的小船装满了鱼虾,渔财主的大船却积满了泥沙。渔财主四下打听,问出了乌姆的秘密。夜晚,趁着乌姆睡着,渔财主将其双眼挖去。没了双目的乌姆眼前一片漆黑,只得把耳朵贴着舱板,凭鱼群声音远近下网。渔财主见出海捕鱼的船只又满载而归,使出狠招,将乌姆害死,并连夜弃尸到孤岛。刚离开时,海面刮起狂风,渔财主和家丁被拖入了海底。后来,乌姆托梦给船老大,在船头钉上鱼眼睛,将船底涂白,船头漆红,出海时鱼群便会靠拢。渔民为了纪念乌姆,在孤岛上建庙。相传每年乌姆遇害的三月初三,鱼神便领着鱼子鱼孙前来孤岛祭拜恩人。吴越地区流传有"不吃鲤鱼"的规矩,从文化心理角度看,这寄寓了民间对知恩图报品质的朴素理解与推崇。《"祥发三鱼"的传说》③在象山地区流传较广,其经过大体为:陆氏祖先陆某公押运盐到京城——

---

① 苏勇军:《宁波海洋文化》,浙江大学出版社2017年版,第8页。
② 邱国鹰、陈爱琴:《中国民间故事丛书·浙江温州洞头卷》,知识产权出版社2016年版,第155—158页。
③ 郑辉:《中国民间故事丛书·浙江宁波象山卷》,知识产权出版社2015年版,第259页。

运输过程中遇到风浪—船身颠簸陷入危险—所幸并无伤亡—三条河鲤鱼卡在裂口处—后人感恩,在门梁上镌刻"祥发三鱼"。无独有偶,余姚黄家埠村邵氏也有鲤鱼崇拜信仰。相传邵氏祖上跑运输时发现船底漏水,情况十分危急,平安抵岸后才发现一条鲤鱼正好堵在船洞里。为纪念这条鲤鱼,邵氏建了谦德堂,另立"不吃鲤鱼"这一不成文的规矩。这些海洋神灵传说所蕴藏的知恩图报、义薄云天的道义和对美好、幸福生活的向往,已化为吴越百姓内心深处的精神追求。

(二)承袭祥瑞预兆者衍生出避灾叙事

鱼神祥瑞预兆基本采用"城陷为湖"类型,大致写一老妪由于不食鱼或救助鱼脱身,获厚报,预知城门见血(或石龟眼睛、嘴巴出血)便会城陷。妪每日前往视之,人知其故,乃以血涂城门(或石龟)。妪见血即远走(或登山),城遂沦陷为湖。该类型故事发生的地点多有变化,南朝齐祖冲之《述异记》、南朝梁任昉《述异记》均记有"历阳沦为湖"一事,晋代干宝的《搜神记》又录写了发生在安徽、浙江的两则异文,其中一则为:"古巢,一日江水暴涨,寻复故道,港有巨鱼,重万斤,三日乃死,合郡皆食之。一老姥独不食。忽有老叟曰:'此吾子也。不幸罹此祸,汝独不食,吾厚报汝。若东门石龟目赤,城当陷。'姥日往视。有稚子讶之,姥以实告。稚子欺之,以朱傅龟目。姥见,急出城。有青衣童子曰:'吾,龙之子。'乃引姥登山,而城陷为湖。""城陷为湖"这一母题中加入了善恶有报观念,让鱼神预兆叙事产生极强的震慑效果。

(三)呼应志怪小说中的"人鱼恋爱"模式

典型如"龙王三公主报恩"传说,其情节大体为:善良的捕鱼人,帮助了一条落网之鱼(实为龙族成员)。龙王请捕鱼人入宫挑选宝贝以示谢意,男子拒绝金银财宝,选中了一件不起眼的东西(比如小花猫或小花鸡)。回到家,那件不起眼的东西变成了一个美丽女子,两人从此结为夫妻。不少传说

吴越海神信仰的传说展演研究

在报恩之后还嵌入惩恶扬善情节,常有财主恶霸想霸占女子或宝物,女子帮助捕鱼人化解重重刁难,财主恶霸终究自取灭亡。江苏常州地区流传的《"不得了"》①叙述了名叫王小五的捕鱼人捕了一条小金鱼,晚上正准备杀鱼时,只见金鱼眼睛滴溜溜地转,动了恻隐之心,随即将小金鱼放回了河里。这条被王小五救下的金鱼原是龙王儿子,为答谢救命之恩,特邀请王小五到龙宫领赏,并叮嘱其勿拿金银,只要龙王怀中的小花猫。王小五抱着小花猫回到家,不想小花猫实为龙宫三公主,两人情投意合,结为夫妻。人称"胎里坏"的县官知晓此事,打起了龙女的主意,先是索要四斤重的鹌鹑,后命王小五找一百头驴。龙女施计逐一化解。县官看实物难不倒王小五夫妻,便勒索起了子虚乌有的"不得了"。龙女请来白龙、青龙、火龙帮忙,将它们藏于水缸之中。县官前来收货时,白龙、青龙先后飞出,腾空而上,等到火龙出场,往县官袖子一钻,引火上身的县官直呼"不得了"。浙江洞头《张生和龙公主》②情节与《"不得了"》相似,惩罚渔财主之余,还收获了财主的百亩田地和黄金千两。宁波地区流传一则传说《鱼骨鸟》③,相传龙王的三公主因贪玩化身成鱼偷偷跑到凡间,被一渔夫捕获。三公主晚上托梦给渔夫,请求他把自己放归海中,不然她的父王一定会降罪于他。于是,心善的渔夫放回了三公主。回到龙宫的三公主日夜思念渔夫,欲出宫却得不到龙王的准许。老鳓鱼见三公主如此悲伤,于心不忍,便牺牲自己,化为鱼骨鸟送三公主回到凡间。绍兴地区流传的《老渔夫和金鲤鱼》④里的人物关系稍有变化,无儿无女的老渔夫放生了一条金鲤鱼,因而获厚报,此后多一个干女儿相伴左右。

---

① 《中国民间故事集成·江苏卷》,中国 ISBN 中心 1998 年版,第 563—565 页。
② 邱国鹰、陈爱琴:《中国民间故事丛书·浙江温州洞头卷》,知识产权出版社 2016 年版,第 160—162 页。
③ 郑辉:《中国民间故事丛书·浙江宁波象山卷》,知识产权出版社 2015 年版,第 131—132 页。
④ 《浙江省民间文学集成·绍兴市故事卷(下)》,中国民间文艺出版社 1989 年版,第 373—379 页。

第三章 鱼神信仰与传说

三、诙谐叙事

古往今来，民间对应现实需求，始终不断地将普通之物创造为神圣之物。"圣石、圣树并不是被作为一块石头或者一棵树来加以崇拜的。它们之所以被崇拜正是因为他们是显圣物，正是因为它们展示出了自己不再属于一块石头、不再属于一棵树，而是属于神圣、属于完全另类的某种东西。"①物因怪而奇，又因奇而神，当神奇之物的自然属性和文化属性同时被讲述时，它便具有了诙谐叙事特有的解构意味。南朝宋刘敬叔的《异苑》卷五载有《鳣父庙》一文："会稽石亭埭有大枫树，其中空朽，每雨，水辄满溢。有估客载生鳣至此，聊放一头于朽树中，以为狡狯。村民见之，以鱼鳣非树中之物，咸谓是神。乃依树起屋，宰牲祭祀，未尝虚日，因遂名鳣父庙。人有祈请及秽慢，则祸福立至。后估客返，见其如此，即取作臛，于是遂绝。"故事大意是，会稽的石亭埭有一棵大枫树，树干已经腐朽。每到下雨的时候，水就能填满并流出来。有一天，一个商人运了一些活鳣鱼来到这里，放了一条鳣鱼到枯树里面，做个恶作剧。村民认为鳣鱼不应该是树里的东西，有人说这是神迹。于是村民便挨着大树建起了庙宇，屠杀牲畜来祭祀它，从没有停过一天，因此给这座庙宇起名"鳣父庙"。如果有人来到这里虔诚地祈祷或者怠慢侮辱，则会有好运或者灾祸。后来那个商人回来，看到这个景象，就把鳣鱼取出来做了鱼汤，之后祭祀活动就渐渐绝迹了。鳣父庙的"灵验"叙事的前提是枯树洞穴出现一条活鳣鱼，故而被周围村民作为神圣之物膜拜，建立庙宇、推行祭祀，不断强化鳣父庙的显灵叙事。当鳣鱼被商人取出，最初的显圣之物不在，与之相关的庙宇也逐渐失去了空间的神圣性。

---

① [罗马尼亚]米尔恰·伊利亚德著，王建光译：《神圣与世俗》，华夏出版社2002年版，序言第3页。

与《鱓父庙》故事结构相似的是流传于江苏海门的《鱼干龙王庙》①:船上一家人一直吃咸货,看见水面有垂钓竿,家中小孩好奇拉起钓竿,发现一条大青鱼。一家人将它剖剖洗洗尝了鲜,但是鱼不是自己钓的,于是挑出自家船舱里的大咸鱼挂在鱼钩上。后来,钓鱼人起钩,惊讶于鱼钩上的大咸鱼,消息迅速传遍乡里。乡里长者解释此为祠堂菩萨显灵,乡绅们听闻此事,号召乡民捐款扩建祠堂为龙王庙,庙建成后取名为"鱼干龙王庙"。在《鱼干龙王庙》中,钓到咸鱼的奇异事迹经乡里长者的权威解释、乡绅们的推动,不断发酵,即使是普通之物如咸鱼,也能被神化为神圣之物。

第三节 鱼神传说的播衍

上古先民认为万物有灵、生命不息。鱼类擅潜、多子且具有超强的生命力等特征,丰富了人们关于鱼神"幻化"的想象。从最初的凶恶形象示人,到后来的人鱼、鱼妇、鲛人等人格化趋浓的形象,蕴含其中的沟通生死、泣泪成珠等文化记忆在民间传说的流布中得以巧妙化用和强化。

《史记·秦始皇本纪》载:"始皇梦与海神战,如人状。问占梦,博士曰:'水神不可见,以大鱼蛟龙为候。'"此时的鱼神以凶恶形象示人,很大程度上源于人们对海洋怒涛汹涌、无边无际的未知恐惧。象山地区流传的《玉鱼山》②便是在这条记载基础上展演而成的。相传徐福受秦始皇派遣到象山蓬莱山一带寻找长生不老药,来到象山洋面时,风起浪涌,船队无法前行。只见一条大鱼在洋面上兴风作浪,弓箭也奈何不了它。徐福见状,手持宝剑站立船头,口中念念有词,在空中划出了一道符。大鱼瞬间变成了一座山降伏

---

① 丁秀发:《中国民间故事丛书·江苏南通海门卷》,知识产权出版社 2016 年版,第 99 页。

② 郑辉:《中国民间故事丛书·浙江宁波象山卷》,知识产权出版社 2015 年版,第 109—110 页。

第三章 鱼神信仰与传说

于徐福面前,洋面又恢复了平静。

此后的鱼神形象人格化倾向渐浓,最早出现人鱼形象的是《山海经》。《山海经》卷二《西山经》记载:"又西五十二里,曰竹山,其上多乔木,其阴多铁……丹水出焉,东南流注于洛水,其中多水玉,多人鱼。"①《山海经》卷三《北山经》记载:"又东北二百里,曰龙侯之山,无草木,多金玉。决决之水出焉,而东流注于河。其中多人鱼,其状如鯑鱼,四足,其音如婴儿,食之无痴疾。"②决决水中多人鱼,其形如鯑鱼,长着四只脚,叫声似婴儿啼哭,食之可治疗痴呆之症。《山海经》卷十二《海内北经》记载:"陵鱼人面,手足,鱼身,在海中。"③《山海经》中的人鱼形象四足、声如婴啼,呈现人格化趋势,被记载的核心意义在于叙述其药用价值,而这一药用功效在民间神鱼传说中反复出现,成为帮助凡人解难的核心情节。浙江北仑流传的《鲤鱼化作鱼腥草》④中鱼腥草的神奇药性便来源于神鱼鳞片的奇异力量。《鲤鱼化作鱼腥草》说的是,黄嫂独自带着十岁大的苦囡寄宿在庵里,每天干着重活,却只能吃尼姑们剩下的冷饭菜,日积月累,得了肚疼病。懂事的苦囡替母亲分忧干活,饿了采摘野果子充饥,不久也得了肚疼病。一日,苦囡上山砍柴,连连呕吐,哭声不止,引起了河里秋甲鲤的注意。这条秋甲鲤原是东海龙宫的神鱼,因触犯了龙宫规矩,被惩罚给龙王公主做侍女。龙宫固然多灵丹妙药,身为侍女的她也无从获取。于是,神鱼忍痛从自己身上挖下几片鱼鳞,化作村姑叮嘱苦囡煎成汤药喝下去。苦囡母子喝下药,身体恢复如初。时隔一年,黄嫂和苦囡旧病复发,还传染给了庵里的几个小尼姑。苦囡想起了去年遇到村姑,便上山寻找,找寻不到,急得大哭,哭声又引来了秋甲鲤化身的村姑。由于病患太多,秋甲鱼只得忍痛剥落身上所有的鳞片,而失去鱼鳞护体的秋甲鱼成了一条凡鱼。神鱼医治百病的故事、传说还有不少,其中蕴藏的神话心

---

① 方韬译注:《中华经典藏书·山海经》,中华书局2016年版,第30—31页。
② 同上,第102页。
③ 同上,第321页。
④ 唐佩娟:《中国民间故事丛书·浙江宁波北仑卷》,知识产权出版社2015年版,第233—234页。

理最早可追溯至"人鱼……食之无痴疾"。

人鱼形象具有治病、庇护功能的文化记忆与先民关于生命形式互换的观念互为渗透,进一步生成了《山海经》中的鱼妇形象。《山海经》卷十六《大荒西经》记载:"有鱼偏枯,名曰鱼妇。颛顼死即复苏。风道北来,天乃大水泉,蛇乃化为鱼,是为鱼妇。颛顼死即复苏。"①根据《大荒西经》记载,鱼妇半边干枯,当风从北方来时,泉水被大风从地下吹了出来,蛇在此刻幻化为鱼。死去的颛顼借着鱼蛇幻化机会,将生命寄托在鱼身体里,死而复苏。这条看似玄幻的记载,很大程度上反映了先民的万物有灵认知,生命形态之间可以不断循环,极具想象力。袁珂《山海经校注》认为:"据经文之意,鱼妇当即颛顼之所化。其所以称为'鱼妇'者,或以其因风起泉涌、蛇化为鱼之机,得鱼与之合体而复苏,半体仍为人躯,半体已化为鱼,故称'鱼妇'也。"②偏枯的鱼妇兼具蛇和鱼的双重生命特征,是水陆之间的神话中介,也是"生与死之间交互作用的神秘媒介"③。因此,颛顼在蛇化鱼之际,可以得鱼妇之体而复苏。

《山海经》之后较早出现人鱼形象的是东汉郭宪《汉武帝别国洞冥记》(又作《汉武冥洞记》《洞冥记》)卷二《鲛人泪珠》:"吠勒国……此国去长安九千里,在日南。人长七尺,被发至踵,乘犀象之车。乘象入海底取宝,宿于鲛人之舍,得泪珠。则鲛所泣之珠也,亦曰泣珠。"《洞冥记》所载鲛人,可泣泪成珠。晋代干宝《搜神记》卷十二载:"南海之外有鲛人,水居如鱼,不废织绩,其眼泣则能出珠。"《太平御览》卷八○三载:"鲛人从水出,寓人家,积日卖绢。将去,从主人索一器,泣而成珠满盘,以与主人。"(引《博物志》,今已遗失内容)南朝任昉《述异记》的鲛人织出的龙纱入水而不濡。明末张岱《夜航船》收录了一则出自《博物志》的记载,较之《博物志》卷二《鲛人泣珠》,故事性更强。至此,鲛人居海如鱼,不废织绩、泣则能出珠的形象已深入人心。更为巧妙的是,这一原型揳入孟姜女传说的空间流布,演绎而成孟姜女跳海

---

① 方韬译注:《中华经典藏书·山海经》,中华书局2016年版,第370页。
② 袁珂:《山海经校注》,巴蜀书社1993年版,第476页。
③ 叶舒宪:《中国神话哲学》,陕西人民出版社2005年版,第103页。

成鱼这一传说亚类型。江苏吴县（吴中区）孟姜女哭倒长城后,秦始皇贪恋其美貌,欲娶她为妃。孟姜女佯装答应,并提出三个要求:一是河边搭祭台,二是穿孝衣,三是率文武百官祭孟姜女亡夫。吊祭那天,孟姜女泪如雨下,眼泪落到湖里,化作一条条小鱼。另有传说异文,孟姜女愤然投水,秦始皇命官兵用铁丝打捞孟姜女的尸体。皮肉经绞烂后,竟化成了一条条银鱼。无锡太湖流传的孟姜女传说中,孟姜女要求秦始皇搭孝棚祭奠亡夫,自己穿上白衣白裙哭得昏天暗地,趁着太湖水涨之时,跳入太湖,白衣白裙化为柔软如带的银鱼。

第四章　盐神信仰与传说

"盐业"这一生产领域存在着盐区分散且封闭,盐业资源(海盐、井盐、池盐)多类并存,盐利重在销售等一系列特征。受此影响,与其他行业不一样的是,各地、各产区没有共同崇奉的盐业神祇。"人们在认识海盐、开发海盐的历程中,那些与海盐的生产管理有关的重要人物,往往被赋予神化的色彩。"①盐神既包括了盐的发现者或赐福者,也包括盐业管理者或技术革新者;在浙江舟山还有将制盐的重要设备"甃"②神化,崇奉"甃神"。盐神相关传说如"煮海为盐""海水为何是咸的""盐神传说"等,共同指向该区域盐业发展的历史轨迹,见证盐在人们日常生活中的重要性,寄寓着人们祛病消灾、生活富足的殷切期盼。

第一节　吴越地区盐业发展历程

中国人对海盐重要性的认识始于先秦时期,神话传说中有它们的身影,官方管理中也有它们的一席之地。可以说,盐逐渐渗透至生活的方方面面。殷商时期的甲骨文、金文是否有"卤"字,学术界尚有争议。按照许慎《说文解字》的解释:"盐,卤也,天生曰卤,人生曰盐。从卤,监声。"也就是说,天然

---

① 曲金良:《中国传统海洋宗教与民间信仰》,海天出版社2020年版,第139页。
② "甃",同"溜",为制卤水的固定设备,呈碗状,又称"漏碗"。

形成的被称为"卤",人工形成的被称为"盐"。由此,大体可以推断,在西周、东周时期,天然形成的卤占了多数,将卤提炼成盐尚未成为盐业生产的主流。

春秋时期,煮海为盐并非限于"极技巧,通鱼盐"的齐国,江浙沿海也开始普及。吴王阖闾时期,江苏沿海的海州、苏州开始"煮海为盐"。《越绝书》记载:"朱余者,越盐官也。越人谓盐曰余,去县三十五里。"①越国设立盐官,以管理海盐生产,这是现存的关于海盐管理的最早文献。《史记·货殖列传》载有"东有海盐之饶",也从侧面证明了春秋时期江浙一带已产海盐。西汉中叶以后,食盐生产的产区和规模都有所扩大。《汉志》载西汉中叶及王莽时所置盐官36处,分布于27个郡国,其中设盐官的沿海郡有千乘郡(今山东高青县东北)、北海郡、东莱郡、琅琊郡、会稽郡、南海郡、苍梧郡。东汉时期,盐产业进一步扩大,原为产业区却未设置盐官的地方,在东汉有所增设,如广陵。

"魏晋南北朝以后,关于海盐生产的记述增多了,而且随着经济地理的变动,两淮、江南等地成为海盐生产的重心所在。"②魏晋南北朝以后,淋卤制盐法在沿海各地得到普遍应用。东晋郭璞《盐池赋》:"吴郡沿海之滨,有盐田,相望皆赤卤。"盐田相望皆赤卤,意思是盐田里盛满了混浊的卤水。淋卤制盐法在唐代趋于完善,从史料存留的吉光片羽中可以窥见唐代制盐的基本步骤。

淋卤制盐生产的第一步,即"刮泥淋卤"。《新唐书·食货志》:"晏又以盐生霖潦则卤薄,暵旱则土溜坟,乃随时为令,遣吏晓导,倍于劝农。吴、越、扬、楚盐廪至数千,积盐二万余石。"古人刮取盐田中的经过海水侵蚀的富有盐分的咸土或沙,将之堆聚在事先铺好的茅草上,排列成溜,在溜的一侧挖一坑为卤井,再以海水淋于溜上。从刘晏的盐法改革记载看,取卤受天气影

---

① 李步嘉:《越绝书校释》,中华书局2013年版,第228页。
② 朱建君、修斌:《中国海洋文化史长编·魏晋南北朝隋唐卷》,中国海洋大学出版社2013年版,第112页。

响较大,如果淋了雨,卤质较淡甚至无法制卤。这也是刘晏"随时为令,遣吏晓导,倍于劝农"的原因所在。雨天影响制卤,在顾况《释祀篇》中可以得到相应佐证:"永嘉大水,损盐田。温人曰,'雨潦不止,请陈牲豆,备嘉乐,祀海龙'……翼日雨止,盐人复本,泉货充府。"

淋卤制盐生产的第二步:试卤,即检验卤水的含盐度是否达标。《岭表录异·野煎盐》记载:"江淮试卤浓淡,即置饭粒于卤中,粒浮者即是纯卤也。"另有石莲子试卤技术,但此法普遍使用应在宋代。宋代姚宽《西溪丛语》记载:"以莲子试卤,择莲子重者用之。卤浮三莲四莲,味重,五莲尤重。莲子取其浮而直,若二莲直或一直一横,即味差薄。若卤更薄,即莲沉于底,而煎盐不成。"此种验卤方法一直沿用至民国。《盐政杂志》第18期(1915年5月)刊载的《浙江场产调查报告书(续)》记载:"土人试验卤质浓淡之法,截竹为管,留基底,节中藏石莲十颗,轻重递差。管口幂以竹丝,汲满盐卤,则石莲逐颗浮起。浮起一颗者,其卤为五折半,以下每浮一颗,算加半折,如二颗为六折,三颗为六折半,以此类推,法颇简捷。"

第三步:煎盐。把鲜卤注入铁盘或篾盘,灶膛中投薪煎熬,卤渐成晶粒,是为盐。传统煎盐分铁盘和篾盘两种。《岭表录异》记载:"……竹盘煎之,顷刻而就。竹盘者,以篾细织。竹镬表里,以牡蛎灰泥之。"竹类本是易燃之物,在其内外涂上蛎灰并加热后,轻巧的竹盘也变得坚硬耐热。"自唐代发明的篾盘煎盐技术历宋元明清,直至民国初期,经千余年,在我国沿海一些海盐产地,因袭相传,沿用不衰。"[1]

唐代,"吴越扬楚盐廪至数千,积盐二万余石。有涟水、湖州、越州、杭州四场,嘉兴、海陵、盐城、新亭、临平、兰亭、永嘉、太昌、侯官、富都十监,岁得钱百余万缗,以当百余州之赋"(《新唐书·食货志》)。唐宝应元年(762),宰相刘晏兼任盐铁使,在全国设有"十监四场"。十监中浙江有嘉兴、临平、兰亭、永嘉、新亭、富都六监,淮南设有盐城监、海陵监,四场中浙江有杭州、湖

---

[1] 朱建君、修斌:《中国海洋文化史长编·魏晋南北朝隋唐卷》,中国海洋大学出版社2013年版,第116页。

州、越州三场,淮北设有涟水盐场,由此可见浙盐、淮盐产量之多及其在唐代经济中的重要地位。

两宋时期,两淮盐场继续维持唐代的盛况,淮南的海陵、盐城二监成为全国最大的盐业中心。浙江海盐的主要产区仍在浙西,"浙西 24 场(包括今属上海市辖区 7 场),浙东 18 场"[①]。元代起,浙东盐区如绍兴、宁波、温州、台州等地的产量逐渐超过浙西。明、清两代,"两浙盐区基本稳定,北接松江,东至舟山群岛,南至苍南沿浦,盐场连绵全省海岸带"[②]。受钱塘江出海口改道影响,浙盐产区由杭州湾北岸向着南岸及浙东沿海宁波、台州、舟山、温州等地南移。其中,宁波的庵东盐场、舟山的岱山盐场先后兴起。

海盐为盐业之大宗,在历经了煮海为盐、制卤煎盐之后,迎来了板晒制盐工艺的革新。清嘉庆年间(1796—1820),板晒工艺从舟山岱山发端,继而普及至吴越其他地区。板晒制盐法主要工序分为"采卤"和"晒盐"两个核心步骤。采卤与煎煮法的"制卤"大致相似。晒盐选择在天晴好时,早晨将盐板分别排列在地上,用木勺将储卤浇在板上,经阳光曝晒,到下午板底现出白色颗粒晶盐。与煎盐相比,晒盐以阳光、风力蒸发水分,盐民得以从灶房晨烧暮烁的艰辛中解脱出来。正因为如此,板晒制盐的相关传说在舟山地区长期流传。板晒之后还有滩晒法,即用盐滩代替盐板的一种新型制盐方式。"这种方法是将海滩划分为若干格子滩田,直接利用海水,由高而低,按滩田走水制卤,然后由结晶池晒盐,此法省时省力,产量也高,又节约大量盐板用杉木。"[③]

---

① 浙江省盐业志编纂委员会:《浙江省盐业志》,中华书局 1996 年版,第 70 页。
② 周洪福:《两浙古代盐场分布和变迁述略》,《中国盐业》2018 年第 4 期,第 54—61 页。
③ 《中国海洋文化·上海卷》,海洋出版社 2016 年版,第 70 页。

第二节　盐的发现与传说

煮海为盐,先卤后盐。"盐作为文化符号很早就进入人们的生活中了,而海盐是盐家族的大宗。在沿海地区有很多有关'煮海为盐'和'盐宗'的传说。"①盐是一种充满神奇力量的"灵物"。民众想象盐是神灵赐予的礼物,具有神圣性。这不仅仅是因为盐为人体必需,无盐则肿,更在于盐被赋予了清洁、驱邪功能。人们认为盐可以去除晦气,拔除鬼魅不祥,带来福气好运。因此,在人生礼仪、盖屋建房等重要时刻,常伴有撒盐习俗。婚礼是人生的重要转折点,为避免新娘被外物所伤,人们会在迎亲途中撒放盐或米。盖屋仪式中的破土择址、上梁等重要环节也有撒盐或撒馒头习俗,以求吉利。旧时,逢年过节祭祀,盐也被用作祭品,周作人在《关于祭神迎会》中这样写道:"平常祭神用方桌木纹必须横列,谚曰,横神直祖,香烛之外设三茶六酒,豆腐与盐各一碟,三牲为鸡鹅均整个……"②渔民出海捕鱼时,如出现意外,需采用撒盐米、点稻草把等仪式进行补救。如吴越渔民撒盐米于海上,点燃稻草把,待冒出青烟,挥舞于船四周,以此驱赶邪气。

赐盐相关传说通常离不开寻宝情节,其结构大体为:缘起—获取宝物—处置宝物(被偷或被夺)—结局。在送宝人、得宝人、抢宝人对宝贝的态度等要素重组中,蕴藏伦理教化意义。赠宝人的身份因异文有所变化,或是海龙王、八仙、白发道士,但宝磨的赠予及使用始终与主人公的勤劳善良、救助他人等品行密切相关。那些觊觎宝磨的他者,违背使用初衷,终究难逃被惩罚的结局。江苏南通海门的《宝磨》③传说将兄弟分家产与得宝故事有序衔接,

---

① 曲金良等:《中国海洋文化基础理论研究》,海洋出版社2014年版,第143页。
② 周作人:《周作人散文集》,北方文艺出版社2018年版,第126页。
③ 丁秀发:《中国民间故事丛书·江苏南通海门卷》,知识产权出版社2016年版,第188—189页。

第四章 盐神信仰与传说

故事开头是兄弟分家产,哥哥继承了大部分家产,弟弟只分得破渔船一只。弟弟摇船出海遭遇大风,被吹入了海底。龙王同情其遭遇,赠予宝磨一方。只要一念口诀"磨子磨子请磨盐,磨出盐来勿赚钱,大家吃了身体壮,好捕鱼来好种田",宝磨自然就会磨出大把的盐来。如果停止磨盐,诵念口诀"磨子磨子停一停,唱只盐歌给你听,盐花盐花味道鲜,吃了盐花浑身劲",宝磨便停止出盐。贪心哥哥知晓此事,将宝磨搬上了船,企图磨好一船盐直接拿去贩卖。但是哥哥只记住了开启口诀,压根没留意停止口诀。满船的盐压得船只沉入了海底,入海的石磨继续飞转,海水也由此变咸了。流传于温州平阳的《宝磨》①中,得宝者为了医治村民的大脖子病而被赠予了宝物,当它被他人偷取谋取私利时,宝物(宝磨)也消失于人间。

关于盐的奥妙,往往不是神灵或智者直接告知,而是普通人在不经意间发现,甚至为此付出了生命代价。因此,人们对第一个发现盐的奥秘的民间英雄怀有无比崇敬之情。宁波余姚《盐的故事》曲折地反映了人们对盐起源的认知。相传,宁波三北海边有个叫朱余的渔民,某天他在海涂上拾泥螺,一只凤凰停落在附近海涂上。俗语说,凤凰不落无宝之地。朱余在凤凰逗留过的地方,挖了些海涂泥回家。听闻皇帝喜欢搜集世间宝物,朱余大胆求见却被视为大不敬而遭重惩,不久便离开人世。御厨出于好奇捡回了那篓海涂泥,挂在厨房的屋梁上。某天,御厨在端送菜肴时,梁上鱼篓里掉下的水滴正中菜盆,恰逢皇上用膳时间,来不及重烧,便冒险将菜端了出去。谁知皇帝对这道菜赞不绝口,命他再次烧制。厨师百思不解,只见梁上的鱼篓有水珠滴下,便尝试着往烧好的菜里抖了几滴。皇帝一吃,果然鲜美无比,传唤厨师询问缘由。得知真相的皇帝追封了朱余,并在海边建庙树碑纪念。

在浙江海盐,老百姓崇奉张郎为盐神,情节与余姚的《盐的故事》相仿。相传,渔民张郎在海滩救得一只凤凰,从它停留的地方挖得一块滩涂泥,用麻布包好后挂于梁上。做饭时,滩涂泥滴下的水滴恰好入锅,鱼汤味道变得

---

① 李炜、张君:《中国民间故事丛书·浙江温州平阳卷》,知识产权出版社2016年版,第153—154页。

格外鲜美。张郎把滩涂泥献给皇帝,却被误认是欺君而惨遭斩首。人们建庙纪念张郎,称张相公庙。这类关于盐的发现传说,通常经由神奇动物的指引(如凤凰),赋予了寻常可见的滩涂泥以神奇性。可以说,《盐的故事》这类传说不仅为读者提供了民间对海盐来源的原始想象,同时也表达了民间对善良、正义等品德的追求与歌颂。

舟山定海《盐与卤》传说与余姚的《盐的故事》大体相同,前半部分是主人公严卤发现了海泥,却被渔霸抢夺,献宝给皇帝。后半段,皇帝用膳时无意发现了海泥的奥秘,押着严卤寻找金凤凰的落脚之地。与《盐的故事》不一样的是,《盐与卤》借助想象,表达了老百姓对统治者贪得无厌的控诉。行舟大海时,金凤凰突然出现,风雨大作,装满海泥的龙舟被全部吹翻,皇帝和渔霸葬身大海,唯有善良的严卤幸免于难。回家后,严卤和渔民们挑海泥晒盐。当地人把晒干的唤作盐,把盐水叫作卤,以纪念严卤。

另有嘉兴地区流传的《制龙王(三)》也是讲述海盐的由来:勇敢少年为了全村乡民有盐可食,冒险从盐母山盗取一篓母盐,途经海边时,不幸连人带篓被潮水卷走。海水由此变咸,乡民开始熬波煮盐。该传说不仅情节与《盐的故事》《盐与卤》大相径庭,其深层意蕴还在于,即使在煮海为盐历史颇为悠久的吴越地区,在民间的认知中,岩盐的发现与利用很可能早于海盐。

第三节　制盐工艺革新与传说

从天然咸水中获得为数不多的盐分,显然不能满足人们的日常所需,如何从自然界提炼、生产出纯度较高的盐,经历了漫长的探索和技术革新。人们对盐业生产技术革新者的崇拜便是这一需求的结果使然。这类盐神传说印证了盐业发展历程,承载着人们对海盐丰收的期盼。华夏最早的盐宗当属夙沙氏。夙通"宿",夙沙氏的身份,一说是黄帝臣子,一说是炎帝诸侯,还有一说是夙沙瞿子。另外一种折中的解释,夙沙氏长期与海为邻,有首创煮

第四章　盐神信仰与传说

海为盐之功,后来该氏族归入了炎帝部落;至于夙沙瞿子,很可能是夙沙氏族的成员之一。清同治元年(1862),两淮盐运使乔松年在江苏泰州修建盐宗庙,庙中供奉的主位盐宗便是夙沙氏,另将殷商末年贩运卤盐的胶鬲和春秋时代齐国实施食盐专卖的管仲置于陪祭的位置上。除了历史人物,还有一些名不见经传的传说人物,他们无一例外都为盐业生产技术发明或改进做出了较大贡献。江苏连云港市流传着《盐婆婆生日》传说,关于盐婆婆的身份众说纷纭,有说是东海老龙王的女儿,也有说是玉皇大帝的女儿,更多的说法是她出生于海边一户穷苦人家,叫严氏,一生无儿无女,每天靠织网度日。有一天,严氏织完网,在回家路上看到一块洼地有东西发着亮光,走近一看那细白颗粒好似一层薄霜。她拾了点尝味道,顿觉胃口大开,便扫了一袋赠予左邻右舍。众人吃了这东西,感觉浑身添劲,他们把这神奇的霜似食物叫作"严"。扫回来的"严"被吃光后,严氏还带着众人铺晒成盐,这种晒法流传至沿海其他地方。《盐婆婆生日》传说前半部分是无意中发现盐,可以归属于盐的发现者传说;后半段为了增加盐的产量,满足更多人食盐所需,发明了铺晒成盐的加工技艺。这种较为原始的晒盐技艺和后来基于"刮泥淋卤"的板晒技艺,还是有所不同的。

吴越地区长期以来淋卤煎熬成盐,煎熬又称"煮海""熬波",是一门古老的制盐工艺,主要工序包括制卤和熬盐。民间对海盐来源的原始想象,有其现实生活基础,即海盐生产多用煎煮法。其核心步骤是"刮泥淋卤",这里的泥即为海岸滩涂中刮出的咸土。《盐的故事》《盐与卤》中提及的海涂泥是制卤的重要原料,无意中滴下来的水滴,便是"刮泥淋卤"形成的卤水。吴越地区多采用晒灰取卤法,在刮泥之前多一道"灰压"工序,其目的在于提高后期所淋之卤的浓度。"灰压",即在摊场均匀铺上草木灰或土灰,摊铺晒干,再将海水灌入灰场。其后,便是"刮泥",经风吹日晒泛出盐花,将灰场之浮泥刮起成片,并反复抄之,使之变干、变松。引入海水反复淋晒,使灰中盐分增加。"刮泥"之后,便将咸灰挑入"溜"中,待挑满夯实后,倒入海水"淋卤",取得浓度较高的卤水。相比之下,灰漏淋卤出卤迅速,即一边倒入海水,一边就能出卤。舟山盐民信仰的"熘头神",即与此工艺密切相关。作为获取卤水以制盐的重要一环,对"熘头神"的崇拜是原始万物有灵思维的遗留,也是将物神化的表征。这种对产盐生产工艺的物质载体神化的思维方式,在其他盐产区较为少见。

制卤之后,要用铁盘或篾盘熬盐。《沙门岛张生煮海》传说提及的煮海伏龙情节与古代制盐工艺直接相关,其中,仙姑赠送张生的煮海宝物为"银锅一只""金钱一枚""铁勺一把",使用方法为用铁勺将海水舀在锅里,将金钱放入水里,煎一分,海水则去十丈,最终逼迫龙王将龙女许配给张生。这里,一勺海水象征整个大海,煮锅中的海水类似煮干海中之水。类似的模拟巫术依据的是相似律思维方式,即人们通过模仿真实事物,希冀得到预想的结果。

煎盐改板晒,是吴越地区制盐技术的一大突破。清嘉庆年间(1796—1820),浙江岱山的盐民偶然发现扁担凹处存卤,经日照凝结成盐。受此启发,盐民们将家中的门板盛卤试晒,果能成盐。民国《岱山镇志》记载:"王金邦,嘉庆时人。岱山地本斥卤,居民向以煎盐为业,成本既重,出产亦微。金邦创制盐板,易煎而晒,岱盐遂渐推渐广,为出产之一大宗。相传其初作时,因挑盐扁担上有卤,见日凝结。乃用门板试晒,果能成盐。"①板晒工艺从舟山岱山发端,继而普及整个舟山。咸丰年间(1851—1861),因连年天灾逃至上海的岱山盐民,将板晒制盐法传至奉贤等沿海一带,成为盐业生产工艺上的一大变革。温州洞头地区流传的《盐的来历》②传说中关于偶然发现盐的情节与宁波余姚《盐的故事》相似,只是发现的地点不同。洞头种田人在海边岩潭发现形状如霜的洁白颗粒,其后延续"献宝—误解—打入大牢"的叙事模式,直到发现盐的妙用,皇帝派人去海边寻宝,方才揭晓"盐"这个宝贝的来历,即从海水漫上来之后积在岩潭里,经风吹日晒结成之物。

---

① 凌金祚:《宋元明舟山古志》(点校本),舟山市档案馆2007年版,第420页。
② 邱国鹰、陈爱琴:《中国民间故事丛书·浙江温州洞头卷》,知识产权出版社2016年版,第151—152页。

第四章　盐神信仰与传说

第四节　盐政改革与传说

在海盐生产销售的发展历程中,对盐业管理起着革新推动作用,或者为盐民据理力争者,亦被尊崇为盐神。盐的生产、运输、销售历来备受重视,然就食盐生产发展而论,其获利主要在运输和销售环节,这就是管仲创制食盐民产、官收、官运、官销这一制度的意义所在。他将食盐运输至不产盐的诸侯国,创造性地发明了转手贸易。在盐业生产管理中,有过重要贡献的历史人物往往被神格化,经历了由人而神的转变。

历史上,推行盐政改革有功者,也深受当地盐民的爱戴并被立祠庙奉祀。宁波象山盐区崇信的盐神刘晏和慈溪一带信奉的盐神彭侍郎均在此列。宁波象山素有"鱼盐之利"美誉。"唐武德四年(621),境内已有产盐业。北宋政和四年(1114)以境内玉泉山命名设置玉泉盐场。"[①]境内有昌国大庙、左所庙和右所庙,祀唐刘晏。据清道光《象山县志》载:"在昌国卫城西门,祀唐刘晏。其一曰左所庙,在城横街前路亭下,其一曰右所庙,在城南门,皆其神也。"三庙所供奉的刘晏,字士安,他推行的盐政改革,使得经历安史之乱后的唐朝经济逐步恢复,增强了朝廷对经济的控制力。刘晏虽未在象山为官,但曾多次担任江南转运使,其盐政改革措施对江南盐区、盐民多有影响,故被象山盐民奉为盐神。慈溪产盐自唐始,兴盛于宋,自东向西有龙头、鸣鹤、石堰三场。境内建有彭侍郎祠,明嘉靖《宁波府志》载:"在(慈溪)县杜湖之西北隅。祀侍郎彭韶。弘治己酉,韶奉命整理盐政,临鸣鹤场,宽恤民灶之苦,邑人思之,饮食必祝,庠生方镇等呈请都转运林堂为立祠。"彭韶,字凤仪,莆田人。明朝中叶,鸣鹤盐场盐户由于负担过重发生暴动。彭韶临危受命整理盐政,他实施多发工银、减免课税等政策,迅速使鸣鹤盐场走上正轨。盐户为感恩其减轻盐户负担,故立祠供奉。

---

① 浙江省盐业志编纂委员会:《浙江省盐业志》,中华书局1996年版,第455页。

吴越海神信仰的传说展演研究

在上海沿海地区,"为盐业发展做出重要贡献,体恤百姓疾苦的先贤同样受到人们的尊奉"①,如叶永盛信仰。明万历年间(1573—1619),时任两浙巡盐御史的叶永盛巡察民间,发现盐户连遭倭寇侵扰、恶吏横行之苦,加之旱涝灾害,导致民不聊生。叶永盛据实上书,力陈民间疾苦,与民分忧。当地老百姓感恩于他,在一团镇建立叶公祠,文献有载,"叶公祠,在一团镇。祀明巡盐御史叶永盛。万历二十九年建……今灶民即奉为场境城隍"(清嘉庆《松江府志》卷一八《建置志六·坛庙》)。因保护盐业利益而成神的,还有上海地区的陈熊才②。相传清光绪年间(1875—1908),盐运派遣盐吏到洪庙地区以缉查私盐之名,行敲诈勒索之实,盐民对他们恨之入骨,终将缉私船只击沉。苏州府传奉贤知县陈熊才治罪,他却为盐民据理力争,控诉盐吏"缉私贩私、捕盗为盗",直至膝盖跪破,吐血而亡。洪庙盐民为了纪念知县陈熊才,特在洪福庙西建陈公祠,奉其为盐神,香火不断。旧时盐业工人肩负沉重工作,过着极为艰辛的生活,且身份不得自由,对英雄人物或神灵庇护的心理渴求更为强烈,这也是行业神信仰产生的深层次原因。

"鱼盐之利"是国家赋税的重要来源,历代盐业生产和销售实行垄断专卖,民间不得私售。"古代盐业经济的重心并不在于生产,而在于运销。盐民必须把生产的食盐运销出去,才能换取其所需要的生活必需品;官府或商贾也必须把食盐运销到各地去,才能获利。在这一过程中,盐民自身并不具备或很难具备运、销盐产的能力,必须仰赖官府或商人,从而形成对官府或商人的依附。"③特殊的户籍管理制度下的沉重盐税,加之官府盐吏、盐商盐霸等重重盘剥,直接捆扼盐民命运,生活陷入"瓮中无粒粟"的窘境。俗语有云:"盐民头上三把刀:板租重,利息高,苛捐杂税多如毛。"迫于生计,有盐民不惜铤而走险贩卖私盐。贩盐者为躲避衙役搜缉,乔装成卖茶小贩走街串

---

① 《中国海洋文化·上海卷》,海洋出版社2016年版,第174页。
② 同上。
③ 鲁西奇、宋翔:《中古时代滨海地域的"鱼盐之利"与滨海人群的生计》,《华东师范大学学报(哲学社会科学版)》2016年第4期,第67—80页。

巷,所挑箩筐暗藏玄机,上面铺茶叶、下面装盐,以此躲过盐吏的巡查。其后,在江浙沿海地区逐渐形成了"卖茶盐"习俗。

在浙江北仑地区流传着《智救盐贩》[①]传说,其核心情节与"卖茶盐"习俗相似,反映了无良盐吏压迫下的民间求生智慧。该传说叙述了私盐贩卖船只被官府扣住,逃出来的盐贩求助当地讼师乐贤帮助。乐贤同情他们铤而走险贩私盐只为生计,便带着他们去官府拿回被扣的"卖鱼"船只。县官勿信盐贩说辞,亲自前往扣船处一探究竟,只见船里尽是咸卤,上面还漂着鳓鱼鳞。原来,前一晚乐贤授意盐贩子将船底凿穿几个洞,又将一船鳓鱼倒入船舱。一夜工夫,鳓鱼变成了咸鳓鱼,晶莹剔透的盐粒变成了盐卤。县官见此,只得放行私扣的渔民。制盐本身成本较低,只是在盐铁实行朝廷专卖的古代,用官盐来腌鱼是极其昂贵的开销,换言之,渔民根本用不起官盐。在清朝,渔民腌鱼用价格相对低廉的渔盐,染红以区分食盐,更为了防止冒领渔盐倒卖。民间流传的贩盐故事倒是极好地体现了民间智慧,他们有假冒经商夹带私盐的,也有用油纸包盐放船底走私的,更有甚者抢夺废弃盐滩贩私盐。而盐场里的贫户将盐夹在裤子或鞋底贩卖的故事在民间也被津津乐道。

---

① 唐佩娟:《中国民间故事丛书·浙江宁波北仑卷》,知识产权出版社2015年版,第193—194页。

第五章　观音信仰与传说

第一节　观音信仰的本土化

诸多海神之中，观音是吴越地区影响最大、信徒最众的神灵之一。"中国的观音信仰，大体可以分为三类，一是汉传佛教信仰体系中关于观音的内容；二是藏传佛教信仰体系关于观音的内容；三是作为中国民间宗教的观音信仰。"[①]与前二者汉传观音信仰、藏传观音信仰具有完整的信仰体系不同，民间观音信仰的功能重在称名救难叙事，具有较强的现实功利性。本章讨论的观音信仰属于民间观音信仰。

观世音菩萨也称观自在菩萨、光世音菩萨。唐代因避唐太宗李世民讳，去掉"世"字，简称观音，一直沿用至今。追根溯源，观音信仰的本土化主要体现在三方面，一是观音形象的女身转换，二是观音道场的本土化，三是观音信仰的世俗化。

一是观音形象的女身转换。 观音的早期造像呈男相，如敦煌莫高窟第45窟南壁的观音经变，塑有高大的观音菩萨像，嘴唇上还有两撇小胡子。随着佛教深入传播，特别是隋唐以后，为顺应女性信徒的心理诉求，观音菩萨

[①] 杜道琛：《中国民间观音信仰的特点》，《中国民族博览》2017年第8期，第15—16,81页。

开始呈女身造像,且是中国化了的女性形象。观音女性造像至晚出现于北齐,但即使到了初唐,仍常以沙门形象示现,"威仪庠序,杖锡凌虚,而来拯溺,不逾时而至本国矣"①。大约在唐高宗以后,民众更多地将观音想象成女性形象。观音转化为女性神灵,其思想背景主要有如下四点②:一是《观音经》中提及观音为救妇女或童女,常现女相为之说法,并予救援;二是《观音经》又主张女人求子嗣,观音即能赐男赐女,被赋予保佑生儿育女的"母性"象征;三是女性神明较之男性神明,更为慈悲、温柔、怜悯;四是密教经典中的准提观音像以女相示现。观音能沟通天界与人间,乐善好施,热心人间琐事。随时应化的民间观音形象呈现多样的生活形态,充满着人情味。观音根据民众需求,应化不同身形,民间流传较广的有杨枝观音、白衣观音、千手千眼观音、送子观音、鱼篮观音、鳌鱼观音等。如杨枝观音,又称为药王观音,净瓶、柳枝是观音的点化法具,以杨柳蘸净水向外挥洒,遍洒甘露以救度众生。鱼篮观音的形象源自观音用竹篮收服在通天河兴妖作怪的金鱼。此鱼本是莲花池的金鱼,每日浮头听经,得了道行,趁大海潮涨之际逃出了莲花池。鳌鱼观音脚踏鳌鱼的由来,一说是观音脚踏鳌鱼巡游,循声救苦救难,普度众生;另一说是鳌鱼为海中霸王,观音以利钩藏泥人诱鳌鱼食之,鳌鱼疼痛难忍,降服于观音座下。

二是观音道场的本土化。"观音中土化的直接结果是把它的道场转移到了中国。"③《华严经·入法界品》记载,观音住在光明山,音译为"补陀洛迦山"(Potaloka)。《大唐西域记》卷十记载:"秣剌耶山东有布呾洛迦山,山径危险,岩谷敧倾,山顶有池,其水澄镜,派出大河,周流绕山二十匝,入南海,池侧有石天宫,观自在菩萨往来游舍。"④唐末,一些著名的大乘菩萨道场安置中土的同时,浙江舟山群岛的普陀山被指称为观音道场,其最初的兴起与

---

① 〔唐〕玄奘撰,章巽校点:《大唐西域记》,上海人民出版社1977年版,第192页。
② 王青:《海洋文化影响下的中国神话与小说》,昆仑出版社2011年版,第163页。
③ 孙昌武:《中国汉地观音信仰与文学中的观音》,《传统文化与现代化》1995年第3期,第38—48页。
④ 同①,第250页。

僧人、使者的崇奉密不可分。

  一位是唐大中时期的梵僧。元盛熙明《普陀洛迦山传》记载："宣宗大中元年(847),有梵僧来潮音洞前,焚十指,指尽,亲见大士说法,授以七色宝石。灵感遂启,始诛茅建屋焉。"①这也是普陀山观音庙可追溯的最早记录。另一位是日本的惠谔。唐大中十二年(858),惠谔从五台山请来观音像,途经昌国(今舟山)的梅岑,怒涛汹涌,船不能行。惠谔梦见观音欲留此地,不肯离去,遂与众人伐草造屋,敬置其像而去。"不肯去观音"由此得名。根据宝庆《四明志》卷十一记载:"……大中十三年,日本国僧惠谔诣五台山欲礼,至中台精舍睹观音,貌像端雅,喜生颜色。乃就恳求愿迎归其国,寺众从之。谔即肩昇至此,以之登舟,而像重不可举。率同行贾客,尽力昇之,乃克胜。及过昌国之梅岑山,涛怒风飞,舟人惧甚。谔夜梦一胡僧谓之曰:汝但安吾此山,必令便风相送。谔泣而告众以梦,咸惊异,相与诛茆缚室,敬置其像而去。因呼为不肯去观音。其后开元僧道载,复梦观音欲归此寺,乃创建殿宇,迎而奉之。邦人祈祷辄应,亦号'瑞应观音'。唐长史韦绚尝纪其事。"宝庆《四明志》记载"不肯去观音"的由来,同时补录了观音像的去留,来自五台山的圣像后来又被迎奉至开元寺,是因为该寺僧人梦见观音欲归此寺,于是迎而奉之。另据《佛祖历代通载》卷十六载:"……日本国僧惠锷(即惠谔),自五台得菩萨画像,欲还本国,舟至洞辄不往,乃以像舍于土人张氏之门。张氏屡睹神异,径捐所居为观音院(《昌国志》云梁贞明二年始建寺)。郡将闻之,遣幕宾迎其像到城,与民祈福。已而有僧,名即众,求嘉木,扃户刻之,弥月像成,而僧不见,今之所设是也。"一名张姓人士目睹惠谔所乘之船至潮音洞辄而不往,大为惊叹,遂将自己的住宅改建为寺院,供尊观音画像,即名"不肯去观音"。根据这条记录,"观音像"被替换为"观音画",惠谔创建"不肯去观音院"被替代为张氏"捐所居为观音院"。

  两条记载中关于建院时间、创建人虽有较大出入,但其中关于日本僧人惠谔请观音像(画)于五台山,至梅岑山不能前行,遂置观音像(画)于梅岑这

---

① 孙昌武:《中国文学中的维摩与观音》,天津教育出版社2005年版,第257页。

一核心情节始终未变,以此为起点,浙江普陀山逐渐成为知名的观音道场。

除了经海路传法的中外僧人,朝廷使节在出使过程中,船行海上幸得观音现身救助的应验事迹不断播衍,也极大巩固了普陀山作为全国最为知名的观音道场的地位。隋唐时期,京杭大运河的兴建使得陆地贸易延伸至沿海一带,这其中,浙江宁波通过浙东运河与京杭大运河相连,又作为京杭大运河的末端向着海外辐射,通海达江的地域优势明显。自992年至1523年长达500多年的时间里,掌管朝鲜、日本海运岁贡及监管沿海贸易的市舶司常设于宁波。宋徽宗崇宁年间(1102—1106),户部侍郎刘逵与给事中吴栻出使高丽,回程行至普陀山附近,乌云密布,无法辨别方向。此情持续四天四夜之后,船夫遥向普陀山祝祷。少顷,神光遍布海面,明亮如昼,宁波出海口附近的招宝山依稀可见,由此得以顺利靠岸。宋神宗元丰三年(1080),王舜封出使三韩,从杭州出发至普陀山,遭遇狂风暴雨,一只大海龟顶在船下方,船只不得动弹。王舜封大为惊恐,面朝潮音洞跪下,向观音祈求。顿时,金光晃耀,观音现满月相自潮音洞出,巨龟随即消失,船只复前行。完成出使使命之后,王舜封上奏朝廷,宋神宗御赐此寺"宝陀观音寺"匾额。宋代,在民间力量和官方的共同崇奉之下,从重修不肯去观音院,到宋神宗赐名"宝陀观音寺",观音道场最终从印度南部海域的布呾洛迦山,转移至浙江舟山群岛的普陀山,也相应完成了观音道场的本土化转移。

三是观音信仰的世俗化。"称念观音圣号是最常用、最大众化的法门,因为它完全没有任何阶级、身份或性别的限制,中国信徒就是透过这个法门试图感通观音,以获得世俗利益与究竟解脱。"①观音信仰在流传、演变过程中,大致经历了"从印度众多佛教菩萨中挑选一个并非最为重要角色作为崇拜对象,到出现'家家观世音'的信仰盛况;从印度佛教多种的观世音菩萨形象变化,到最后定型为女性化的菩萨形象;从印度佛教深奥的内容,烦琐的

---

① [美]于君方著,陈怀宇、姚崇新、林佩莹译:《观音——菩萨中国化的演变》,商务印书馆2012年版,第102—103页。

修行方式,到简化为只称颂其名即能求得保佑的敬拜方式等"①。随着观音信仰在吴越沿海地区的传播,渐有取代龙王信仰的趋势,呈现"海岛处处供观音,观音信仰说不尽"的传播盛况。民间观音的世俗化改造,也体现在其神职的不断扩展方面。首先,民众从自身的实际需求出发,将观音塑造成掌管风雨雷电的神灵,寄寓了他们对风调雨顺的美好期盼。其次,无论是受限于对自然规律认知的不足,还是受道教的潜在影响,民众将观音塑造成镇魔降妖的神灵,寄托了他们对生活平顺祥和的向往。再次,与发源于印度南部海域的观音神职一以贯之的是,职掌救护海难,满足了涉海群体祈求出海平安的现实需求。

第二节 观音传说类型

"汉族地区民间的观音信仰是在佛教义理的基础上衍生而来的,具有浓烈的本土化、民俗化的色彩。"②观音本土形象根植于民众的现实生活,早期感应故事常现僧人相,宋以后,经讲经说唱、话本、戏曲等形式传播,观音不仅彻底中国化,且成为家喻户晓的"慈悲女神"。本土化的观音传说,主要分为观音本生传说、观音应化显灵传说以及观音海洋救难传说。分析不同类型传说中观音形象的变迁,有助于把握民间观音信仰传播的内在逻辑。

一、观音本生传说

观音本生故事中最为典型的是妙善传说,它讲述了观音原为皇家三公主,名为妙善,从小立志出家修行,先在白雀寺出家,后在香山寺成道为观音

---

① 柳和勇:《舟山群岛海洋文化论》,海洋出版社2006年版,第130页。
② 游红霞:《妙善传说与中国民间观音信仰的空间谱系》,《华中学术》2019年第2期,第201—211页。

菩萨的故事。妙善传说以《香山大悲菩萨传》为基石,北宋崇宁三年(1104),天竺寺僧人道育将《香山大悲菩萨传》修改为《大悲成道传》,并刻碑于天竺寺。自此,妙善传说在吴越地区流传开来。其后的剧本《香山记》、《大乘香山宝卷》(江苏常熟)、《观音宝卷》(江苏靖江)中的主要情节与《香山大悲菩萨传》大体一致,分别为妙善出生、白雀寺出家、火烧白雀寺、香山成道、献出手眼救父、示现千手千眼观世音等。以下主要情节分析均出自《千手千眼观音的传说》[①]。

神奇出生:妙庄王生有三位公主,大公主妙书、二公主妙音、三公主妙善。妙善出生时,"彩云缭绕,满室香味";更为稀奇的是,这个女婴出生时手掌心各有一红字,右手"妙"字,左手"善"字,还有一双比男孩还要大的脚。妙善自小聪慧过人,五岁能读诗书,七岁会吟诗作对。她是妙庄王和皇后的掌上明珠,但也因此招致姐姐的妒忌。

白雀寺出家:转眼三位公主已长大成人,妙庄王为三个女儿挑选驸马,只是妙善一心修行,并不愿意接受这桩婚事。即使被关禁闭,妙善公主也执意去白雀寺出家修行。妙庄王提出只要妙善办成三件事,便答应她的请求。一番设难、解难之后,妙善如愿前往白雀寺。

火烧白雀寺、香山成道:两个姐姐联手朝中奸臣诬蔑妙善公主,妙庄王火烧白雀寺。危急之下,一道白光闪过,化为一头白虎救下了妙善。经高人指引,妙善前往珞珈山(亦作"洛迦山")修行,终成正果。

献出手眼救父:火烧白雀寺之后,妙庄王全身毒疮发作、不能动弹。妙善得知父亲患有麻风病,化作跛脚小沙弥为妙庄王治病,药引需由妙庄王亲人的手眼制成。大公主、二公主听闻后大惊失色,小沙弥又透露三公主未死,正在香山珞珈洞修行的消息。妙庄王派人前去香山寻找妙善,妙善剜眼断手呈上,并叮嘱随从转告父王,病好后在香山建造庙宇,向天祈祷,赐她全手全眼。皇后将手眼焙燥碾粉,一更服药,三更擦洗,不到天亮,妙庄王痊愈如初。

---

① 贺嘉:《观音传说》,中国社会出版社2008年版,第26—37页。

吴越海神信仰的传说展演研究

示现千手千眼观世音:病愈后的妙庄王前往香山拜谢,并向天祈祷,赐妙善千手千眼。瞬间长出的手眼没处安放,妙善又赶紧让父王祈求藏手藏眼。在妙庄王的祷告下,妙善千手千眼消去,恢复仪态端庄、大慈大悲的妙相。隔日,妙庄王在香山敕建庙宇,塑造千手千眼、大慈大悲观音菩萨金身法相,四时进香祭拜。

妙善传说流布到各地,其基本情节也被附会到当地,形成了一系列在地化叙事文本。浙江舟山桃花岛流传《观音经》与河南宝丰一带的妙善传说大体相近,只是白雀寺挪至了桃花岛。在《抽手观音与讨饭菩萨》传说中,妙善抗婚,在舟山桃花岛出家。父王生病,妙善断臂再抽,故有"抽手观音"一说。妙庄王凡心未灭,被佛祖惩罚去普陀山乞讨,因而有"讨饭菩萨"之说。流传于浙江龙游县的《千手观音》和青田县的《千手千眼观音的传说》从基本情节看,与妙善传说几近相同,其中《千手千眼观音的传说》[①]为凸显妙善出家的决心,加入"难题"母题。妙善公主抗婚,执意去白雀寺出家修行,妙庄王提出若妙善办成三件事,便答应其请求。第一个任务是一晚上把十担麦子磨成面粉;第二个任务是五担谷子掺入一斗芝麻,黄昏前拣出芝麻;第三个任务是去御花园种萝卜,待到第二天早上须长出萝卜。每个难题(任务)都是生活中极难办成或违背自然规律之事,但妙善有神鸟、仙人灯相助,顺利完成任务并如愿到白雀寺出家。流传于奉化的《观世音织锦屏山》[②]传说由千手观音信仰演化而来。相传奉化城北住着一户人家,儿子阿毛为人老实,他的母亲精明却过于刻薄。阿毛相继娶的两个媳妇不出一年半载,都被婆婆折磨致死。后来,媒人又给阿毛说了一门亲事,对方是逃荒来的小妹,婆婆见小妹粗手大脚的,便将她留了下来。阿毛外出经商,临出发前,一再关照妻子凡事顺着婆婆一点。只是阿毛一走,婆婆变本加厉地折磨媳妇。小妹白天砍柴,夜里织布,但婆婆总是嫌弃柴砍得不够多,布织得不够好。一日,小妹挑着一担柴回来,突然天旋地转,一头跌倒在地。等她醒来,已有一个

---

① 贺嘉:《观音传说》,中国社会出版社2008年版,第26—37页。
② 同上,第93—95页。

和自己长得一模一样的女人站在跟前,她让小妹一路向西寻夫,自己挑起那担柴回了小妹家。天近黄昏,婆婆才见小妹挑着小山一样的柴担回家,马上板着脸说,夜里必须织出两匹锦,织不成就打断小妹的双手。第二天一早,两匹锦被端端正正地摆在了婆婆面前。贪得无厌的婆婆变本加厉,明日要四匹,后日要八匹,天天加码。精明的婆婆心里生疑,深夜偷偷往机房里张望。堆积如山的锦绣边,千手千眼的小妹正忙着织布,吓得婆婆倒在了门外。观音织出的锦绣,变成了一座山,就是现在的锦屏山,山上早年建有观音禅院,供奉着千手千眼观世音菩萨。

妙善公主与观音其他感应故事不同的是,首先,观音化身为有血有肉的女性,神奇出生—白雀寺出家—香山成道—献出手眼救父—成为千手观音,在人间度过一生。其次,观音感应故事大多回应的是观音慈悲济世神力,但妙善公主传说最为精彩也最为感人的部分,是甘愿献上手眼为父王治病,其蕴含的至诚至孝精神与儒家倡导的孝顺美德符合。这种崇高行为无疑在佛教"舍身"主题与传统孝道"救父"之间构建起了某种秘密通道。这也就不难理解,妙善公主的孝顺行为,一定程度上弥补了之前弃婚、违背父母意愿的行为缺失;由至孝推衍的慈悲济世精神更贴近民众的心理诉求,在断手失目的极端选择中,完成了凡人向着神灵的过渡,并推动了观音信仰的本土化传播。"妙善传说最精彩的部分无疑是她牺牲双手、双眼以拯救病危的父亲,这项超凡的自我牺牲不只抵消了她不孝的罪名,更造成她奇迹似的转变为'女神'。"[①]妙善传说建构的大悲观音形象又与南海观音信仰互为交织,加之"道成香山,灵显南海,香山有碑,普陀有寺"的空间关联,更加彰显了普陀山作为观音道场空间谱系的中心地位。

"观音信仰自传入中国开始就不停地被本土化、世俗化,进而在宋朝最终女性化,女性观音的形象渐渐取代了之前的诸多女性神灵而居于了民间

---

① [美]于君方著,陈怀宇、姚崇新、林佩莹译:《观音——菩萨中国化的演变》,商务印书馆2012年版,第341页。

信仰神仙体系的核心地位。"①宋以降,观音女性形象基本定型,妙善传说也让观音身世完全中国化。北齐天保年间(550—559),出现楚庄王三女儿妙善香山成道故事。宋哲宗元符三年(1100)所刻蒋之奇《香山大悲菩萨传》详细叙述了妙善出家故事。这个故事成功地结合儒家"孝亲"观念,在后人不断补充的版本中,依旧突出妙善的"孝亲"思想,使得妙善形象成为佛教经典与儒家人伦观念融合的典范。随着妙善传说的广泛传播,观音也完成了本土化形象转变,而本土化形象建构反之又助推该类传说的播衍与在地化改编。

二、观音应化显灵传说

在缘起观的理论框架里,"观音菩萨应化度生也是在因应众生的因缘,深入观察相应的缘起,在恰当的时间、恰当的地点,以恰当的方式应化。从另一个方面讲,正因为万法缘起,无有定法,观音菩萨才能随缘应化成不同的形象"②。当人们陷入生存困境孤立无援之时,大慈大悲的观音以其神奇的应化变身和超凡的神力,成为老百姓的精神寄托。这种寄托又通过口头创作,演化为丰富的观音传说,塑造出千姿百态的观音形象。

"从观音应化的故事和形象来看,可以说,绝大多数应化事象是在民间催生出来的,是在民间信仰的基础上,吸收或者嫁接了佛教观音信仰的因素。"③中土观音信仰的主要典据是《普门品》。普门原是观音的一个名号,其颜面向一切,强调普度众生意味。应该说,慈悲普度、应化救难是民间观音信仰最为强调的神格,这与民间信仰的功利性、杂糅性不无关系。"……观

---

① 杜道琛:《中国民间观音信仰的特点》,《中国民族博览》2017年第8期,第15—16,81页。
② 高永顺:《中土观音应化信仰的文化土壤》,《宝鸡文理学院学报(社会科学版)》2018年第3期,第57—63页。
③ 同上。

音菩萨随种种缘,现种种身,说种种法,救度众生,无有疲厌。"①观音菩萨随种种缘,现种种身,又能随处祈求随处应,是深受民众崇奉的主要原因之一。如流传于台州椒江地区的《拜观音歌》:"种田之人拜观音,五谷丰登六畜盛;撑船之人拜观音,顺风顺水转家门。"②

其一,观音信仰相关的福报叙事。《普陀宝卷》记述了王友金虔诚崇佛,变卖所有家当和一对儿女集资修建普陀山观音殿,后观音庇佑其子考取状元,女儿被封皇后,一家人重新团聚的故事。"在民间信仰行为中有人神之间'许愿''还愿'的功利交换……人们用崇拜的各种手段与神鬼进行着利益上的酬答互换,重则捐资修庙、再塑金身,轻则晨昏三叩、焚香供祭,无不打上了功利的烙印。"③

其二,以观音命名的地方风物叙事。流行于绍兴地区的《香炉峰观音菩萨的来历》④讲述了游方和尚动用一些小把戏,将一截形似观音的树根附会上南海观音显身现形故事。该传说中的游方和尚终年在外面游荡,受尽饥饿和严寒折磨,一心盼着找到一个长久歇脚的地方。某日,和尚在山上拾柴,脚一滑,无意中发现了一截像极人的形状的树根,顿时灵机一动,将这截木头放入柴筐,拿回寺庙后稍稍修整,变成一尊菩萨像。后又在自己滑倒的地方,深挖一坑,将这尊菩萨埋入其中。待到来年春天,他小心翼翼刨开表面土层,见树根已上了黑色,暗自高兴,忙把十多斤黄豆铺在木菩萨底下,再掩上草皮泥土。此后,和尚日夜守着这块地方,引来众多旁观者,在他人的追问之下,便透露风声,说是观音大士托梦给他,要在此地显身现形。此事一传十,十传百,善男信女唯恐错过见菩萨显身机会,也跟着日夜围观。十多天后,那块地方果然出现了菩萨头像,又过了一个时辰,菩萨身子一点点

---

① 沈燕红:《浙东渔歌与海洋文化研究——以舟山为案例》,浙江大学出版社2017年版,第204页。
② 《中国民间文学集成·浙江省椒江市歌谣谚语卷》,浙江省民间文学集成办公室1991年版,第104页。
③ 乌丙安:《中国民间信仰》,长春出版社2014年版,第4页。
④ 贺嘉:《观音传说》,中国社会出版社2008年版,第96—97页。

上升。和尚继续不动声色盘坐念佛,待到木菩萨升到一半时,双手合拢,高喊普陀山观音大士化身降临此地,保佑绍兴一方土地。观音示现传奇经口耳相传、不断发酵,众人集资在香炉峰上造庙堂供奉观音大士。游方和尚顺理成章做了寺庙住持,从此免受饥寒、四处流浪之苦。

其三,观音与其他神祇的互动叙事。此类故事有《观音收金刚》《观音收鳌鱼》《观音收龙女》等。《观音收金刚》[①]说的是四金刚留在普陀山的故事。四金刚来到普陀山,东到梵音洞,西到说法台,北至飞沙岙,南至南天门,也没见到观音。饥肠辘辘之时,他们忽见紫竹林冒出炊烟,一村姑模样打扮的女人正在灶下烧火,饭香从窗口飘来,便求一顿饭吃。四金刚见女人走出门,便争抢着盛饭,但是锅盖太重,四人轮番上阵,使出了浑身解数都未能如愿。等到女人回来,四金刚已累瘫在地。村妇见状,轻轻揭开了锅盖,如此轻巧惊得四金刚目瞪口呆。此时,他们才反应过来,村妇实为观音化身,四人齐刷刷跪倒在菩萨跟前。四金刚在小小锅盖前出尽丑态,无脸回天庭面对天兵天将,恳求观音大士收留。观音征得玉帝同意,将他们留在了普陀山。《观音收鳌鱼》[②]讲述了鳌鱼成为观音坐骑的缘由,收服鳌鱼之前,加入了一段与八仙的互动。相传,八仙乘船游普陀山,不料被一条鳌鱼挡住了去路。吕洞宾拔出宝剑就斩,宝剑被鳌鱼的大尾巴打落在海里。铁拐李和曹国舅急忙抢起拐杖、云板打去,又被大鱼拱到半空。其后,张果老、韩湘子、汉钟离纷纷出马,都没能制服此鳌鱼。何仙姑提议请观音除去恶鱼。观音菩萨听了八仙一番述说之后,到紫竹林折了一条竹枝,随八仙来到海上,收起莲台。一脚踏在鳌鱼背上,左手扯住鳌鱼背鳍,右手用竹枝拴住鱼眼,毫不费力收服了鳌鱼。汉钟离暗暗钦佩,而吕洞宾偏偏不停歇,提着宝剑刺杀鳌鱼,只见观音将手中竹枝轻轻一提,那鳌鱼点了点头,驮着观音向潮音洞飞驰而去。从此,鳌鱼就成了观音菩萨的坐骑。

---

① 贺嘉:《观音传说》,中国社会出版社2008年版,第181—184页。
② 忻怡:《中国民间故事丛书·浙江舟山普陀卷》,知识产权出版社2019年版,第19—20页。

三、观音海洋救难传说

观音信仰的传播与航海密切相关。在帆船时代,航行海上,每涉鲸波之险,人们总寄希望于超自然力量的护佑。作为航海保护神的观音,无论是其发源地古印度,还是中国沿海传入地,最初有着相似的海洋救难叙事。观音信仰起源于南印度滨海,本具救护海难品格。《梨俱吠陀》记载的观音初为印度婆罗门教的一位善神,能救沉船。由于经文的传布,有关观音救护海难的灵验叙事不断传播。据《妙法莲华经·观世音菩萨普门品》记载,观音所救包括"大水所漂"在内的七难,"若为大水所漂,称其名号,即得浅处。若有百千万亿众生,为求金银、琉璃、砗磲、玛瑙、珊瑚、琥珀、真珠等宝,入于大海,假使黑风吹其船舫,飘堕罗刹鬼国,其中若有乃至一人称观世音菩萨名者,是诸人等皆得解脱罗刹之难"。

从魏晋南北朝到隋唐,西行求法与来华传法的僧侣往来频繁,有走陆路的,也有搭乘商船经海路传法的。从晋代《法显传》到后世各国僧人留下的文字看,观音信仰传播中土的另一个途径为海路,即随商旅船只传入中土,"大致从唐麟德(664—665)年间之后,海上丝绸之路开始取代草原丝绸之路成为中西交往的主要通道,取海道来往于中印、南海之间的商人、僧人明显增加"①。中印之间的海上交通充满着险阻,观音菩萨的慈悲精神给来往僧侣以前行的信心。在往来中印海路的中外僧人关于海上遇险称念观音而获救的文字记录与传播下,观音救护海难的传奇故事逐渐被沿海民众所熟悉。观音护佑海上交通的情节被较早记录在《法显传》。晋义熙七年(411),东晋高僧搭乘商船从师子国(今斯里兰卡)途经印度南海、中国南海,辗转东归。回归历程充满险阻,先是商船舶行不久遭遇暴风,船破入水,幸遇一岛得以补好漏水处。"得好信风,东下二日,便值大风。船漏水入。商人欲趣小船,小船上人恐人来多,即斫绳断。商人大怖,命在须臾;恐船水漏,即取粗财货

---

① 王青:《海洋文化影响下的中国神话与小说》,昆仑出版社2011年版,第284页。

吴越海神信仰的传说展演研究

掷著水中。法显亦以君墀及澡罐并余物弃掷海中,但恐商人掷去经、像,唯一心念观世音及归命汉地众僧:'我远行求法,愿威神归流,得到所止。'如是大风昼夜十三日,到一岛边,潮退之后,见船漏处,即补塞之。于是复前。"①漂流了一百多天,法显一行人到达耶婆提国(据传为今印度尼西亚苏门答腊岛);五个月后又搭乘商船向广州出发,途中遇风,船失方向,船上粮水将尽,忽到岸边,才发现船已随风漂至青州长广郡(今山东即墨)。《法苑珠林》记载了慧庆和尚船行江上遇风,诵念《观世音经》而安全抵岸的故事。南朝宋元嘉十二年(435),慧庆和尚乘船上庐山,船在江上遇风暴。慧庆所乘船只被吹到大江中心。眼看船要倾覆,这时的慧庆正心端意诵念《观世音经》,岸上之人只见慧庆之船迎风截流向岸边驶来,一眨眼工夫,乘客已悉数上岸。

正因为观音从传入中土之前就开始专司救护海难之职,传入中土之后,随着庇佑航海安全的圣迹传播,被奉为航海保护神的观音备受僧人、商贾、使者和海员的崇信,泛海者出海必祭拜观音,祈求出海平安。《夷坚志》记有林翁要出海,"舟坏而溺,急呼观音……得一板乘之。惊涛亘天,约行百余里,随流入小浦中"而获救。流传于上海松江的《铜观音显灵》②叙述了观音护佑出海平安的灵验故事。相传,天马山下东南方向几十里外,一片汪洋大海。官民出门,都是乘船在海上、江河中航行。一天夜里,一姓陈人家乘船出远门,船航行于海中,天气骤变,海浪一浪高过一浪。船只在海浪里打转,万分危急之中,陈家老爷、太太祈求神明保佑。风浪稍息,空中出现一点亮光,顺着亮光,船只脱险得救。登岸之后,他们四处打听附近供奉的神灵,听闻天马山上峰寺有尊铜观音,便前往拜谢。走到庙门前,只见门外旗杆上高悬一盏风灯,陈家老爷猜想,许是在这盏风灯的指引下,他们才脱离险情。后来,前往天马山上峰寺烧香的人越来越多,人们干脆将天马山顺口改成了

---

① 冷卫国:《中国历代海洋文学经典评注(下册)》,山东画报出版社 2021 年版,第 1007 页。

② 顾静华:《中国民间故事丛书·上海松江卷》,知识产权出版社 2016 年版,第 94—95 页。

"烧香山"。

明清时期,外患严重,观音还被赋予了平定海波,保护海疆的海神品格。明洪武年间(1368—1398),普陀山观音道场曾毁于兵灾。"……嘉靖三十二年(1553),明参将俞大猷在普陀洋面剿倭获胜,说是普陀观音保佑的缘故,奏请朝廷批准,一次就拨金千两,兴修寺庙,恢复观音道场。"①《杨枝观音碑》②传说便是讲述倭寇盗取杨枝观音碑、触礁沉船的故事。偷取了杨枝观音碑的倭寇船只行驶到莲花洋面时,突然刮起了风暴,倭船迷失方向而触礁沉没。不久之后,星罗礁附近洋面红光闪耀,一朵白莲花托着杨枝观音碑顺着潮水向海滩漂来。杨枝庵重建后,当家和尚才把观音碑迎回原处。

第三节 观音传说的播衍

观音信仰的本土化主要表现在观音形象的女身转换、观音道场的本土化以及观音信仰的世俗化等方面。宋以降,民间观音信仰在吴越地区的传播渐有取代龙王信仰的趋势,观音向龙王借法宝、借土地传说,大体能反映观音信仰在民间的传播盛况。

在南海观音体系中,观音曾与东海龙王、龙女、鳌鱼、海龟、蛇等海洋水体本位神灵打过交道,进一步丰富着观音海上救难品格,如《观音借地》《观音收龙女》《观音跳》《观音收鳌鱼》《二龟听法》等传说。在《观音借地》③传说中,观音以无量神力,从东海龙王借得海宁到杭州龙山一带土地,该地的老百姓才免受潮汛冲垮家园之苦。

在颂赞千手观音、不空羂索的经典中,都提及观音前往海底龙宫宣说救

---

① 王青:《海洋文化影响下的中国神话与小说》,昆仑出版社2011年版,第179页。
② 忻怡:《中国民间故事丛书·浙江舟山普陀卷》,知识产权出版社2019年版,第44—45页。
③ 贺嘉:《观音传说》,中国社会出版社2008年版,第86—88页。

度,龙女感念观音恩德,献上无价宝珠。唐代以后,观音造像中常有一对童男童女随侍,便是民间传说与观音造像互动的结果。《龙女拜观音》①讲述了龙女拜入观音门下的故事。龙女原是东海龙王的小女儿,听说人间观鱼灯的热闹景象,瞒着老龙王,变身成渔家少女前往闹鱼灯之地。走在十字路口时,她被阁楼上洒下的半杯冷茶泼了个正着。变身后的龙女是沾不得半滴水的,否则将现原形。龙女只得拼命往回赶,可是才跑到海滩,就变成了一条大鱼,躺在沙滩上动弹不得。路过的两个后生惊喜过望,扛着大鱼就上街叫卖。紫竹林静坐的观音菩萨将这些尽收眼底,不觉动了慈悲之心,叫善财童子把大鱼买下放生大海。得知真相的老龙王却不愿承观音的相救之情,一怒之下将小女儿赶出了龙宫。龙女伤心得痛哭,哭声传到了紫竹林,观音菩萨又让善财童子将龙女接来,从此留在了自己身边。故事里,龙女因贪玩而变身为渔家少女,变身的前提是遵守不得碰触人间的水滴的规定,否则将暴露自己海族的身份而置身于危险之中。该传说中龙女被泼茶水实属意外,并非有意违反禁忌,所以才会有目睹一切的观音出手相救一幕。

  观音又以无穷法力吸引海龟听法,收服了鳌鱼、蛇精等海洋生物,如《观音跳》《横山岛》等。在《观音跳》②传说中,观音和蛇精斗法,蛇精声称普陀山为自己修炼之地,其真身刚好绕岛一周。当蛇精的头和尾快要相接时,观音抬脚轻轻一蹬,将洛迦山踢出老远。蛇精不服,被观音收于金钵之中,求饶之下,回到原先修行的云雾洞。观音赶走蛇精后,从洛迦山纵身一跃,跳上普陀山,在她落脚的那块岩石上留下深深的脚印,人们叫它"观音跳"。观音和蛇精斗法的故事另有一说,蛇精自称住岛三千三百年,有弟子三千三百个为证,结果聚集弟子一数,却差一个。观音以时长取胜,说是三千三百年前就在此岛修炼,有紫竹为证,从地下挖出一石,石上果有紫竹文印。与之类

---

① 贺嘉:《观音传说》,中国社会出版社 2008 年版,第 178—180 页。
② 忻怡:《中国民间故事丛书·浙江舟山普陀卷》,知识产权出版社 2019 年版,第 34—36 页。

第五章　观音信仰与传说

似的还有流传于浙江宁海的《横山岛》①传说,观音见海狮精作怪,先是质问海龙王为何纵容自己手下作恶,见海龙王无心铲除海狮精,便从龙宫借来一宝石。观音一脚踏在由宝石变成的小山上,另一脚踩在海狮精的背上将之收服,而被观音一脚踏平的小山便是后来的横山岛。人们感念观音惩治海狮精,在横山岛上建造了镇福庵,庵内塑有观世音菩萨像。宁海及周边地区的百姓,每逢初一、十五乘船到横山岛镇福庵进香祈福,祈求保佑出海平安。

---

① 戴余金:《中国民间故事丛书·浙江宁波宁海卷》,知识产权出版社2015年版,第200—201页。

第六章　妈祖信仰与传说

第一节　妈祖生平及传说

妈祖亦称"天妃""天后""娘妈",是沿海地区船员、商人、旅客及渔民共同崇奉的海神之一。妈祖信仰从东南沿海的莆田走出,其影响范围扩及全国,与官方的认可密不可分,亦与妈祖信仰传说的衍展、不断丰富有关。

一、妈祖生平

妈祖,原名林默,福建莆田湄洲人。关于妈祖的身世,最早记载见于宋绍兴二十年(1150)廖鹏飞的《圣墩祖庙重建顺济庙记》。"姓林氏,湄洲屿人。初,以巫祝为事,能预知人祸福;既殁,众为立庙于本屿。圣墩去屿几百里,元祐丙寅岁,墩上常有光气夜现,乡人莫知为何祥。有渔者就视,乃枯槎,置其家,翌日自还故处。当夕遍梦墩旁之民曰:'我湄洲神女,其枯槎实所凭,宜馆我于墩上。'父老异之,因为立庙,号曰圣墩……给事中路公允迪使高丽,道东海,值风浪震荡,舳舻相冲者八,而覆溺者七,独公所乘舟,有女神登樯竿为旋舞状,俄获安济。"①《白塘李氏族谱》的附录《枯槎显圣记》较之

---

① 蒋维锬:《妈祖文献资料》,福建人民出版社 1990 年版,第 1 页。

第六章 妈祖信仰与传说

《圣墩祖庙重建顺济庙记》，增加了不少传奇色彩，圣墩去湄洲屿几百里，元祐丙寅年，墩上常有光气夜显，当地渔人疑有异宝，好奇前去一探究竟，原来是水漂一枯槎发出光焰。渔人拾置家中，第二天枯槎自还故处，再试复然。妈祖托梦给乡人枯槎实所凭，乡人异之，告知制干李公（一说是李富，另一说是李富之父李泮），遂募众立庙祀之，祷应如响。

其后，莆田地方绅士丁伯桂写有《顺济圣妃庙记》，收录于《咸淳临安志》。根据《顺济圣妃庙记》记载："神莆阳湄洲林氏女，少能言人祸福，殁，庙祀之，号通贤神女。或曰：龙女也。"①南宋宝祐五年（1257），黄岩孙所编撰的地方志《仙溪志》卷三除了提及妈祖的生平——"本湄洲林氏女，为巫，能知人祸福，殁而人祠之"，首次提及妈祖的父母，"神父林愿，母王氏，庙号祐德"。

元至顺三年（1332），程端学为家乡鄞县天妃宫撰写《灵慈庙记》，对妈祖的身世介绍较宋代有所发展。"神姓林氏，兴化莆田都巡君之季女。生而神异，能力拯人患难，室居未三十而卒。"②记载了妈祖生而神异，不是一般的巫女，她会竭尽自己所能拯救老百姓于水深火热之中。

综上，从宋元时代关于妈祖身世的记录看，可以得出如下信息：

一是妈祖原名林默，生而神异。妈祖姓林名默，福建莆田市人。神奇人物的出生，常伴随有奇异天象，预示着不同寻常的命运和非凡能力。相传妈祖出生时，一道红光闪入室内，房中香气缭绕，四周隆隆作响，母亲王氏生下一女婴。这个女婴出生数月不啼不哭，故取名为默。林默在孩童时就展现出异于常人的能力，能预测祸福，常往来海上救助海难。在《沈家门天后宫》③传说中，沈家门一带盛传的妈祖前身是个渔家姑娘，北宋时出生于福建莆田，因出生后从不啼哭，所以叫林默。出生于海边的林默水性很好，常救

---

① 蒋维锬：《妈祖文献资料》，福建人民出版社1990年版，第10页。
② 同上，第40页。
③ 忻怡：《中国民间故事丛书·浙江舟山普陀卷》，知识产权出版社2019年版，第164—165页。

助遇难商船、渔民，乡民爱戴她并唤其为神女。默娘长到二十岁还不想出嫁，一心救助水上遇难百姓，在一次救人时不幸遇难。乡民修祠堂建神庙以示纪念。

二是少以巫祝为事，善水性，全力拯救海难。 林默的默字，一说是出生时数月，不闻啼声。另一说是林默幼时就通感道家之术，十三岁遇到老道士，授以玄微秘法。元代张翥的《天妃庙序》记载："（天妃）始生而地变紫，幼而通悟秘法，长而席海以行。"(《重刊兴化府志》卷二十九)从宋元各种方志资料看，妈祖原为湄洲巫女，善水性，"妈祖救亲"是她海上扶危救难传说的一个叙事分支。《三教源流搜神大全·天妃娘娘》记载："兄弟四人业商，往来海岛间。忽一日，妃手足若有所失，瞑目移时。父母以为暴风疾，急呼之，妃醒而悔曰：'何不使我保全兄弟无恙乎！'父母不解其意，亦不之问。暨兄弟赢胜而归，哭言前三日飓风大作，巨浪接天，弟兄各异船，其长兄船漂没水中耳。且各言当风作之时，见一女子牵五两而行，渡波涛若平地。父母始知妃向之瞑目乃出元神救弟兄也。其长兄不得救者，以其呼之疾而神不及护也。懊恨无已。"在明代《天妃娘妈传》第九回《玄真女机上救舟》中也有类似故事。玄真（妈祖）在机房纺织时，忽然在机上睡去，原来海中鳄精作怪，见商船经过，兴风作浪，"彼风浪滔天，五舟儿覆"①。玄真女一面斗鳄，一面扶舟，口含一船，双手双脚共持四艘。"正将到岸之顷，为应母所呼，口放其一，四者随身登岸，一者已沉于水矣。"②醒后，言及此事，其母不信，派人去海边察看，果然见着海上漂流物件，且有玄真女所遗绣鞋一只。而这次妈祖斗鳄救下之人不是《三教源流搜神大全·天妃娘娘》所记的兄长，而是往来商船。这也使得妈祖海上救难叙事从救亲人向着救助陌生人过渡，其承载的无私大爱也让妈祖传说拥有更广的接受度。妈祖从未出嫁，卒于宋太宗雍熙四年(987)，年仅二十七岁（民间也有二十八岁的说法）。

三是妈祖最早出名于莆田湄洲，后显灵于莆田宁海圣墩。 在宋代文献

---

① 〔明〕吴还初：《天妃娘妈传》，春风文艺出版社2004年版，第27页。
② 同上。

中,不乏莆田圣墩(堆)祖庙为妈祖最早显迹之地的记载。南宋廖鹏飞在《圣墩祖庙重建顺济庙记》中提道:"父老异之,因为立庙,号曰:圣墩。岁水旱则祷之,疠疫祟降则祷之,海寇盘亘则祷之,其应如响。"吴自牧的《顺济圣妃庙》记载:"按《庙记》,妃姓林,莆田人氏,素著灵异,立祠莆之圣堆。"丁伯桂在《顺济圣妃庙记》中也提道:"莆宁海有堆,元祐丙寅,夜现光气,环堆之人,一夕同梦曰:'我湄洲神女也,宜馆我。'于是有祠曰圣堆。"大体可以推测,妈祖信仰始于湄洲屿,后显灵于圣墩(堆)。在朝廷首次敕封妈祖之前,东南沿海福建莆田一带已崇奉妈祖,福建籍官员、船员将妈祖信仰带上了出使船只。原先扶危救难的民间神灵因有功于国,才有后来的路允迪出使高丽安全返回后为妈祖请封的记载。

二、妈祖生平相关传说

吴越地区流传的《妈祖默娘》《妈祖娘娘》《天后宫》等传说各有侧重,但核心情节相似,主要由神奇出生、海上救难、显灵圣迹、羽化成神等情节构成。

神奇出生:《妈祖默娘》[1]传说中的林默出生于官宦之家,父亲林愿(字惟悫),母亲王氏。他们心地善良,膝下四女一儿,儿子患有哮喘,因此林愿焚香祷告祈求再赐一个儿子。某天王氏梦见观音菩萨托梦,赐一丸,服下当得慈济之赐。王氏醒来,果见枕边一黑色小丸,吞服后,不久有了身孕。王氏分娩时,天边飞来一道红光,耀眼夺目,空气中弥漫着香气,随后生下一女婴。女婴自出生到满月,从未啼哭,林愿为她取名林默,乡人亲切称呼她为默娘。

妈祖总是在泛海者最需要的时候出现在海上,扶危救难,除妖惩恶,救海难者于苦难之中。在吴越地区相关传说中,妈祖始终保持着邻家姑娘的

---

[1] 李夕聪:《中国海洋故事·传说卷》,中国海洋大学出版社2018年版,第109—117页。

可亲可敬,习水性,常常往来于海上,救助遇难船只,如上海崇明岛流传的《娘娘庙》[①]。该传说一开始便模糊了妈祖的身世信息,相传一户渔民生有一儿一女,儿子跟着父亲出海捕鱼,女儿跟着母亲在家纺纱织布。某天晚上,女孩正在织布,突然没了织布声,母亲前去探个究竟,发现女孩趴在织布机上睡着了。母亲见状,就在女孩后脑上打了一下,醒过来的女孩伤心不已。原来,她刚才梦见父兄的船只在大洋中颠覆,女孩赶去相救,咬住父亲的衣服,双手拽住哥哥,却被母亲打醒。女孩嘴巴一松,父亲掉入了海里。后来,独自回来的哥哥证实了女孩所述之事。女孩离世后,当地渔民为其造庙塑像,祈祷出海平安。

宁波象山的《妈祖娘娘》[②]传说开头就交代了妈祖原籍福建,后来随父母迁居到象山石浦的东门岛,以讨海为生。一日,兄弟俩随父亲出海,妈祖照例在家收拾家务。扫地时,她突然僵直站立,牙齿紧咬,双臂伸开,拳头紧捏。此时,妈祖的母亲刚好从灶房出来,连忙叫唤妈祖。惊醒后的妈祖对母亲说,刚才梦见父兄所乘坐的船翻掉了,情急之下,她只得用嘴巴衔住父亲,双手各抓一个兄弟,但是母亲的一声叫唤吓得她嘴巴一张,父亲不幸被海浪卷走。夜里,兄弟俩摇着船回家,证实了父亲的死讯。消息传开后,乡人都称妈祖是神女。每年三月三,东门岛人总是要到天妃宫拜妈祖娘娘,祈求出海平安。

流传于台州温岭的《天后宫》[③]与宁波象山、上海流传的妈祖传说相似。这些妈祖传说,无一例外的,都是将妈祖设定为渔家姑娘出身,从小表现出异于常人的神异能力。某次,父亲和兄长出海遭遇风暴,正在织布或扫地的妈祖元神飞向遇难船只,嘴巴衔住父亲,双手各抓一个兄弟,被母亲不小心

---

① 施仲君、黄文元:《中国民间故事丛书·上海崇明卷》,知识产权出版社2016年,第90页。
② 郑辉:《中国民间故事丛书·浙江宁波象山卷》,知识产权出版社2015年版,第38—39页。
③ 《浙江省民间文学集成·台州地区故事卷》,浙江文艺出版社1991年版,第295—296页。

惊扰后,父亲落入海里。民间传说之所以将妈祖身份从官宦之女改编为渔家之女,一是更加突出妈祖的可亲可敬,她犹如邻家女孩一样聪慧、善良,默默守护着家人;二是从救父兄扩展为救助没有血缘关系的过往商客、船员,妈祖扶困救难的品格更加深入人心。

海上救难:关于林默预卜生死祸福能力,一说来源于从小的生活环境,其父林愿负责海疆巡查,耳濡目染之下,林默也精通驾船、挽缆和纺织。另一说得益于母亲王氏的教导,林默从小聪明伶俐,王氏教她读书识礼,念诵经文,观测天象。到了七八岁,林默就能辨星宿、识潮音。还有一说是偶遇神仙(也有说观音菩萨),被授予玄微秘法或法宝。在《妈祖默娘》传说中,林默与女伴们出游,遇仙人赐铜符,并嘱咐遇到险情时,念符上的咒语,便能逢凶化吉、收服妖怪。

显灵圣迹:东南沿海一带,多有台风、旱涝发生,林默从小就立志为民解难。民间盛传的求雨解旱情、收服海怪、拯救触礁船只等,这些非寻常人所能完成之事,都表现了妈祖半人半神的神灵属性。某年,莆田大旱,乡人求助林默,她建议乡民一起祈雨,第二天申时一到,果降大雨。一次,林默在研读铜符时,得知海怪晏公带着千里眼、顺风耳在海上兴风作浪,立即驾舟追去,在观音派来的善财、神女助战下,收服了海怪,从此名声大噪。东南沿海往来船只,大多受到了妈祖庇佑。某日浙东商船到闽南经商,正值潮雾弥漫,经过峡口时不慎触礁,船上人员哀号相救。林默摆好香案,口中念念有词,拿起一把筷子(也有说随手抓起一把稻草),急步来到海边,将筷子朝着呼救方向一撒,筷子变成无数根大杉木,依附在触礁船只周围,漏船得以安全靠岸。

羽化成神:林默在她二十八岁那年,来到海边,乘着一朵彩云,飞上了天空。羽化成仙后的她,常常托梦显灵,降福于民。还有一说是,在她二十八岁那年,冒着风险去海上救人,不幸遇难,受她帮助的乡亲纷纷出资为她建祠庙。

第二节 妈祖传说类型

妈祖信仰自产生初期,便具有鲜明的海洋特征,从拯救危难船只、免除海寇相扰到保护漕运等,满足了依靠海上交通、贸易、渔业为生的普通民众的多样需求。随着神女灵应传说的不断叠加,其影响范围也越来越广,由最初的莆田地区,从南到北逐渐扩展到沿海岛屿、江河水网、运河商路等这一极广大的区域。

一、海上救难传说

妈祖海上救难传说的初始阶段,其传播范围大体限于其家乡及附近地区,神迹以救助小规模的落难船只和民众为主,神女、龙女是这一时期民间对她的称呼,妈祖的海神地位尚未形成。廖鹏飞《圣墩祖庙重建顺济庙记》所记:"……疠疫降则祷之,海寇盘亘则祷之,其应如响。故商舶尤借以指南,得吉卜而济,虽怒涛汹涌,舟亦无恙。"

妈祖的神格主要表现为保护航海安全。北宋宣和五年(1123)官方记载的波神,实则妈祖,经路允迪奏请朝廷,宋徽宗赐额"顺济",妈祖的影响范围开始走出家乡及附近区域,其作为沿海影响最广的海神之一的地位开始确立。历史最早记载护佑航海安全圣迹的是北宋徐兢的《宣和奉使高丽图经》。该书记载了北宋宣和五年(1123),朝廷派遣以路允迪为首的庞大使团出使高丽。回程中,遇险情得妈祖护佑才转危为安。根据《宣和奉使高丽图经》卷三十四记载,当船队回程航行至黄水洋深处,发生重大险情。在卷三十九《海道六》再次提及此险情:"比者使事之行,第二舟至黄水洋中,三柂并折,而臣适在其中,与同舟之人,断发哀恳,祥光示现。然福州演屿神亦前期显异,故是日舟虽危,犹能易他柂。既易,复倾摇如故,又五昼夜方达明州定

第六章 妈祖信仰与传说

海。比至登岸,举舟癯悴几无人色。其忧惧可料而知也。"正是妈祖"祥光示现",舟虽危,犹能易他舵。回朝后的路允迪奏请朝廷,宣和五年八月宋徽宗赐额"顺济"。这是历史上朝廷对妈祖封赐的第一次记录。妈祖护航直接关系着宋代的经济与海外贸易,对宋金对峙下的南宋社会,则意义更大。从此,妈祖信仰走出莆田湄洲,逐渐为世人熟悉并崇奉。

到了元代,妈祖信仰随着海运传入北方,其影响范围几乎遍布沿海城市,并深入内陆地区。南海女神是这一时期对妈祖的又一称呼,这一称呼在某种程度上提升了妈祖作为海神的地位。

妈祖海上救难传说具有一定的历史延续性,故事大致写航海途中面临危难时,舟人齐声呼号,向妈祖(亦称天妃、天后)求救,妈祖显应救援,使陷入绝境者获救。此类故事的传播牢固树立了其作为航海保护神的地位,进而演化为妈祖神格的核心构成。妈祖在海上显应救助的方式通常有两种:一种是在桅樯上出现灯火,即所谓"妈祖火"。宋代,常见的妈祖形象为穿朱衣、飞翻海上。根据清代赵翼的《陔余丛考》卷三十五《天妃》记载,"宋雍熙四年二月二十九化去。后尝衣朱衣往来海上,里人虔祀之"[①]。乾隆《兴化府莆田县志》卷三十二记载,"是后,常衣朱衣,飞翻海上,里人祠之"。由红衣进而抽象演化为红灯、红火、红光见于桅杆之上,成为妈祖海上救援的另一外化显现。清袁枚《子不语》卷二十四《天妃神》记载:"乾隆丁巳,翰林周煌奉命册立琉球国王。行至海中,飓风起,飘至黑套中。水色正黑,日月晦冥……忽见水面红灯万点,舟人狂喜,俯伏于舱,呼曰:'生矣!娘娘至矣!'果有高髻而金环者,甚美丽,指挥空中。随即风住,似有人曳舟而行,声隆隆然,俄顷遂出黑洋。"[②]舟行海上,遇滔天波浪、重重迷雾而陷入险情之时,忽见前方显现"红光""神光",宛如点亮一盏不灭的航灯,风止波平,给泛舟之人以前行的动力。

---

① 〔清〕赵翼著,栾保群、吕宗力校点:《陔余丛考》,河北人民出版社1990年版,第625页。

② 〔清〕袁枚:《子不语》,长江文艺出版社2019年版,第359页。

另一种救援方式是"送顺风"。明代王圻编撰的《稗史汇编》卷一三三《祠祭门·百神下》收录了《天妃救厄》故事。"嘉靖壬辰,上遣正使吏科左给事中陈侃、副使行人司行人高澄赍捧诏敕前往琉球。八月,侃等治装戒行,飞航万里,风涛叵测,用闽人故事祷于天妃之神。将至其国,逆风荡舟,罅缝皆开,以数十轳铲引水,水莫能御,齐呼天妃而号,俄顷风定。寻罅塞之,舟乃得达及还解缆。越一日中夜风大作,桅折舵毁,舟中哭声震天,大呼天妃求救。俄有红光若烛笼自空来,舟人皆喜,舟果少宁。"①根据记载,陈侃等人顺利完成出使任务,得益于妈祖相助。无论是妈祖持神灯现身照亮航向,还是送顺风使得船只安全抵岸等救援方式,都与航海途中经常遭遇的自然灾害息息相关。

二、抗击海寇传说

从航海保护神的亲人到泛舟之人,妈祖保护的对象逐渐泛化,从个人亲情相助向着广义的救人助人,从救助海上遇险、消除疾病等护民之举,进而扩展为与海寇、金兵斗争的护国之举。丁伯桂所撰《顺济圣妃庙记》记载,"海寇入境,将掠乡井,神为胶舟,悉就擒获"②。程端学所撰《灵慈庙记》记载,宋绍兴三十年(1160),"海寇啸聚江口,居民祷之,神现空中,起风涛烟雾,寇溃就获"③。宋乾道三年(1167),海寇侵扰,官兵数次围歼失利后,得妈祖神助而获胜。宋嘉定十年(1217),海寇再次侵扰,官兵又得妈祖相助,擒寇首而胜。南宋时期,妈祖传说中还有不少抗金平寇故事分支,《顺济圣妃庙记》还记载一段妈祖抗金故事:"开禧丙寅,金寇淮甸,郡遣戍兵,载神香火以行,一战花黡镇,再战紫金山,三战解合肥之围。神以身现云中,著旗帜,

---

① 〔明〕王圻:《稗史汇编》,北京出版社1993年版,第2054页。
② 蒋维锬:《妈祖文献资料》,福建人民出版社1990年版,第11页。
③ 同上,第40页。

军士勇张,凯奏以还。"①南宋曾遣福建莆田籍军士到江淮地区作战,得天妃佑助,大获全胜。妈祖为国助战的战神形象稍晚于航海保护神形象,其神职的拓展与当时历史背景不无关系。妈祖助宋抗金及对剿灭海上盗匪的助战,对军事上处于弱势地位的北宋末期及南宋社会,其意义可谓深远。

三、保护海运传说

妈祖的神职在元代有了新的拓展——保护海运。元定都大都之后,每年所需粮食和物资,主要由江南供给。为了把江南的物资源源不断输往北方,又要避开水旱兼行的漕运,海运路线的开发成了不二选择。元代先后开辟了三条海运航线,前两条以失败告终,第三次航线是至元三十年(1293),"从浏家港入海,至崇明州三沙放洋东行,入黑水洋,取成山,转西,至刘家岛,又至登州沙门岛,于莱州大洋入界河"②。这条航线相比前两条,其优势在于进入黑水洋后,因与潮流吻合,减少了海运时间和成本,成为元代海运的主要航道。之后该航线又南拓至福建东南沿海,其成功无不仰仗妈祖"护海运有奇应","……妈祖信仰在惊涛骇浪的颠簸中被其信徒们由东南循海运航线北上传播,扩大了影响,且凡海漕经过的沿海省份,无不建有妈祖庙"③。根据程端学为鄞县天妃庙撰写的《灵慈庙记》记载:"'至顺三年夏,予押运至莱州洋,夜半风大作,祷之见神像,转逆以顺,是岁运舟无虞;其随感而应类此。'神之庙始莆,遍闽浙。"④

元代漕运发达,因庇护漕运有功,妈祖由夫人、妃加爵至天妃,追加护国、明著、庇民、广济、福惠、辅圣等封号。延祐《四明志》卷一五《祠祀考》记录有延祐元年(1314)十月钦奉制书:"爱人利物,神克著于重溟;崇德报功,

---

① 蒋维锬:《妈祖文献资料》,福建人民出版社1990年版,第11页。
② 《中国海洋文化·江苏卷》,海洋出版社2016年版,第221页。
③ 曲金良等:《中国海洋文化基础理论研究》,海洋出版社2014年版,第125页。
④ 同①,第41页。

礼宜增于异政。肆颁纶命,用举彝仪。护国庇民,广济明著。天妃林氏,圣性明通,道心善利。当宏往纳来之际,有转祸为福之功。祥飙送帆,曾闻瞬息;危樯出火,屡闻神光。有感必通,无远弗届。顾东南之漕引,实左右其凭依。不有褒恩,曷彰灵迹?于戏!爵以驭贵,惟新懿号之加;海不扬波,尚冀太平之助。可加封护国庇民广济明著天妃。主者施行。"①至元朝后期,漕运沿途修建的天妃庙就有十多处。

第三节 妈祖传说的播衍

妈祖传说最初流行于莆田沿海一带,随着时间推移,信仰圈扩及至全国。妈祖信仰始于莆田,但兴于泉州,可以说,妈祖信仰的发祥正应了泉州海外贸易发展的需要。尤其是宋哲宗元祐二年(1087),泉州设市舶司之后,海外贸易的发达也相应推动了妈祖信仰沿着北线和南线传播至全国。妈祖出生地为湄洲,湄洲湾是南北海路的重要通道。航海保护神妈祖诞生于此与湄洲地理优势有着密切关系。

一、妈祖传说播衍的成因

(一)与北宋以后频繁的海事活动有关

宋元时期发达的海洋贸易,很大程度上推动了妈祖信仰在全国的传播。妈祖信仰北上的首站是浙江。福建与江浙一带商人素有频繁的商贸往来,随之传入的还有妈祖信仰。宁波是妈祖信仰传入较早的一站。宁波最早的妈祖庙可推溯至宋绍熙二年(1191)。至正《四明续志》卷九《祠祀》记载:"神

---

① 浙江省地方志编纂委员会:《宋元浙江方志集成》,杭州出版社2009年版,第4311页。

之庙始莆,遍闽浙。鄞之有庙,自宋绍熙二年,来远亭北。舶舟长沈法询往海南遇风,神降于舟以济。遂诣兴化,分炉香以归,见红光异香满室,乃舍宅为庙址,益以官地,捐资募众,创殿庭像设,有司因俾沈氏世掌之。"杭州的顺济圣妃庙建于宋宁宗开禧年间(1205—1207),建庙的缘由,最初相传是因为监丞商公份尉崇德白日感梦而建。此后,妈祖信仰又沿途北上至江苏。宋嘉定年间(1208—1224),楚州安抚使贾涉在淮安城内西南隅建灵慈宫(后改称为天妃宫)。淮安作为南宋北疆,曾征兴化兵到此戍守,此庙很可能专为兴化兵而建,这也是南宋时期地处最北的妈祖庙。妈祖因祈降甘霖、护航平安、驱逐海盗等灵迹,而深受船夫舟子、航海者崇信,对照两宋时期天妃宫的分布情况,丁伯桂《顺济圣妃庙记》所言,"神虽莆神,所福遍宇内,故凡潮迎汐送,以神为心;回南簸北,以神为信;边防里捍,以神为命;商贩者不问食货之低昂,惟神之听",并非夸张之辞。

妈祖从民间海神上升为国家神祇,其核心神格如海上护航、抗击海寇等,直接与宋代的经济、军事生命线相关。由于妈祖多次显应,仅南宋受封次数就多达十四次,这在妈祖受封史上都是较为罕见的。元代,妈祖庇护海运漕运有功,继续加封七次,天妃地位更加突出。明初的海运、河运依旧发达,受封两次。明洪武五年(1372),明太祖敕封妈祖"孝顺纯正孚济感应圣妃"。随着郑和下西洋壮举的实现,妈祖在航海保护中的显应事迹广为传播。明中叶以后,大规模海事活动的减少,对妈祖的敕封频率也放缓。清代,受封仅为三次,但对妈祖的祭祀达到了新高度。回顾妈祖在宋元明清时期的册封史,"从宋高宗绍兴二十六年(1156)起至清朝,历代皇帝先后 36 次册封,封号由 2 字累至 64 字。爵位由'夫人''妃'至'天妃',立庙京师。而至清康熙二十三年(1684)封'天后',并列入国家祀典,进行春秋祭祀"[①]。

(二)与福建水手、船员在航海领域中的优势密不可分

妈祖在两宋的册封经历了由赐庙额到封夫人,再到封妃,而官方首次赐

---

① 王青:《海洋文化影响下的中国神话与小说》,昆仑出版社 2011 年版,第 201 页。

庙额缘起于路允迪出使高丽。宋徽宗宣和五年(1123),给事中路允迪奉旨出使高丽。八艘大船航行在渤海之上,遇海难,七艘覆灭,惊恐万分之中,路允迪闭目祷告,得见红衣神女站在船樯上。路允迪之所以将海波不兴归功于妈祖,应该与船上大量的福建籍官员和船员有关。据廖鹏飞记载,向路允迪具道神女之详的便是福建籍保义郎李振。顺利完成出使高丽任务的路允迪上奏请封,引起宋徽宗的注意并亲赐庙额"顺济",也就不足为奇了。

(三)与福建籍商人、渔民等群体迁居有关

妈祖信仰在传播过程中,"福建等地的商人扮演了非常重要的角色。他们每到一地,便会在会馆或公所内供奉妈祖的神位,虔诚礼拜,祈求妈祖保佑他们航海安全、客居他乡生意兴隆,同时也保佑自己及家人事事顺利,出入平安"[①]。《妈祖留塘头》[②]叙述了福建莆田商船北上,途经黄大洋遭遇台风,触礁沉船。舟山普陀山塘头村渔民救起了落水船员,还帮着修理破损船体。台风过后,船员准备驾船离去,但船老大始终闷闷不乐,因为连日来,一直找寻不到护佑他们航海平安的妈祖神像。塘头渔民一边相劝,一边应承如果找到妈祖像,他们定会虔诚供奉。商队离开的第二天,上塘渔民在沙滩边拾到了木雕妈祖神像,他们随即修筑天后宫供奉之。两年之后,莆田商船又途经塘头,他们一来谢恩,二来请回妈祖。当他们把妈祖神像请进船舱准备返程时,船尚未离开塘头滩涂,天空乌云密布,风雨大作。等候片刻,风歇雨停,可商船刚起锚,洋面又白浪滔滔,船体颠簸不定无法前行。接二连三的风雨来袭,不由得使船队和塘头渔民联想到这是妈祖不愿离开塘头的神迹显现。从此,莆田妈祖神像就留在了塘头。该故事进一步强化了妈祖保佑海波不扬、风恬浪静这一神格。其后套用了"不肯去观音"的核心情节,隐含着莆田妈祖信仰的传播途径,随着商人北上路径,妈祖信仰传播至沿海地

---

① 侯杰、王小蕾:《民间信仰史话》,社会科学文献出版社2012年版,第134页。
② 忻怡:《中国民间故事丛书·浙江舟山普陀卷》,知识产权出版社2019年版,第60—61页。

区及岛屿,并被当地百姓所崇奉。

与上述福建贾商每到一地,就建会馆来供奉妈祖的传播方式不同,温州洞头、苍南地区的妈祖信仰主要随着福建渔民捕捞路线沿途传播。历史上的洞头是闽浙沿海渔民捕捞、生息的理想之地,长期以来,聚集了福建惠安、崇武、莆田、泉州等地的渔民。每到鱼汛期,福建渔民就会驾着渔船到洞头,在北沙、东屏一带的山岙、港湾内搭建茅屋、安顿家眷,然后进行海上捕捞作业。为祈求平安,他们把妈祖神像一起带到了洞头,鱼汛结束后带回。在《石坪天后宫》①中,相传清宣统年间(1909—1911),青田等地遭遇了连日暴雨袭击,水积过多,天后神庙也随之倒塌,天后神像随水漂流到了苍南沿海一带。石坪乡坑南村渔民林朱龙等人出海捕鱼,网得这尊天后神像。从未见过天后神像的林朱龙顺手将之抛弃于大海。然而,在不久之后的一次捕鱼中,他再次捞起了这尊神像。他们觉得过于巧合,便把神像置于船头并祈求鱼虾满舱。渔船行至内岙口,一网撒下,果然收获颇丰。其后天后威灵显赫,有求必应,当地渔民修建天后宫,把天后神像请进了大殿。在苍南,沿海渔村大都建有妈祖庙,称为娘娘宫,每逢妈祖元宵、妈祖诞辰、妈祖升天等节点,都会举办盛大的祭祀活动。

二、妈祖传说的本地化再造

一般而言,民间信仰相关传说要传播得更远,"一是得到国家统治阶级的扶持,二是将神话收集成册,在民间广为流传,让民众对其都有相对统一的认知"②。具体到妈祖信仰,一方面,官方的加封及春秋祭祀让妈祖成为影响最为深远的海洋保护神;另一方面,妈祖不但能保佑风恬波静、助剿海寇,

---

① 黄志林、林子周:《中国民间故事丛书·浙江温州苍南卷》,知识产权出版社 2016 年版,第 68 页。
② 朱培钰:《道教与民间信仰的互动关系——以妈祖信仰为例》,《妈祖文化研究》2021 年第 1 期,第 62—67 页。

还拥有捍御水旱、驱疫祛疾、镇妖避邪、降福于民等显圣事迹,满足不同社会群体的多样需要,与民众的关系也更为亲近。妈祖既不似上古神话中的海神那般神秘怪异,也不似龙王般喜怒无常。她爱憎分明,又对普通民众充满同情,是一位可亲可敬的海神。因此,在妈祖信仰的传播进程中,不同区域民众有选择、有目的地将当地神灵纳入妈祖麾下,或者进行神职的糅合,实现了妈祖传说的本地化再造与接受。

(一)神职的糅合与衍展

妈祖信仰随着元代漕运北上,传入天津后,与观音传说、送子娘娘传说相黏合,受到了妇女广泛崇奉,并形成了"天津皇会"这一独特的民俗文化活动。"在天津妈祖信俗在地化的过程中,女性群体起到了重要的推动作用。在封建时期,女性需要面对沉重的家庭负担以及生育压力,她们最关心的问题就是子嗣的繁衍与健康。在民间传说中,妈祖具有保佑生育、祛病的职能,所以妇女前往天后宫拜妈祖,以求得子、祛病、保平安。而在这个过程中,妈祖司孕育的职能便被放大,其麾下也纳入'送生娘娘''瘢疹娘娘''眼光娘娘'等神灵。"[①]由此妈祖又多了"司孕嗣"的职能,保护妇幼也可以视作妈祖神职中庇民这一核心要义的衍生。

妈祖的神迹主要集中于海上,但在传播过程中,修堤修桥、救灾救疫等民间渴求中不乏神女的相助。关于妈祖助力修堤传说,宋理宗嘉熙三年(1239),钱塘江决堤,江水漫到杭州天妃宫时,水势倒流,得以顺势助堤,百姓皆言此为妈祖助力之功。流传于上海松江地区的故事《神女相助造石桥》[②]讲述了女神现身助力百姓造桥。相传,泗泾北面有两座村庄,东边为张庄,西边为李庄,两村因隔着大河往来极为不便。正当村民一筹莫展之时,

---

[①] 朱培钰:《道教与民间信仰的互动关系——以妈祖信仰为例》,《妈祖文化研究》2021年第1期,第62—67页。

[②] 顾静华:《中国民间故事丛书·上海松江卷》,知识产权出版社2016年版,第74—75页。

第六章 妈祖信仰与传说

河面浓浓水雾之中,一个红衣女子出现,她的美貌引得无数人围观,女子扬言谁能把钱扔到她身上,便嫁给对方。东村、西村财主听闻,轮流投掷大把的钱币,钱似雨点般飞向女子,但只是落在了女子周围。日近西山,钱已积攒了大半舱,等钱堆满整个船舱,女子便驾舟飘然而去。后来,女子将所得钱币全部给了乡亲们造桥,不久后的七月初七,一座九孔石桥横跨在河面上。自此每逢七月初七黎明,人们只要站在桥头,就能隐约看到一位神女驾着小舟含笑而来。

(二)寻找地方神祇与妈祖的共通性

妈祖信仰在传播过程中,利用地方神祇与其自身的共通性,使得当地民众更容易接受新来的海神妈祖。至清代中晚期,妈祖信仰已传入宁波镇海、象山、宁海等地,各地纷纷立庙祭祀。地处象山县南的石浦历来是浙洋中路重镇,石浦延昌原住民不少是福建移民,当地崇奉的妈祖信仰也随之传入。在信奉妈祖的同时,不断演绎着妈祖信仰的本土化。如象山渔山岛信奉的如意娘娘,虽无文献具体记载,但民间更愿意把如意娘娘视作妈祖妹妹。在《如意娘娘》[①]传说中,相传石浦渔山常年有福建人、台州人来珂鱼、铲淡菜。一日,有个台州黄岩来的采贝人落崖身亡。其女从家乡赶来,得知确切落水地点之后,纵身跃入海中。后来,在女孩跳海之处浮现一块木头,当地百姓感其孝心,将木头塑成少女像,筑庙祭祀。塑像神通灵验,有求必应,该庙也被称为如意娘娘庙。与石浦东门岛的天后宫供奉的妈祖一样,数百年来,如意娘娘成为渔山岛渔民的海上保护神。之所以将如意娘娘纳入妈祖信仰的范畴,一来说明外来神灵与本土神灵既有分庭抗礼的时候,更有不断融合、再造的现象;二来姐妹长幼的神格等级差别也折射出岛岸之间的域级和文化品级的差距,也在某种程度上反映了地缘上离岛与内陆的关系。

妈祖神职根据传入地的文化习俗不同而有相应变化,以至于民众将有着相似身份、经历的神祇相混淆。同为少以巫祝为事、由福建传入的临水夫

---

① 郑辉:《中国民间故事丛书·浙江宁波象山卷》,知识产权出版社2015年版,第39页。

吴越海神信仰的传说展演研究

人信仰便是其中一例。临水夫人又称顺懿夫人、陈夫人、陈十四娘娘,原名陈靖姑,一说为宁德古田人,另一说是福州下渡人。她出身于世代行巫之家,从小立志造福妇幼。唐贞元六年(790),陈靖姑在一次抗旱中不幸遇难,年仅24岁,死后成为一名护佑妇幼之神。原为妇幼保护之神的陈靖姑,自从纳入了妈祖传播谱系之中,便有了"天妃妹妹"之称,其神职由抗旱、保护妇幼扩展为除波涛之害,为使者、商旅、渔民等涉海群体保驾护航,海洋显应圣迹也随之播衍。陈靖姑信仰圈主要辐射闽北、浙南,至清代,永嘉楠溪江七十里水路皆建有陈十四娘娘庙或祠。温州竹枝词有证:"呼邻结伴去烧香,迎庙高台对夕阳。锦绣一丛齐坐听,盲词村鼓唱娘娘。"①陈靖姑的"灵验"事迹在地方志书上多有记载,经由传说故事、戏本、鼓词等渲染,在民间不断发酵,陈靖姑转而成为一位跨区域的地方女神。

在《陈十四与茭杯礁》②中,浙江苍南官山岛的外面有两块礁石,名叫茭杯礁,相传为蚌精所化。蚌精张开的两片巨壳,常吞没过往船只。陈十四娘娘经过苍南一带,见波浪翻滚,赶紧画符念咒,挥剑朝蚌精砍去,几个回合下来,仍无法取胜。天上南斗、北斗两位星君正在下棋,在陈十四娘娘劈向蚌精壳时,扔下一粒棋子,正好卡在了蚌壳之间。两片蚌壳再也合不拢,化成了现在的茭杯礁。在《陈十四娘娘斩石蛇》③中,石蛇经常到泰顺一带吃稻花,闹得百姓不得安宁,四处逃难。陈十四娘娘途经泰顺,托梦给逃荒人,明日将斩杀石蛇。第二日,偷吃稻花的石蛇见天上突然乌云密布,慌忙逃回玉苍山。陈十四娘娘见状,手持宝剑在石蛇脖子上连砍三剑。石蛇剧痛难忍潜入了水中,见逃跑无望,又游回陈十四娘娘身边求饶。陈十四娘娘念及石蛇未伤害生灵,便饶过了它。这条被点化的石蛇早起听经、坐禅修炼,最终修炼成为一条苍龙。陈十四娘娘斗蚌精、斩石蛇等降妖神力与妈祖降怪叙

---

① 叶大兵:《温州竹枝词》,文化艺术出版社2008年版,第71页。
② 黄志林、林子周:《中国民间故事丛书·浙江温州苍南卷》,知识产权出版社2016年版,第69页。
③ 同上,第69—70页。

事有几分相似,更为核心的叙事是无论是妈祖还是陈靖姑,都有着相似的经历——平凡女孩识水性、懂法术,多次救民众于危难之中,羽化成仙后依旧济世救人。她们成为善良、仁慈的象征,为沿海民众带来无形的精神力量和安全感。

第七章　龙王信仰与传说

第一节　龙王信仰溯源

吴越地区的龙神信仰大体经历了原始蛇图腾崇拜、龙蛇崇拜融合、龙王崇拜三个阶段。在朝廷的册封和祭祀助推下,龙王信仰在民间持续升温,龙王俨然成为民间对海洋世界统管者的普遍想象。早期龙的形象形成与其预知晴雨有关;其后,人们根据自己的生活体验、爱憎、功利需求,为海洋神灵注入了人情世故、世俗观点,形象而生动地演绎了各类龙王传说。

一、原始蛇图腾崇拜阶段

龙并非世间实有之物,是古人幻想出来的神奇动物。闻一多先生认为,龙"是一种图腾(Totem),并且是只存在于图腾中而不存在于生物界中的一种虚拟的生物……它的主干部分和基本形态却是蛇"[①]。考古发现,吴越地区的良渚文化第三期陶器,无锡鸿山越国贵族墓的青瓷、硬陶乐器、玉器都发现有蛇纹饰。"吴越地区存在一个普遍现象,对远离其日常生活的诸神祭祀崇拜较少……蛇作为一种常出现于吴越先民的视线之中的灵性神祇,备

---

① 闻一多:《神话与诗》,武汉大学出版社2009年版,第20页。

受当地先民的敬畏与崇拜。"①吴越地区曾生活着百越各族,他们以蛇为图腾,文身便是崇蛇、敬蛇的一种表现。《史记·赵世家》记载:"夫翦发文身,错臂左衽,瓯越之民也。黑齿雕题,却冠秫绌,大吴之国也。"另有《史记·越王勾践世家》:"越王勾践,其先禹之苗裔,而夏后帝少康之庶子也。封于会稽,以奉守禹之祀。文身断发,披草莱而邑焉。"古越人断发文身习俗,源于"饭稻羹鱼"的生产劳作,断发以减少水中阻力或危险,更深层的原因在于,文身以像鳞虫可避蛟龙所伤的文化心理使然。《山海经·大荒南经》记载:"南海渚中,有神,人面,珥两青蛇,践两赤蛇,曰不廷胡余。"②《山海经》记载的南海范围大体为今天的江浙一带东海地区,南海之神不廷胡余"人面",以"珥两青蛇,践两赤蛇"作为身体装饰的一部分,珥蛇、践蛇这一外在特征又在一定程度上与古越人的蛇图腾崇拜相互印证。"早期的动物崇拜,主要通过神话传说保留下来。神话中的动物神,多数是邪恶、灾害的化身,它反映了原始人艰难的成长历程和凶险的生活环境,同时也体现了原始人坚强不屈的斗争精神。"③蛇曾是先民恐惧、崇敬的对象,当人们不再穴居或树居时,对蛇的恐惧心理慢慢消退,蛇从神秘的超自然力量演化为可以控制或征服的对象。吴越民间至今保留着祭蛇或驱蛇仪式,可以看作该地蛇图腾信仰的些许遗存。

二、龙蛇崇拜融合阶段

春秋中晚期,吴、越先后占有环太湖地区,成就一方霸业,并带动区内群族加快华夏化。古越人蛇崇拜又融入了龙的全新形象与功能。在先民认知里,怪蛇出没一般预示着大旱或大水。《山海经·中山经》记载:"又西三百

---

① 徐良、聂倩洁:《吴越地区蛇的美术与知识考古》,载《美术学研究(第7辑)》,东南大学出版社2018年版,第99页。
② 方韬译注:《中华经典藏书·山海经》,中华书局2016年版,第344页。
③ 詹鄞鑫:《神灵与祭祀——中国古代宗教综论》,江苏古籍出版社1992年版,第82页。

里,曰鲜山,多金玉,无草木。鲜水出焉,而北流注于伊水。其中多鸣蛇,其状如蛇而四翼,其音如磬,见则其邑大旱。"①《山海经·北山经》记载:"有蛇一首两身,名曰肥遗,见则其国大旱。"②在《山海经·中山经》的这则记载中,鲜山多金玉无草木,鲜水从这座山发源,北流入伊水,水中多有长着四只翅膀、叫声如敲磬的鸣蛇,它所到之处会发生干旱。《山海经·北山经》记载的长着一头两身的肥遗出没时,该国会出现大旱。蛇喜潮湿、草木丛生的自然环境,干旱之时,便会四下寻找水源。先民将干旱与鸣蛇、肥遗等"怪蛇"出没相联系,可视为他们对神秘现象作出的一种解释。东汉王充《论衡·龙虚》认为,"龙无尺木,无以升天"。龙作为"四灵"(麟、凤、龟、龙)之一,身长无足,头上有龙角以区别于蛇,有行云布雨之功能。《山海经》关于"应龙蓄水"与人们对龙能致雨的认知有一定关系。《山海经·大荒东经》记载:"应龙处南极,杀蚩尤与夸父,不得复上。故下数旱。旱而为应龙之状,乃得大雨。"③其大意为,应龙帮助黄帝杀了蚩尤与夸父,用尽神力不能再返回天上。因没有应龙兴云布雨,人间常发生干旱,每当干旱时,人们做应龙形状之物求雨,天就会下雨。《山海经·大荒北经》记载:"应龙已杀蚩尤,又杀夸父,乃去南方处之,故南方多雨。"④应龙杀了蚩尤之后,又杀夸父,于是到南方居住,这也是南方多雨水的原因。两则故事结合读之,大体能得出以下结论:一是应龙因故无法回到天上;二是应龙能兴云布雨,故南下而多雨;三是干旱之地失去应龙的庇护,人们就做应龙形状之物而求雨。

三、龙王崇拜阶段

随着佛教传入,佛经中被称为"那伽"、身长无足、称霸于大海与其他水

---

① 方韬译注:《中华经典藏书·山海经》,中华书局2016年,第160页。
② 同上,第91页。
③ 同上,第337页。
④ 同上,第378页。

第七章　龙王信仰与传说

域的神兽被中国人认可,龙王概念逐渐形成。中国人将其视为与远古"龙"类似的动物,并将"那伽"译作"龙"。"中国传统观念中的龙,尚未充分的人格化,因此,就形状而言,依然是一复合动物的形象,但在印度神话中,Naga 的人格化是非常充分的。比如说,它的基本形象是龙头人形的,它有家族子女,居住在龙宫之中等等,除了一些特殊的能力,其语言行为与一般的人类并无差别。"①佛教中的龙王观念开始渗透至民间龙信仰。宋赵彦卫《云麓漫钞》卷十曰:"……古祭水神曰河伯,自释氏书入,中土有龙王之说,而河伯无闻矣。"自佛教传入后,中土水神河伯渐渐被龙王取代。受此启发,道教创造了东方青帝、南方赤帝、西方白帝、北方黑帝和中央黄帝五帝龙王和东、西、南、北四海龙王。佛教、道教对民间龙王信仰的改造与影响,加之官方的册封,龙蛇图腾崇拜逐渐为龙王信仰所取代。

"历代帝王对龙王推崇和祭祀始于唐代,朝廷正式册封龙王。"②唐代开始,出现祭五龙之制,即青龙、赤龙、黄龙、白龙、黑龙。宋徽宗大观四年(1110),诏天下五龙神皆封王爵,封青龙神为广仁王,封赤龙神为嘉泽王,封黄龙神为孚应王,封白龙神为义济王,封黑龙神为灵泽王。至此,民间沿用已久的龙王概念得到了官方的认可。"沿海民众建庙奉祀海龙王的现象在唐代已有记录,到宋代海龙王才与官方祀典中的四海神画上等号,应是经过一段时间的发展后海龙王获得了坚实的民间信仰基础,再通过宋代朝廷的册封实现了二者的合体。虽然宋代海龙王已成为海神庙的主神,但'海神'及'海神庙'的称呼习惯一直延续到清代。"③宋康定二年(1041),对四海龙王晋封,规定立春祀东海于莱州,立夏祀南海于广州,立秋祀西海、河渎于河中府,立冬祀北海、河渎于孟州。南宋,东海莱州为金国统治,东海祭祀的地点改为明州定海县,并加封东海海神为"东海渊圣助顺广德王"。元朝,立春日恢复莱州祭祀,改祀北海于登州。可以这么说,不论是官方还是民间,海龙

---

① 王青:《海洋文化影响下的中国神话与小说》,昆仑出版社 2011 年版,第 128 页。
② 曲金良等:《中国海洋文化基础理论研究》,海洋出版社 2014 年版,第 116 页。
③ 乔英斐:《中国龙王信仰的发生与定型》,《民俗研究》2022 年第 1 期,第 83—93 页。

吴越海神信仰的传说展演研究

王在宋代已与四海神画上等号,虽然宋以后依旧延续了四海神这一惯用称呼,但海神庙的主神实为四海龙王。

随着海神形象日趋人格化,龙蛇图腾崇拜渐渐淡化,早期龙神"施云布雨"职掌与佛教"咒龙祈雨"功能相叠加,进一步推动着龙王信仰在民间的流布。南宋以后,龙王信仰逐渐达到高潮,以至于民间有只知四海龙王,即东海龙王敖广、南海龙王敖钦、西海龙王敖闰、北海龙王敖顺,而不知四海海神存在的现象。龙王不仅仅统治着四海海域,且江河湖泊、小溪潭渊都有龙王的存在。"……龙王的地方性特点很强,通常与特定的水域联系在一起,一口井、一汪泉、一条河都会有自己的龙王,龙王主要是管控其领地的降雨和水域,不会随附远赴异地他乡的人们,所以龙王在宋代的崛起可能与传播的关系不大,更可能是龙王作为自然神原本就在各地已经拥有了固定的信众,借助朝廷封赐获得了更加显耀的地位和更多关注,这同时推动了各地龙王庙的进一步兴建,使龙王信仰呈现出全国普及的态势。"①龙王信仰在宋代的崛起,借由较为普遍的民间崇奉,再通过朝廷敕封获得更为显赫的地位,其在民间的传播更是快速升温,而龙王庙里供奉的龙王早已褪去复合动物形象,呈现栩栩如生的人形,人格化特征愈趋明显。

追溯吴越地区的龙王信仰源头,大体是原始蛇图腾崇拜融合了中原龙文化,又在佛教龙王(那伽)观念影响下的再造产物。这也从侧面反映了吴越地区海神谱系的复杂性及其对外来神灵的接纳与改造。吴越龙王信仰在无形中影响、规范着吴越地区沿海百姓的行为,从日常的吃穿住行到婚丧嫁娶,从生产劳作到思维模式,都留下了痕迹。舟山岱山渔民在鱼汛开始前,会事先在龙王庙里供奉鱼、肉等祭品,以示敬意。渔船出海前,会敲锣打鼓把龙王神像或是供奉在庙里的龙王旗请上船,船老大或船主在船头用丰盛礼品供祭龙王,上香燃烛、倒酒倒茶,行跪拜祈祷仪式,祈求海龙王保佑人船平安、出海丰收。桃花岛渔民请的也是海龙王,仪式程序之严谨,祭品种类之繁多,足见对海龙王祭祀之隆重。"船老大在上香燃烛、敬酒奉茶后,点燃

---

① 乔英斐:《中国龙王信仰的发生与定型》,《民俗研究》2022年第1期,第83—93页。

三只炮仗迎接龙王爷的到来。龙王请到后,船老大跪拜祈祷、焚烧金箔,再放三通炮仗,送龙王回到海里归位。"吴越沿海百姓不仅在出洋、谢洋祭祀海龙王,在人生礼仪、日常生活中也保留大量的龙王信仰:婚礼中要拜龙王,出海劳作时习惯穿龙裤,岁时节令时划龙舟、舞龙灯、唱龙灯歌助兴。在舟山渔区,渔民将船首、船尾、船舱和桅杆等各部位漆成各种颜色,并赋予其神性。整条船的装饰似海中蛟龙,其目的在于与龙王结缘,避免因惹怒海龙王而招致祸害。舟山地区流传着一首行船曲:"两只龙角浪里翘,高高低低迎海潮,船头喝的绍兴酒呀,船尾放的海底鹨。翘呀翘来摇格摇,笛子吹出龙女调,抲鱼老倌多开心哪,拳头豁豁踏高跷,气得龙王攒纱帽,从此不再上早朝。"①这首行船曲所唱的渔船被精心装饰成"龙"的形象,在风浪里劈波斩浪,气得海龙王"从此不再上早朝"。抲鱼人"拳头豁豁踏高跷"揭示了渔民对龙王既崇拜又恐惧,既顺从又反抗的复杂心理。从这个意义而言,在船身绘上神鱼如"海鳅""鲛鱼"等图案,其神性功能与船体的龙形装饰相似。

第二节　龙王传说类型

龙神早期形象的神秘性和复合性,在传播过程中趋于淡化。随着世俗观念、人情世故的不断注入,出现了越来越多充满浓郁生活气息的龙王传说。第一类是海上救护传说,传统观念中的龙是掌管雨水之神,佛教传入后兴云布雨的职能被再次强化,在吴越濒海地区,龙王被赋予了海上救护、平定风暴等职掌。第二类是制伏龙王传说,传统文化中的龙象征着至高无上的权力,然则佛教影响下的龙王低人一等,挑战制伏龙王传说在民间流传甚广。第三类是龙王报恩传说,在龙宫藏宝的想象刺激下,求宝故事、龙女报恩故事也不少。

---

① 《舟山海洋龙文化》,海洋出版社1999年版,第107页。

一、龙王海上救护传说

在沿海民众的想象中,海龙王往往与施云布雨、渔业丰歉、海上救护等职掌相联系。《南明野史》卷中记载:"成功会师浙海,以前少司马张煌言为监军,北上抵羊山。羊山故有龙祠,海舶过者致祭,必以生羊……"羊山指的是洋山,船舶过龙王庙时,以羊致祭以祈航海平安。

流传于台州的《九龙造天台》①是一个关于地方起源的传说。相传,东海的风雨由东海龙王和他的九个儿子职掌,但是他们每次出来布云兴雨时,狂风四起,浪涛汹涌,出海打鱼的渔民如果躲之不及,便是船沉人亡。某日,龙王最小的儿子轮值,海中刹那涌起巨浪,有渔船躲之不及触礁沉没。小龙很自责,彻夜未眠想办法。他和几个哥哥商量每人献出八片龙鳞,化作一朵硕大的莲花,让出海渔船躲避风雨。此事被王母娘娘知晓,她借口九龙违反天条,将莲花占为己有,九龙也被打入了天牢。没了莲花庇护的渔民再次陷入风浪的侵袭之中。天庭中看管九龙的红桃和碧桃二仙子感动于他们的义行,冒着自己受罚的风险取回莲花并释放了九龙。王母随即派出天兵天将追讨莲花,双方打得难分伯仲时,只听见一声巨响,海水消退,原来莲花停放的地方升起了一座莲花状大山,因"顶对三辰,上应台宿",故名"天台山"。流行于上海松江地区的《黑鱼弄与白龙潭》②的主要情节为,大黑鱼为非作歹,东海小白龙决心为民除害,正面迎击大黑鱼。一场恶斗之后,小白龙体力不支,大黑鱼趁机偷袭,躲闪不及的小白龙跌入深潭。小白龙为民除害的英勇之举印刻在当地百姓的记忆之中,相传小白龙掉落的深潭总是清澈见

---

① 《浙江省民间文学集成·台州地区故事卷》,浙江文艺出版社1991年版,第200—203页。
② 顾静华:《中国民间故事丛书·上海松江卷》,知识产权出版社2016年版,第66—67页。

底,遂被称为"白龙潭"。类似的传说还有舟山六横岛流传的《龙头跳》[①],相传东海六横岛常有海怪出来作恶,岛上百姓受尽苦难。东海龙王得知之后,勃然大怒,令黄龙、青龙前去制伏。两条龙驻岛之后,黄龙为百姓除妖驱邪,青龙为百姓化雨润土,一年四季风调雨顺、五谷丰登。岛上百姓每逢正月十五夜,家家户户悬挂龙灯,祈祷神龙保佑平安。

吴越渔民出海前请龙王仪式,很大程度源于龙王统治一方水域,事关鱼盐之利。《老龙扪鱼》[②]讲的是普陀郑家山附近海域老龙帮助孤苦寡妇捕鱼的故事。某日,老龙看到一个女人抱着未满足岁的小囝痛哭,化身为老人,上前询问缘由。原来女人的老公是扪鱼人,出海遇风暴不幸遇难,留下孤儿寡母日子难过。老龙提议给寡妇做帮工,吃住在船上,而扪来的鱼货全归寡妇。老龙修好船,补好网,雇了几个伙计,等寡妇送来食物就开船出海捕鱼。到了洋面,老龙躺在船舱里吃吃糯米块,睡睡觉,一天下来只捕到了一网梅子鱼。伙计们都在心里犯嘀咕,回去如何交代。可是船到了埠头,伙计们把舱盖一掀,满满一船黄鱼。原来,老龙看似在船舱里睡觉,龙身早就潜入海底去赶鱼。如此,每日一网黄鱼,直到夏汛结束时,老龙才辞别孤儿寡母,回到他的管辖之地郑家山。类似的传说还有《老龙割稻》[③],只是生产场景将出海捕鱼换成了下地割稻。这类龙王护佑出海平安、渔业丰收传说,塑造了一个有情有义、善恶分明的龙王形象,虽然掌管的水域有限,但因为能感同身受当地老百姓的喜怒安乐,而深受大家的崇敬。

二、制伏龙王传说

"在龙王的传说中,海神的原始神性已逐渐消失淡薄,龙神逐渐政治化、

---

① 忻怡:《中国民间故事丛书·浙江舟山普陀卷》,知识产权出版社 2019 年版,第 201—202 页。
② 同上,第 181—182 页。
③ 同上,第 182—183 页。

法权化。而值得注意的是,龙王的地位越是显赫,他在神话传说中的形象也越差,多以凶暴、威厉的面目出现。"①在民间传说中,龙有善恶之分,善龙兴云致雨、利航利灌,庇护世间谷物丰稔、出海平安;而恶龙起疾风恶浪,导致五谷散坏、海上遇险,故而沿海百姓赞颂、祈求海龙王之余,不乏嘲讽、蔑视龙王权威的传说。浙江绍兴的《舜王和神龙的传说》②讲述了被金项圈锁住身体的两条恶龙,骗过舜王,为其解除了项圈。等舜王熟睡后,两条恶龙潜入水中兴风作浪,导致堤岸决口,村民死伤无数。舜王醒来后,作为惩罚,砍去了恶龙双翼。受大禹治水神话影响,《梅梁和梅龙桥》③讲述了绍兴禹庙中的梅龙保境安民、制伏海中孽龙的故事。宁波奉化地区流传着《燥龙潭岗的传说》④,龙潭岗龙王收受商人供奉于龙王庙的"贿赂",深夜风雨大作,冲毁了溪水两岸的人家。时隔一年,村里搬来了神秘的婆孙二人。小男孩得知龙王罔顾周围百姓安危兴风作浪,口中念念有词,将之变成筷子般大小的软体虫子。变形后的龙王失去了施雨职掌,只能乖乖待在了水塘里。与龙王由小变大显现真身,腾云驾雾布云施雨不同,这是一则违禁惩戒叙事,恶龙违反禁忌被惩罚,身形由大变小,成了普通的水族动物。

《斩蟒射蛟》⑤是一个极为精彩的地方传说,讲述了戚继光斩蟒射蛟传闻。戚继光在台州抗倭时,因夏夜炎热无法入眠,便身披薄甲、腰悬佩剑,走去海边岩石处纳凉。海中巨蟒见大石上睡着一人,张开血盆大口将其连衣带剑吞入腹中,此人正是酣睡中的戚继光。惊醒后的戚继光,抽剑猛刺,划开蛇腹而出。巨蟒负痛窜入海中,一番激斗之后,被戚继光斩杀。第二日夜

---

① 舟欲行、曲实强:《涛声神曲——海洋神话与海洋传说》,海潮出版社2012年版,第32—33页。
② 《浙江省民间文学集成·绍兴市故事卷(上)》,中国民间文艺出版社1989年版,第48—50页。
③ 同上,第347—348页。
④ 陈引轮:《中国民间故事丛书·浙江宁波奉化卷》,知识产权出版社2015年版,第153—154页。
⑤ 《浙江省民间文学集成·台州地区故事卷》,浙江文艺出版社1991年版,第81—82页。

第七章 龙王信仰与传说

晚,东南海面出现一怪物,摇头摆尾鼓浪而来,戚继光急忙拉弓搭箭,不偏不倚射中"怪物"巨眼。此物回头逃窜,海面瞬间掀起狂风、下起暴雨,战舰摇摆不止,水兵站立不稳。戚继光目睹此景,恩威并施,站在船头,仰空念道:"戚某奉旨在此抗倭击贼,仗圣上宏恩,赖将卒合力,倭贼渐见平顺。但昨宵有逆蛇为害,被某手刃;今夜又有怪物现形,必是孽类寻衅。故发矢先伤其目,惊戒勿伤众生。来者如是邪物,宜速隐身藏形,毋损我战船,吓我弟兄;如属神物,亦须念某箭出无心,候某还京奏明圣上,请旨册封。"念罢,只见雷光骤收,雨息风止,嗣后不再有动静。这条被射伤的怪物实为"龙",后北窜到临海桃渚,隐入深潭,人们称之为"桃渚龙",因被射瞎了一只眼睛,又叫"桃渚独眼龙"。

　　吴越濒海的自然环境使然,人们往往将海潮等海洋自然灾害与龙王发怒相关联,制伏龙王之法除了取悦、讨好,更有选择主动反抗或挑战的,而最为老百姓津津乐道的自然是智慧取胜、以弱取胜的叙事模式,如《海娃斗龙王》①。相传海边的海娃和海里的小龙王同年同月同日生。双方之间的恩怨斗争,使得沿海村庄形成一个独特风俗,即渔民出海戴耳环,冬天饮用金耳环煮过的水抵御寒冷。因为东海小龙王和海娃同日出生,长相相似,龙王娘给小龙王戴上金耳环以示区别。自从小龙王戴上了金耳环,渔民出海捕鱼总是空网而返,空船而返。海娃得知渔民遭遇,睁大眼睛往海里探看,大体明白了几分,他建议渔民也戴上耳环。但是渔民个个穷得叮当响,根本拿不出金子做耳环。好在家家都有铜器,铸成耳环戴上,果然出海鱼虾满舱。原来那些虾兵蟹将只认耳环不认面孔,知道此事的小龙王气急败坏地取下一只耳环,并传谕从今往后,戴一只耳环的是真龙王,见着戴两只耳环者格杀勿论。小龙王的计谋自然瞒不过海娃,他告知乡亲们赶紧取下一只耳环,出海的渔民依旧鱼虾满舱。小龙王的阴谋落空,发誓要借北海冰山冻死沿海百姓。相传金银煮过的水有御寒功能,渔民佩戴的铜耳环无法抵御严寒,小

---

① 季忠新:《中国民间故事丛书·江苏南通启东卷》,知识产权出版社2016年版,第204—206页。

吴越海神信仰的传说展演研究

龙王便出此恶毒伎俩。海娃赶在冰山降临之前,让村民拼凑、打铸金耳环,煮汤饮服保大家平安。该地渔民出海戴耳环相沿成俗。在《渔翁斗龙王》①传说中,三太子私自携带镇海宝印出游致使丢失。虾兵蟹将四处寻找,终于在茅草冈发现了宝印的踪迹。龙王翻云覆雨,试图淹没茅草冈以夺回宝印。但宝印所含的定风珠有平息风浪之神力,龙王使尽各种招数也无济于事。僵持之下,舸鱼老头提出交换宝印的三个条件:一是不许兴风作浪,二是潮水涨落有时,三是每日敬献海货万担。龙王急于取回镇海宝印,只得气急败坏地逐一答应。虽说海龙王掌管四方海域,却受天庭的管制,对上唯唯诺诺、战战兢兢,不然丢了宝印的海龙王也不至于如此惊慌失措。

在民间文化中,老百姓对深广无际的大海怀有神秘印象。入海求龙女叙事承载着人们对美好生活的向往,但是龙王不肯轻易把龙女嫁给人间小伙子。这时,主人公会通过煮海宝逼迫龙王屈服。宝贝能使大海震荡,产生烧干或是吸干海水的巨大威力。这种借助日常器物以伏龙的传说,蕴含着人们试图征服大海的刚健奋发的精神,且与《山海经》"精卫填海"古老神话的浪漫主义精神一脉相承。后世流传的"煮海宝"以更贴近日常生活方式进行重构,使得这个故事更加世俗化、中国化。舟山地区流传的《煮海斗龙王》②是一则以宝索宝反抗龙王权威的传说。其大概的故事情节如下:(1)金藏岛地下藏有黄金,海龙王水漫岛屿企图霸占岛中所藏的金子;(2)金藏岛一片狼藉,村民被淹者无数;(3)岛上纺花山住着一位纺花仙女,目睹此情此景,决定帮助岛民;(4)她化身为老婆婆,建议村民挖出地下金块,纺成八十一斤重的渔网和一件金缕战衣;(5)村民不舍昼夜,织出宝物(渔网、金缕战衣)两件;(6)名叫海生的小男孩主动请缨,穿上金缕战衣,变得力大无比,用金线渔网捕到了掌管龙宫百宝殿的狗鳗精;(7)海生逼迫狗鳗精交出白宝殿钥匙,获得另一件宝物——煮海锅;(8)众人拾柴,烧火煮沸海水;(9)两个时

---

① 忻怡:《中国民间故事丛书·浙江舟山普陀卷》,知识产权出版社2019年版,第199—201页。

② 李夕聪:《中国海洋故事·传说卷》,中国海洋大学出版社2018版,第65—72页。

辰之后,龙王被逼直接求饶;(10)龙王假意投降,夺取煮海锅;(11)老婆婆让身穿金缕战衣的海生重重跺脚,地下金块全部飞出,落在滩头化作一道黄金海塘;(12)岛民将"金藏岛"改为了"金塘岛"。这是一个复合型传说,"煮海宝"作为伏龙手段嵌入地名传说。岛中藏有黄金这一消息打破了海岛昔日的平静。经过岛民与龙王几番智斗之后,黄金飞出地面化为海塘,海岛再次恢复了宁静生活。

三、龙王报恩传说

沿海民众对龙王又敬又惧的情感在龙王报恩故事中得到了集中体现。其中,为民造福的神龙传说具有浓郁的生活气息,如《蜃洞的由来》《七十二望娘滩》《九曲望娘滩》《白龙回娘家》等。在传说《蜃洞的由来》[①]中,横峙村住着一户何姓人家,家中兄妹相依为命。哥哥大根是个老实人,娶的媳妇颇为凶狠,常虐待妹妹小花。小花只得独自忍受,跑到小溪边默默流泪。小溪中有条小蟒蛇正在修行,即将升天成龙。听闻小花哭泣,它常常暗中帮着干活。蟒蛇修成正果升天之时,本可以带上小花逃离嫂子虐待,而小花却犹豫了,因为一旦小龙飞升,将会带来大水。为了乡民们的安危,小花劝说小龙从地下走。小龙直到海边才探出头来,却累倒在海涂上。小龙的尸首化为龙山,悲伤的小花化作礁石伴其左右。民间传说中的山石意象多由为民造福、守护人间安宁的帮助者化身而来,那种舍身忘我的精神如山石一样屹立人间,给人们以力量和安全的精神意义。

龙报恩的情节在《描龙的传说》《巧妹绣龙》《桃花龙女》等传说中反复出现,这在很大程度上满足了人们祈福禳灾的心理诉求。龙女故事类型多样,在丁乃通所撰的《中国民间故事类型索引》中,按 AT 体系可分为 555 型"感恩的龙子和龙女"、592A 型"乐人和龙王"与 592A1 型"煮海宝"三型。中国

---

① 唐佩娟:《中国民间故事丛书·浙江宁波北仑卷》,知识产权出版社 2015 年版,第 68—69 页。

龙女故事经历了一个漫长而曲折的演变过程，《柳毅传》《刘贯词》等唐人传奇，《郑生遇龙女》《张生煮海》等宋元戏曲，《朱蛇记》等明人话本，对民间传颂的龙女故事产生不同的影响。与印度故事中的龙女形态丑陋、地位卑贱的畜类形象不同，中国式龙女不仅拥有崇高的地位，且心地善良、无所不能。龙女传说之所以在民间久盛不衰，其原因在于，在报恩主题中寄寓了龙女的美好品质，在反抗龙王的主题中表达了她对爱情的执着追求，在帮助贫弱群体这类主题中赞颂了她的侠义精神。可以说，那种被传统观念忽略的女性潜在力量在民间龙女传说中得以重新唤醒。

第三节　龙王传说的播衍

从上古传说到民间故事，龙王形象从较为单一的施云布雨神兽，逐渐发展为庇护世间谷物丰稔、保出海平安的海神。时至今日，吴越沿海地区出洋、谢洋举行龙王祭祀仪式的同时，更以传说、舞龙及曲艺展演等多样形式传承着龙王信仰。

舞龙源于古代祈雨仪式。汉代董仲舒所著《春秋繁露》对求雨仪式有着详尽的记录："以甲乙日为大苍龙一，长八丈，居中央；为小龙七，各长四丈，于东方。皆东乡，其间相去八尺。小童八人，皆斋三日，服青衣而舞之……"①不仅有针对不同时节、方位的旱情进行的求雨仪式，还出现了"土龙求雨法"。隋唐以降，民间就有制作土龙、画龙，或用与龙同属的蜥蜴、蛇等动物作为求雨时的龙形替代。唐代郑处海在《明皇杂录》中记载："唐开元中，关辅大旱……因召少府监冯绍正，令于四壁各画一龙。绍正乃先于西壁画素龙，奇状蜿蜒，如欲振跃。绘事未半，若风云随笔而动……俄顷阴雨四布，风雨暴作。不终日而甘霖遍于畿内。"无论是蜥蜴求雨还是蛇求雨，按照弗雷泽理论，属于交感巫术中的模拟巫术，即捕捉与龙形相似的动物进行降雨模拟

---

① 〔汉〕董仲舒著，周桂钿等译注：《春秋繁露》，山东友谊出版社2001年版，第615页。

第七章 龙王信仰与传说

（洒水），模拟之后祈求达到相同的降雨目的。"当需要下雨时，他们用纸或木头制作一条巨龙来象征雨神，并列队带它到处转游。但如果没有雨水降落，这条假龙就被诅咒和被撕碎。在另外的场合，他们恫吓和鞭打这位雨神，如果它还不降下雨来，他们有时就公开废黜它的神位。另一方面，如果所求的雨水降临则发出诏令将它晋升到更高的地位。"①浙江奉化地区的《瓦片老龙王的传说》②讲述了村民捕捉与龙形相似的动物以求雨的故事，借由民间祈雨仪式塑造了卑微又尽责的老龙王形象，读来让人忍俊不禁。在该传说中，某年夏季干旱，禾苗枯萎，百姓为此愁眉不展。在村里老者的建议下，众人到大坞东坑请龙王。村民择好日子，由村里的老者带头，年轻人抬着龙樽，一路敲锣打鼓，鸣放土枪铳炮，浩浩荡荡向着东坑前行。到了东坑龙潭，一番仪式之后，并未见异物进入龙樽，众人失望而返。回村后，村民向方士询问缘由，告知老龙王自觉人微言轻，敲锣打鼓、鸣放铳炮这般隆重，着实把他吓得不轻。隔天，村民再一次出发向着东坑龙潭走去，这次他们左手拿瓦片，右手拿小竹棒，沿途敲击瓦片，发出笃笃声。到了龙潭，一番仪式之后静观其变，只见潭水波动，出现一条鳗鱼，村民小心翼翼将它请入龙樽。抬回庙宇里的当晚就下了一场及时雨。此后，该庙宇被唤作了瓦片老龙王庙。

与求雨仪式相似的，还有止雨仪式。随着时代发展，巫术求雨仪式渐渐淡出历史舞台，但是龙作为祥瑞的象征，舞龙以求风调雨顺的文化内蕴在民间传说、民俗活动中被不断复述与强化，如流传于浙江象山的《龙灯起源的传说》③。该传说阐释了舞龙习俗的来源，龙王害病，得人间医者救治，病愈后的老龙王告知医者挥舞龙形之物，可保风调雨顺。与上述龙王感恩告知

---

① [英]弗雷泽著，徐育新等译：《金枝：巫术与宗教之研究》，中国民间文艺出版社1987年版，第112页。
② 《甬上风物：宁波市非物质文化遗产田野调查·奉化市溪口镇》，宁波出版社2009年版，第27—28页。
③ 《甬上风物：宁波市非物质文化遗产田野调查·象山县大徐镇》，宁波出版社2008年版，第5页。

吴越海神信仰的传说展演研究

舞龙秘密不同,上海金山地区流传的《草龙》[1]源自民间能工巧匠的大胆尝试。相传,某年朱泾地区百日未下雨,庄稼干枯,田地荒芜,人们愁肠百结。有个叫阿龙的青年,为人仗义,精通各种手工木活。他听闻龙能呼风唤雨,试图制作出一条龙。他就地取材,用竹子和稻草扎成了一条草龙,这条草龙在阿龙等人的挥舞下,上下腾飞,游走翻动,此时天边乌云翻滚,倾盆大雨从天而降。此后,每年元宵或中秋,当地百姓都会舞龙以祈求风调雨顺。

龙王行云布雨传说深植于农耕文化,在其发展过程中,求雨仪式和祈雨灵验叙事相互关联,促使龙王信仰在吴越地区被广泛传播与接受。"在佛教中,龙虽有法力,但地位低下。总的来说,龙只是六道轮回中的其中一道,高于畜生,低于人类。"[2]受此影响,在《西游记》中塑造了全新的龙王形象,龙王虽掌管一方水域,但在整个仙界,地位很低。所以,当《西游记》第三回孙悟空向东海龙王要兵器,东海龙王从头至尾都是毕恭毕敬、殷勤有加。他们虽有兴云布雨的能力,却没有随意施雨的权力,稍有犯错,便会受到惩处甚至殃及整个龙族。民间龙王信仰也深受道家影响,认为龙王为玉皇大帝的部下,不能随心所欲降雨,违者要受到惩罚。以浙江丽水缙云县的《玉柱峰》[3]传说为代表,该传说讲述了一个玉帝不准龙神在仙都降雨,玉柱龙同情当地百姓而私自降雨,受到天庭惩罚化成石峰,峰上清泉继续滋润万物的故事。类似的还有江苏省淮安市金湖县流传的《老龙窝与黎龙河》[4]传说,大体讲述了龙王私下改变雨量而受到责罚。老龙王虽职掌天上雨水,却只能听命于天庭,不能随意行云布雨。某日,玉皇大帝让龙王下足三尺三寸雨,可是才下了二尺左右,人间田地都已淹没,老龙不忍心老百姓受苦,便将另外的一尺三寸雨下到了别处,由此被逐出了天庭,到九里荒一带受罚。浙江台州流

---

[1] 黄美娟:《中国民间故事丛书·上海金山卷》,知识产权出版社2016年版,第181—182页。

[2] 王青:《海洋文化影响下的中国神话与小说》,昆仑出版社2011年版,第388页。

[3] 中国民间文艺研究会浙江分会:《浙江风物传说》,浙江人民出版社1981年版,第138—141页。

[4] 《中国民间故事集成·江苏卷》,中国ISBN中心1998年版,第291页。

第七章　龙王信仰与传说

布的《九龙潭》①将龙王借雨除旱情的传说附会于地方名胜之中。相传,天台山东南的苍山原为荒山,山顶盘踞着一条旱龙,致使周围庄稼十年不收。东海龙王的第九子出海游玩,恰好路过苍山,他同情老百姓的遭遇,将旱龙赶去了荒漠。该类传说集中塑造了敢于挑战天庭权威、为民造福的龙王形象。

民间也流传着因赌气而私自降雨的龙王故事,如《龙灯》②。该传说中,职掌雨水的泾河老龙听闻人间有个叫张铁口的算命人,看相算命样样精准。泾河老龙有意刁难,询问张铁口明日何时何地会下雨。张铁口掐指一算,声称辰时起风,巳时布雨,午时三刻打雷下雨。届时,城里下三分,城外下七分。第二日,泾河老龙故意延迟了下雨时间,又颠倒了城里城外雨量的多寡。如此一来,张铁口的招牌自然不保,但泾河老龙也因私自更改下雨天机而丢了性命。

---

① 《浙江省民间文学集成·台州地区故事卷》,浙江文艺出版社1991年版,第287—288页。
② 《浙江省民间文学集成·绍兴市故事卷(上)》,中国民间文艺出版社1989年版,第565—567页。

第八章 海洋冒险叙事

第一节 海中"仙境"的时空叙事

学者对"仙境"的界定各有侧重。苟波认为,仙境是"中国先民集体意识中和谐富裕、平和安乐生活的象征,是中国人理想生活的一个缩影以及隐蔽在他们心灵深处的一个美好梦想"[①]。熊明认为,仙境"与现实世界相对,是人们比照现实世界而创造出来的、具备现实世界所不具备的一切美好的人、事、物的虚幻境界。仙境想象最初出现于上古神话传说中,随着神仙方术之说和道教的兴起而丰富完善"[②]。在谢文惠看来,"根据空间位置的不同,这些仙境可分为三类:天宫玉阙、海岛仙山、洞天福地"[③]。海中仙境为海神居住的地方,具有空间上的缥缈不定及时间上的异质性,它与现实世界互为镜像,象征着人们对理想世界的追求。

[①] 苟波:《中国古代的"仙境"观念、"游历仙境"小说和道教伦理》,《江西社会科学》2004年第9期,第61—66页。
[②] 熊明:《中国古代小说中的神仙与仙境想象》,《青岛文化研究》2022年,第13—21页。
[③] 谢文惠:《古代小说中神话女神的仙境场景书写及其内蕴》,《广东技术师范大学学报》2021年第4期,第67—73页。

第八章 海洋冒险叙事

一、海中"仙境"空间上的缥缈不定

上古神话的仙境以《山海经》的"昆仑山"为典型。《山海经·海内西经》载:"昆仑之虚,方八百里,高万仞。上有木禾,长五寻,大五围。面有九井,以玉为槛。面有九门,门有开明兽守之,百神之所在。"①"由昆仑之虚、昆仑之丘所处的地理位置可知,神话传说中的早期仙境就已与人间现实世界拉开了距离,显示出人迹罕至、遥不可及的特征。"②根据《淮南子·地形训》所载,有不死树在昆仑西,饮昆仑之虚山的丹水、登昆仑之丘凉风山皆可以"不死"。由此,昆仑之虚在《山海经》基础上被赋予了重要的文化象征意义,即长生长寿。仙境还可能处于烟波浩渺的海中,如列姑射山。《山海经·海内北经》载:"列姑射在海河洲(州)中。姑射国在海中,属列姑射。西南,山环之。"③而在《列子·黄帝》中,"列姑射山在海河洲(州)中,山上有神人焉,吸风饮露,不食五谷;心如渊泉,形如处女;不偎不爱,仙圣为之臣;不畏不怒,愿悫为之使;不施不惠,而物自足;不聚不敛,而己无愆"④,长生长寿的文化意象被相应地挪移到了列姑射山。《史记·封禅书》记载:"自威、宣、燕昭使人入海求蓬莱、方丈、瀛洲。此三神山者,其传在渤海中,去人不远,患且至,则船风引而去……未至,望之如云;及到,三神山反居水下;临之,风辄引去,终莫能至云。"《史记》所载的蓬莱、方丈、瀛洲三座神山路程虽不远,难在即将抵达神山时,望去如同一片白云;来到跟前,三神山反而在海水以下;想要登山时,船只每每被海风吹引离去,终究不能抵达。《三国志·吴书》提及的海上神山为"亶洲","亶洲在海中,长老传言秦始皇帝遣方士徐福将童男童女数千人入海,求蓬莱神山及仙药,止此洲不还。世相承有数万家,其上人

---

① 方韬译注:《中华经典藏书·山海经》,中华书局2016年版,第301页。
② 熊明:《中国古代小说中的神仙与仙境想象》,《青岛文化研究》2022年,第13—21页。
③ 同①,第320—321页。
④ 叶蓓卿译注:《中华经典藏书·列子》,中华书局2016年版,第36—37页。

民,时有至会稽货布,会稽东县人海行,亦有遭风流移至亶洲者。所在绝远,卒不可得至"。①《三国志》的记载呼应了《史记》提及的徐福遣童男女三千而往的平原光泽之地,然则海上亶洲究竟为何,只能大体判断为远离陆地的海岛。《山海经》《史记》《列子》等记载的海中神山,存在于虚空浩渺的海上,凡人难以企及,与人世处于若即若离的空间状态。茫茫大海隔绝了俗世与海上神山的往来,凡人如欲抵达仙境,偶尔误入是较为常见的方式,或是征得许可方能实现。《聊斋志异》中的"安期岛"四季如春,"时方严寒,既至,则气候温煦,山花遍岩谷"。这一海外孤岛素来不与外界往来,唯有弟子小张一年出来一两趟。如欲前往岛上,须经过其许可,如此可安全抵达,否则将有遭遇飓风覆船之险。

二、海中"仙境"时间的异质性

"仙境"一词本身含有长生、永恒等衍生意义。"仙境对时间的超越具体表现在三个方面,一是神仙长生不死;二是仙境植物生长周期漫长;三是仙境时间流速远远慢于人间。"②仙境的时间异质性首先表现在拥有与俗世不同的时间刻度。时间的存在是为了记录某种变化,但生活仙境中的神人、万物变化甚微,以至于感受不到时间的流逝。如《列子》所载的神人吸清风饮玉露,心如渊泉,不亲不爱,不畏不怒,不施不惠,不聚不敛,他们是超越时间的存在。生活在仙境中的百姓,如《山海经·大荒南经》所载的载民国人,他们吃五谷粮食,不从事纺织,自然有衣服穿,不从事耕种,自然有粮食吃。这里鸟儿自由欢唱,凤鸟自由舞蹈,野兽相聚,俨然是和谐安乐的世外桃源景象。仙境的时间异质性其次表现在对空间的塑造。仙境时间相对静止,人

---

① 〔晋〕陈寿撰:《三国志》,〔南朝宋〕裴松之注,卢守助校点,上海古籍出版社2002年版,第1046页。

② 徐胜男:《唐前志怪小说仙境故事的时空特点及其文化意蕴》,《广西社会科学》2019年第9期,第154—159页。

第八章　海洋冒险叙事

们借由对时间的理解来认知空间,让仙境空间的所有处于一种平衡状态。生活其中的神人吸风饮露,不食五谷,无饥无渴。生活其中的人们不绩不经,不稼不穑,衣食无忧。

相比之下,凡人无法逃脱时间的掌控,这种强烈的对比在遇仙故事中被较为鲜明地表现出来。仙凡时间的强烈对比,一是通过故事的情节模式,如"误入仙境—滞留仙境—离开仙境"圆环结构产生时空变幻的感叹。《乌衣国》中王榭在前往大食国的途中,遇到风浪漂流至海岛,被老夫妇救下,其后又娶老夫妇之女为妻。久居岛上的王榭思乡日甚,乘坐"飞去轩"回到金陵老家,家中空无一人,只有梁上燕子呢喃,方知所滞留之地为燕子国。若无离开情节,也就无从在俗世的反观中,重新认知滞留之地,进而产生时空幻化之感。二是通过主人公携带之物的异常变化,产生世事变迁的哀叹。《述异记》载有"烂柯山"传说,"信安郡石室山,晋时王质伐木,至,见童子数人棋而歌。质因听之。童子以一物与质,如枣核。质含之,不觉饥。俄顷,童子谓曰:'何不去?'质起,视斧柯烂尽。既归,无复时人"。"烂柯山"传说中,王质前往衢县打柴,见一叟一童下棋,驻足观看。当童子提醒王质该回家时,他才发觉斧柯已腐烂。王质起身回家,此时家乡已大变样,提及的人事已是几百年前的事。"山中方一日,人间已千年",王质误入的仙境时间流逝远慢于人间,而主人公身边物品如斧柯的异常变化,更加突显了俗世时间的飞驰向前、一去不复返等特征。

不少海洋传说中,误入龙宫也是误入仙境的形式之一,海底龙宫与现实世界有着明显的时间差,龙宫的时间流逝快于人间。流传于江苏太仓的《乌郎子的故事》[①]里的乌郎子自小在海边长大,是个捕鱼高手,加之人品好,顺利当上了船老大。某次下海,捉到一条头如笆斗一样,会哭会叫的"娃娃鱼",船老板不识此鱼,欲将杀之祭海。乌郎子见这条鱼哭得可怜,擅自做主将它放回大海。几天后,海上突然刮起大风,船只眼看着将被海浪掀翻,船老板责怪乌郎子放掉怪鱼而招来灾难,逼迫他代替娃娃鱼祭海。乌郎子嘱

---

① 《中国民间故事集成·江苏卷》,中国 ISBN 中心 1998 年版,第 587—591 页。

咐船员往逆风行驶之后，便纵身跳入大海。他游了七天七夜，一个猛子钻入海底，意外抓住了通往龙宫大门的大石头，由此开启了遇见东海龙王三公主、与其相爱成婚的故事。龙王知晓后，派兵企图阻挠这桩婚事，在娃娃鱼的建议下，乌郎子勇闯十八道恶浪、十八道湾，寻得西王母掉落东海的宝物——碧玉簪。借助碧玉簪的神力，龙王被逼承认婚事的同时，还答应乌郎子提出的三个条件：其一，今后不准兴风作浪，祸害沿海百姓；其二，保护往返商船、渔船；其三，把收走的法术还给三公主。而此传说中的龙宫时间流逝速度远快于人世，乌郎子娶妻、生子、智斗龙王，生活安顿下来之后，方才想起自己遇难时其他船员的安危，便询问娃娃鱼该船的去向。娃娃鱼摆动大脑袋东听西听，回复乌郎子说，海船先是漂流到了麒麟岛，船员们靠着挖野菜、采摘野果充饥熬了几个月，等修整好船只又扬帆起航。途经野人岛时，船员们被野人捕获关进了山洞，每天靠着瓜果充饥。如要前往野人岛救人，需从龙王借得两件宝贝，一是避水珠，含在嘴里，闭眼默念"无人岛"，不出一个时辰即可抵达；二是水火杖，先是放火烧野人岛，逼得野人释放被囚船员，再喷水灭火。借助宝物的奇异魔力，乌郎子顺利救回遇险船员，故事圆满结尾。

如果说，这一切只是乌郎子的一场梦，他梦醒后发现船上伙计正准备收网捕鱼，似乎也说得通。只是这样的结局很难满足老百姓试图打破日复一日庸常生活的渴望，哪怕明知是白日梦。海中仙境的时间并非线性向前，而是循环往复、随时可逆的，如此，误入或滞留仙境的主人公才得以摆脱俗世时间对个体生命的束缚和限制，暂时面向永恒，直至离开仙境、重返俗世空间。

三、俗世对理想世界的追求

空间的遥不可及、飘忽不定，时间的异质性使得海中神山充满着神秘性、吸引力。"就叙述方面而言，神话乃是对以欲望为限度的行动的模仿，这

第八章　海洋冒险叙事

种模仿是以隐喻的形式出现的。换言之,神的为所欲为的超人性只是人类欲望的隐喻表现。"①不管是意外、偶然还是经人指点、引路抵达仙境,皆因凡人试图超越时空限制的想象与渴求。诸如《山海经》中半人半兽的海神形象,表达了上古先民对超越个体生命有限性的某种崇拜,寄寓着他们试图打破生命所限的渴望。如"人长头,身生羽"的羽民国人,"一曰在比翼鸟东南,其为人长颊"②;生活在讙头国的人长着人面、鸟嘴和一对翅膀,"讙头国在其南,其为人人面有翼,鸟喙,方捕鱼"③;长臂国人"捕鱼水中,两手各操一鱼。一曰在焦侥东,捕鱼海中"④;张弘国人以鱼为食,能驯服驱使四种野兽,"海中有张弘之国,食鱼,使四鸟"⑤。

关于异域他族"怪异"形态想象,《山海经》中的记载"可能是源于远国异民的图腾、面具或纹身在口耳相传过程中,变异为神奇怪异的东西"⑥,怪诞的想象充满着华夏族人的好奇与惊异,也一定程度上反映了先民较为广阔的文化视野,"展示着他们走向海洋的心路与开发海洋的才智"⑦。随着航海技术的发展,与异域他族的商贸文化交往等活动更为频繁,海洋空间不再是作为隔绝俗世与神圣的中介而存在,而是人们走向海洋、经略海洋的舞台。其中,较为显著的变化是他者想象趋于复杂,多以异域他族为镜像进行自我审视及反思。《镜花缘》中的轩辕国王"头戴金冠,身穿黄袍,后面一条蛇尾,高高盘在金冠上"⑧,长股国王"头上披着长发,两脚伸在殿上,约有两丈长",

---

① [加]弗莱著,陈慧、袁宪军、吴伟仁译:《批评的解剖》,百花文艺出版社 2006 年版,第 185 页。
② 方韬译注:《中华经典藏书·山海经》,中华书局 2016 年版,第 254 页。
③ 同上,第 255—256 页。
④ 同上,第 260 页。
⑤ 同上,第 349 页。
⑥ 方群:《中国古代涉海小说叙事流变》,《湖南工业大学学报(社会科学版)》2019 年第 6 期,第 64—70 页。
⑦ 滕新贤:《沧海钩沉:中国古代海洋文学研究》,上海三联书店 2018 年版,第 14 页。
⑧ 〔清〕李汝珍:《镜花缘》,民主与建设出版社 2015 年版,第 135 页。

吴越海神信仰的传说展演研究

䝠兜国王"身有双翼、人面鸟嘴",奇肱国王"面中三目、一只长臂",跂踵国人"一个个身长八尺,身宽也是八尺,竟是一个方人"……直接来源于《山海经》记载;而君子国、黑齿国、毛民国、结匈国、长臂国等海外诸国的描述,较之《山海经》记载,多了道德判断与自我审视。君子国"其人衣冠带剑,好让不争"①;黑齿国通身似墨,连牙齿也是黑的,以才学高为贵。君子国吴氏二老的自谦,黑齿国才女的请教,无一不是以儒学为尊、以天朝为中心的表现。审视和想象中的"他者",无论是形态的奇异还是风土人情的迥然不同,都是以主体所处的社会为参照,虚构的异国他族者形象转而成为自我的写照。或者说,在言说他者、想象他者,无论是赞美还是讽刺,都是在言说自我。毛民国之民"生性吝啬,一毛不拔",故而一身长毛;结胸国"生性过懒,且又好吃……饮食不能消化,渐渐变成积痞,所以胸前高起一块"②;长臂国之民两臂有两丈长,在多九公看来长臂因过于贪心导致,"凡事总不可强求。即如这注钱财,应有我份,自然该去伸手。若非应得之物,混去伸手,久而久之,徒然把臂弄得多长,倒像废人一般"③。"海外诸国,作为异国形象,在本质上是一种自我形象,是作者自身经历及社会文化、历史等诸多因素共同作用的产物。"④《镜花缘》借助海外诸国世情百态的夸张化、荒诞化表达,将当时现实世界的种种流弊集中于海上游历所经之地,如毛民国、结胸国、长臂国、两面国等,具有一定的社会讽刺意义与劝谏功能。

从秦汉时期的蓬莱、方丈和瀛洲三神山,到《海内十洲记》的海中洲、岛,再到东晋《拾遗记》的海内外八大仙山,"洲""岛屿"的特殊地貌大都是被海水包围,旨在强调其远离陆地且不可逾越的神圣性,那里以黄金、白银为宫阙楼台,长有珍禽异兽、奇花异草,百谷所聚、物产丰盈,承载着俗世对不死、永恒境域的想象,呈现出较为强烈的理想生活的符号意义。依照上古时期

---

① 〔清〕李汝珍:《镜花缘》,民主与建设出版社2015年版,第22页。
② 同上,第92页。
③ 同上,第92—93页。
④ 马济萍:《试论〈镜花缘〉与道教'谪仙修道'母题的因缘》,《华南农业大学学报(社会科学版)》2005年第4期,第113—116页。

的航海条件,世人虽然无法企及海中仙山,却无法阻止神话英雄、帝王的跨海寻访之旅。战国时,受海中仙山诱惑,齐威王、齐宣王、燕昭王曾使人入海寻访仙境无果。秦始皇统一天下后,受神话中的"仙境"之诱,屡次遣吏访求。"齐人徐市等上书,言海中有三神山,名曰蓬莱、方丈、瀛洲,仙人居之。请得斋戒,与童男女求之。于是遣徐市发童男女数千人,入海求仙人。"(《史记·秦始皇本纪》)关于徐福东渡路线,学界有一些共识:一是北航路线,从山东琅琊及其周边出发,经渤海、韩国南部后抵达日本九州;二是南航路线,从浙江慈溪达蓬山出发,利用季风和海流,经东海漂流至日本九州有明海岸。受徐福东渡传说影响,缥缈仙境的所在地及寻访路线似乎变得有迹可循。

随着道教的兴起、炽盛,仙境想象愈显丰富,其版图也逐渐扩大,洞天福地、十洲三岛,甚至名山秀水都成了古代海洋小说仙境想象的依据。"虽然进入仙境具有偶然性,但道教有意将仙境设定于人类可抵达的地理范围内,这在一定程度上缩小了现实世界与理想世界、此岸与彼岸的鸿沟,给予了渴求长生的人类以最大限度的希望。"[①]这种仙境版图的扩张,无形中刺激了以普通人为主人公的访仙传说的生成,在访仙的进阶路上,除了经神仙帮助抵达,也可以通过服食、行善等方式自力成仙,极远的"海中神山"转换成凡人可以抵达的洞天福地,"仙境"转而成为世人心中的乐土境地。富足快乐的浪漫气息对俗世极具吸引力,寄托着人们对美好生活的期待和追求。

第二节　海洋漂流遇仙与遇险叙事

海洋神秘莫测,航行海上相当于在一个未知领域的实践,海上遭遇的一切无法预测。传说中的主人公常常被天河与海通的传闻吸引,或是机缘巧

[①] 陈嘉玥:《中国仙境淹留型传说的空间建构研究》,华中师范大学硕士论文2020年,第24页。

合,意外抵达天宫或海中神山等神圣空间,充满着奇幻色彩。海上漂流遇仙的故事可追溯至晋代张华《博物志》卷十记载的"八月浮槎"。该传说将海洋、天河以及牛郎织女传说融为一体,反映了人们对海天相接遥远之外空间的好奇与探索。"旧说云天河与海通。近世有人居海渚者,年年八月有浮槎去来,不失期。人有奇志,立飞阁于槎上,多赍粮,乘槎而去。十余日中犹观星月日辰,自后茫茫忽忽亦不觉昼夜。去十余日,奄至一处,有城郭状,屋舍甚严。遥望宫中多织妇,见一丈夫牵牛渚次饮之。牵牛人乃惊问曰:'何由至此?'此人具说来意,并问此是何处。答曰:'君还至蜀郡访严君平则知之。'竟不上岸,因还如期。后至蜀,问君平,曰:'某年月日有客星犯牵牛宿。'计年月,正是此人到天河时也。"①故事交代了居海渚者往来天河的缘起、经过,结尾处巧用蜀郡术士严君平观察星象以佐证他曾到过天河。主人公是住在海边的凡夫俗子,被海与天河相通的传闻深深吸引,利用每年八月海上漂来的木筏泛海多日,居然到了牛郎织女所在天河。主人公出海远航不是寻求财富抑或是爱情,只是满足自己的好奇。探访遥远的天河表达了先民将海洋视作他们赖以生存的空间,渴望探寻千里之外的世界的开拓精神。

伴随着航海技术的发展,世人将海中仙境、异域的美好浪漫想象融入了误入仙境类传说。大体情节为:凡人因为偶然的机会或他人引领,通过艰难险阻,得以进入仙境。在唐代传奇的海洋传说中,偶然的机会可能是海上遇险,漂流至仙境。海上漂流遇仙传说,有《广异记·慈心仙人》《续神仙传·王可交》《逸史·白乐天》等。在《广异记·慈心仙人》中,临海贼寇在进犯永嘉的航行中,船只遇风,东漂流数千里后,远远望见一仙山。"青翠森然,有城壁,五色照曜,回舵就泊。见精舍,琉璃为瓦,玳瑁为墙。既入房廊,寂不见人。房中唯有胡矮子二十余枚,器物悉是黄金,无诸杂类。又有衾茵,亦甚炳焕,多是异蜀重锦。又有金城一所,余碎金成堆,不可胜数。"②此地乃是

---

① 〔晋〕张华撰,范宁校证:《博物志校证》,中华书局1980年版,第111页。
② 〔唐〕戴孚:《广异记》,远方出版社2005年版,第9页。

第八章 海洋冒险叙事

镜湖山慈心道人修炼之地。精舍外饰以琉璃为瓦、玳瑁为墙,屋内器物全是黄金所制,被子、铺垫之物多为蜀锦,延续了上古神话"仙境"空间的远隔、物产丰饶、金玉珍宝充盈其间等特征。虽凭借顺风返回临海,但靠岸时,船只还是陷入沙涂之中进退两难,终被官兵格杀。《太平广记》卷第四十八引《逸史·白乐天》记载:"唐会昌元年,李师稷中丞为浙东观察使。有商客遭风飘荡,不知所止。月余,至一大山,瑞云奇花,白鹤异树,尽非人间所睹。"意外遭遇风浪,漂流数月幸得遇岛而绝处逢生。"意外"本身具有打破日常秩序的力量,让主人公得以有机会打破固有空间,进入超常的存在,如海岛仙山。当然,也存在着没有任何意象或神仙指引,只是偶然遇仙,如前文提及的《述异记》中的"烂柯山"传说。

《湖海新闻夷坚续志》后集卷一《神仙门》讲述了"浮海遇仙"故事。台州士人陈梦协,偶遇商人浮海,请求跟随。一日遭飓风,漂至海中一山下。山上乔松不可以万计,远望山巅,只看到浮着一些楼阁,岸侧有小茅庵,榜有"雪溪"两字。檐下坐一老人,旁有小童相侍。老人问及台州名人叶梦鼎近况,并嘱托陈氏传话,让叶梦鼎"亟投黄扉之荣,早寻绿野之乐",因为"更逾十数年,宋鼎移矣"。相比"慈心仙人"精舍金玉充盈其间的装饰,《神仙门》中的小茅庵质朴,甚至有点简陋,隐者的预言无形中为处于孤岛的小茅庵增添了海外仙境般的神秘感。

海岛漂流遇仙,更有可能遇险。海洋作为机遇与冒险并存的空间,遇险得宝故事很大程度上刺激着沿海百姓重新认知海洋,主动出海寻找财富。北宋刘斧《青琐高议别集》记有《王榭(风涛飘入乌衣国)》的故事,为世人提供了一个别有洞天、奇幻浪漫的海外世界想象。该故事的主人公金陵人王榭继承祖业,去大食国做生意。出海航行遇到风浪,王榭抱木漂至一海岛,被一对穿黑衣的老夫妇救下。老夫妇有一女,嫁给王榭后,夫妻情感甚笃。久居岛上的王榭思乡之情日切,与老夫妇、妻子告别之后,坐上"飞去轩"(看似一个乌毡兜子)。许久之后,睁眼一看,他发现已经回到金陵老家。家中空无一人,只听见梁上双燕呢喃,方知自己所去之地为燕子国。元代陶宗仪

吴越海神信仰的传说展演研究

《南村辍耕录》卷二十四载有《误堕龙窟》的故事,"商人某,海舶失风,飘至山岛,匍匐登岸,深夜昏黑,偶坠入一穴,其穴险峻,不可攀缘。比明,穴中微有光,见大蛇无数,蟠结在内。始甚惧,久,稍与之狎,蛇亦无吞噬意。所苦饥渴不可当,但见蛇时时舐石壁间小石,绝不饮啖,于是商人亦漫尔取小石噙之,顿忘饥渴。一日,闻雷声隐隐,蛇始伸展,相继腾升,才知其为神龙,遂急挽蛇尾得出,附舟还家,携所噙小石数十至京城,示识者,皆鸦鹘等宝石也,乃信神龙之窟多异珍焉"①。商人出海遇风,漂至山岛。深夜昏暗,匍匐登岸时不小心坠入一洞穴。洞穴险峻,有大蛇无数盘绕其中。所幸的是,大蛇未有吞噬之意,在深不见底的洞穴之中,躲过大蛇的吞噬之险,却无法抵御饥渴之袭。商人见大蛇常舐壁间小石,他也尝试着取小石噙之,顿时饥渴全消。一日,雷声大作,大蛇开始舒展身体,相继腾飞,才知其为神龙,商人抓住蛇尾得以出洞穴,顺利搭船归家。其后,商人携所噙小石数十颗至京城,经鉴定皆为鸦鹘宝石,并以此致富。无论是《王榭》还是《误堕龙窟》,都离不开基于宋元时期日益发达的海外贸易这一历史背景,海洋、航海、海外遇仙故事为人们平淡生活提供丰富想象,也激励着更多人外出闯出一片天地。

也有将对海外世界的"他者"想象与遇险故事糅合,旁生出海岛历险型故事。其情节大体为:商人航海时,因故漂至一岛,不幸为巨人所执,遂开启一场惊心动魄的死里逃生冒险,如《夷坚乙志》卷八《长人国》。明州商人泛海遇大雾大风,迷失了航行方向,漂流至一岛。两人登岸伐木,遇见"高出三四丈,其行如飞"的长人,一人不幸被巨人所执。被缚高树的商人惊恐之余,想起腰间藏有刀,砍断树枝直奔船只方向。"登舟斫缆,离岸已远",长人依旧入海穷追不舍,商人执斧断长人三指才得以逃脱。

漂流到海岛的商人,还有可能置于铁笼、洞穴中,后设法逃脱,登舟而去。初见于宋代郭彖《睽车志》卷四《海岛长人》,建炎间,泉州有人泛海遇风,漂流到海岛。登岛,遇见长人数十,被长人所执并囚于大铁笼。为避免被长人所食,趁看守的长人睡着之际,挖掘地下通道至海边,得以逃脱。《夷

---

① 〔元〕陶宗仪撰,李梦生校点:《南村辍耕录》,上海古籍出版社 2012 年版,第 269 页。

第八章 海洋冒险叙事

坚甲志》卷十《昌国商人》录有同类型故事,展现了航海经商者遇险与求生的不同经历。"宣和间,明州昌国人有为海商,至巨岛泊舟,数人登岸伐薪,为岛人所觉,遽归。一人方溷,不及下,遭执以往,缚以铁绠,令耕田。后一二年稍熟,乃不复絷。始至时,岛人具酒会其邻里,呼此人当筵,烧铁箸灼其股,每顿足号呼,则哄堂大笑。亲戚间闻之,才有宴集,必假此人往,用以为戏。后方悟其意,遭灼时,忍痛啮齿不作声,坐上皆不乐,自是始免其苦。凡留三年,得便舟脱归,两股皆如龟卜。"①《夷坚志》海岛妇人型故事系"海岛遇险"亚型故事,大致写"某人航海时遇风涛,漂至一岛,被一体无丝缕的女子收留,随即结为夫妻,并生有子女。若干年后,其人乃携子乘船离去。女追赶不及,悲啼扑地,几乎气绝。或言日后其子思念母亲,又回海岛将其接走,举家团圆"②。与海岛遇险故事重在叙事主人公遭遇野蛮折磨及其死里逃生经历不同,海岛妇人故事夹杂着婚姻、血缘等伦理观念,重塑了海岛妇人温情又野蛮的多重形象。

随着海洋认知和海洋活动日趋世俗化,海洋仙境想象从《山海经》时代的神秘兼恐惧色彩,到汉唐时期漂流遇仙的奇幻浪漫色彩,再到宋元明清笔记小说、海洋小说中的海上得宝和海岛遇险互为交织叙事,海洋的神秘性和神圣性逐渐消失,取而代之的是海洋探索实践的不断深入,人们从海洋中获益日益增多。

---

① 上海师范大学古籍整理研究所:《全宋笔记·四八》,大象出版社 2019 年版,第 112—113 页。
② 祁连休:《中国古代民间故事类型研究·卷中》,河北教育出版社 2007 年版,第 712 页。

第三节　海洋宝物的形态与叙事

民间海洋故事,泛指以海洋为审美对象的民间叙事文学,诸如神话、传说及故事。"'宝物'是人类渴望得到并拥有的神奇之物。"[①]宝物既是海洋自然属性与濒海百姓审美情感碰撞的产物,也是民间海洋故事不可或缺的母题之一。聚焦宝物形态及其传奇演绎,可以窥见民间海洋意识和价值取向变迁。

一、海洋宝物的形态幻想

海洋广袤无垠又神秘莫测,蕴藏着丰富海产,是沿海百姓谋生手段之一;也激发着勇于冒险的民众跨海经商,积聚财富,为海洋宝物的民间想象提供现实依据。海洋宝物数量众多、形态多样,按照功能不同,大致可以分为以下几类:

(一)神奇动物类宝物

海洋动物之所以被视作珍宝,首先,源于它们独特的超自然属性。旧时低下的抗御灾害能力使然,人们崇信海洋动物拥有某种神秘力量,可以对抗捉摸不定的风信、水文变化。其中,多风多雾是沿海地区的主要气象灾害,浙江台州玉环地区的渔船主桅最高处悬挂有"乌鸦旗",其原型为相风鸟,此鸟因能辨别四方风向而为渔民所崇信。舟山渔船悬挂的"鳌鱼旗",相传循着鳌鱼声能让在大雾中航行的人脱离险情。其次,源于海洋动物药理上的神奇效用。海洋动物的医药意象可追溯至《山海经》中"人鱼……食之无痴"

[①] 王丹:《"丝绸之路"沿线民族宝物故事的宝物类型与意涵》,《云南师范大学学报(哲学社会科学版)》2018年第5期,第118—125页。

的记载,这一神奇疗效在民间海洋故事中反复出现,成为帮助凡人禳灾解难的核心情节。浙江宁波北仑流传的《鲤鱼化作鱼腥草》①以神鱼赐宝故事解释了鱼腥草的药用价值;而《乌贼婆献珠》《老鲨送药》《海龟献壳》等故事共构了海洋动物献宝治愈疾病的民间想象,颇具海洋文化色彩。再次,源于海洋动物的幻化想象。上古先民认为万物有灵、生命不息,以人鱼为例,从《山海经》中的鱼妇形象到《洞冥记》《搜神记》《博物志》的鲛人形象,人格化趋浓的同时,蕴含其中的幻化无端、知礼感恩等文化记忆也深刻影响着民间动物报恩叙事。其情节结构大体为:善良的捕鱼人,帮助了一条落网之鱼(多为龙族成员)。龙王请捕鱼人入宫挑选宝贝以示谢意。在众多的宝物之中,他仅选中了一件很不起眼的东西(比如小花猫或小花鸡)。回到家,那件不起眼之物变成了美丽女子,与捕鱼人结为夫妻,如江苏常州流传的《"不得了"》②、浙江宁波流传的《龙女嫁渔郎》③等。

(二)日常器物类宝物

"人们在想象、幻想着宝物的同时,也把自身对象化,从而建构着人自身。人不仅要对如何使用工具——兵器有一个熟悉了解的过程,而且在这一过程中更伴随着人对于改造、完善和提高兵器工具的期盼与思考。"④在海洋生产、生活实践中,濒海之民对日常器物类宝物的想象,首先,表现为对劳作工具的夸张变形。广西地区流传的《金网梭》⑤糅合了龙宫冒险取宝、宝物被盗等情节,让寻常的织网工具"网梭"散发灵性光泽。面对海洋航行可能遭遇的淡水稀缺、疾病等危险,濒海百姓发挥想象力,创造出如淡化海水的

---

① 唐佩娟:《中国民间故事丛书·浙江宁波北仑卷》,知识产权出版社2015年版,第233—234页。

② 《中国民间故事集成·江苏卷》,中国ISBN中心1998年版,第563—565页。

③ 《浙江省民间文学集成·宁波市故事卷》,中国民间文艺出版社1989年版,第571—572页。

④ 刘卫英:《明清小说宝物崇拜的社会心理学审视》,《上海师范大学学报(哲学社会科学版)》2013年第4期,第59—65页。

⑤ 王洁、周华斌:《中国海洋民间故事》,海洋出版社1987年版,第454—458页。

"海井""定水带"。这些海洋宝物以遍及乡村的水井为原型,赋予其化涩水为淡水的神奇力量,满足了人们航行海上对淡水资源的切实需求。宋代周密《癸辛杂识》记载了华亭县一店铺出售无底小桶,不知其名,亦不知其材质及用途,长年列入肆中却无人问津。有"海舶老商"高价购买后,其神秘面纱才被揭开,置此"海井"于海水中,汲之皆为甘泉。其次,源于对生产技艺革新的期盼。古代吴越地区长期以来淋卤煎熬成盐,主要工序包括了制卤和熬盐。其中,"溜"作为制卤过程中不可或缺的设备,被舟山盐民不断神化,相应产生了"溜头神"崇拜,这在其他盐产区较为少见。海盐为盐业之大宗,在历经了煮海为盐、制卤煎盐之后,又迎来了板晒制盐这一技艺革新。相传清嘉庆年间(1796—1820),舟山岱山盐民挑盐时,偶见扁担凹处存卤,经日照凝结成盐。受此启发,盐民将家中门板盛卤试晒成功,此举既降低了制盐成本,也相应提高了晒盐产量。综上,对日常器物类宝物的幻想,实则凝聚着濒海百姓对于劳作工具完善、生产技艺革新的思考与实践,也寄寓了他们对鱼盐之利的渴求。

(三)魔力御敌宝物

民间充满了对深广无际大海的神秘想象,入海求宝叙事隐含着人们对美好生活的向往。然则,龙王岂肯轻易送宝,更不会轻易将龙女嫁给人间小伙。这时,主人公往往利用煮海锅蕴含的巨大威力撼动大海、烧干海水,与海龙王正面交锋,最终逼迫他作出让步。这就是民间流传较广的煮海传说。浙江台州流传的《九龙造天台》[①],将主动献宝和违禁盗宝情节有序衔接,先是九龙主动献出龙鳞,化作一朵硕大莲花,为出海渔船遮风挡雨。后是莲花被夺,天庭仙女感动于九龙义举违禁取回宝物,帮助化解沿海百姓在探索、开发海洋中遭遇的生存困境。围绕着宝物的争夺,该传说一波三折,正义最终战胜邪恶的结局多少缓解了沿海百姓面对海洋自然灾害的不安与焦虑,

---

① 《浙江省民间文学集成·台州地区故事卷》,中国民间文艺出版社1989年版,第200—203页。

也在某种程度上强化了人们在开发、利用海洋过程中的自信。《葫芦岛的传说》①讲述了青年王生借助"宝葫芦"铲除兴风作浪蛇妖的故事。该传说的大致情节如下:渤海湾渔村村民出海时被海中蛇妖所食,得到父亲去世消息,悲痛欲绝的王生决心铲除蛇妖。拜师学艺前,王生曾救下一位溺水老人,老人家赠予其几粒葫芦籽,并告知了种植与使用办法。辞别老人后,王生一边拜师学艺,一边种植葫芦籽。种植葫芦籽并非易事,每天要翻越十八座山峰取甘醇的玉泉水,翻越二十七道山崖收集孔雀粪。八十一天后,终于结出了金光闪闪的宝葫芦。王生借助宝葫芦的神奇魔力,制伏蛇妖,完成了复仇使命。主人公取宝所经历的重重考验与内心成长互为参照:获赠葫芦籽是对他心地善良、匡扶正义的道德奖励,摘得宝葫芦可视作其勇敢、坚韧精神品质的物质回馈,最终战胜蛇妖既标志了主人公的成人资格,也进一步塑造了传统道德文化所嘉许的人物形象。

二、海洋宝物的传奇演绎

在民间海洋故事的流布过程中,功能相近的宝物往往互为置换,如化海水为甘泉的海井、定水带,吸附海中珍宝的聚宝竹、聚宝盆等。与此形成对照的是,"角色的功能充当了故事的稳定不变因素,它们不依赖于由谁来完成以及怎样完成。它们构成了故事的基本组成成分"②。一般而言,海洋宝物故事含有以下要素:一是海洋宝物的存在;二是与海洋宝物相关的角色,如得宝人、赠宝人、识宝人及夺宝人等;三是得宝人(或持宝人)与海洋宝物的关系,并以偶然得宝、幸运赠宝、主动索宝、识宝易宝等情节模式加以传奇演绎。

---

① 李夕聪:《中国海洋故事·传说卷》,中国海洋大学出版社 2019 年版,第 3—10 页。
② [俄]普罗普著,贾放译:《故事形态学》,中华书局 2006 年版,第 18 页。

(一)偶然得宝模式

偶然得宝而家财万贯模式,因其偶然性、巧合性,很大程度迎合了老百姓对平淡生活藏有奇迹的期待。《闲窗括异志》记载盐船泊于华亭陆四官庙前,夜间见一巨物口能吐火,船人以竹篙抑之,巨物遗落大珠,卖之获缗数万。"华亭陆四官庙,一名陆司空。元和初,有盐船数十艘于庙前泊。夜中雨,过有光如火,或吐或吞。船人窥之,见一物长数丈,大如屋梁,口弄一团火,以竹篙抑之,惊入草际,光遗在地,乃一珠径寸。以衣裹之,光透出。乃脱裹服裹之,光始不见。后至扬州卖之,获数万缗。"[①]该故事将得宝地点改写为庙宇前,有颂扬神灵显灵之意,但从故事类型角度看,依旧属于偶然得宝型。偶然或意外得宝也并非毫无征兆,不少叙事中会插入梦境、预兆等前置情节。如《睽车志》卷二记载的秀州海盐渔户因劳作辛苦而夜宿渔舟,夜间梦到被人擒去,刺其面为旗。天晓时分,他急忙起身靠近船舷俯视水面,却见鱼虾涌出。于是,他掷网尽收鱼虾,还网得一鼎状物件,刮泥后洗净,乃是纯金物件,因而致富。

(二)幸运赠宝模式

首先,为动物疗疾是最为常见的赠宝机缘。明代《都公谭纂》记有关于"定珠盘"的故事:衢州人毛某精通医术,在山中用小柴胡汤救治了老猴。当毛某恳辞归家时,老猴赠送给他一个"非木非石,四周皆窍"的小盘。郑和下西洋时,本该以医士身份同行的毛某献出此物,郑和惊喜过望,不仅免其行,还赏钞三百锭。夜间,郑和以此盘浮于海上,海中之物皆吐珠盘中。浙江洞头民间故事《鱼神》[②]说的是,少年乌姆出海打鱼救下一条卡在礁岩中的大

[①] 上海师范大学古籍整理研究所:《全宋笔记·八五》,大象出版社2019年版,第273—274页。

[②] 邱国鹰、陈爱琴:《中国民间故事丛书·浙江温州洞头卷》,知识产权出版社2016年版,第155—158页。

第八章 海洋冒险叙事

鱼。回到海中的大鱼告知乌姆,用它滴在礁岩上的眼泪拭目,能辨识鱼群出没方向。渔民跟随抹了鱼神眼泪的乌姆出海,必是鱼虾满舱返回。

其次,遭受磨难或考验也相应构成了赠宝机缘。上海浦东地区流传的故事《掼宝石》①中,弟弟受兄嫂虐待的遭遇引起了海中鲤鱼大王的同情,指点其寻求龙王帮助。龙王赠送弟弟一颗宝石,只要掼到地上就能心想事成。江苏南通海门流传的《宝磨》②将兄弟分家故事与得宝故事相缀合,哥哥继承了大部分家产,弟弟只分得一条破渔船。摇船出海的弟弟遭遇大风,被吹入了海底,龙王出于同情赠予他一方能出盐的宝磨。贪心哥哥借走宝磨,因忘记止盐口诀致使宝物消失。《宝磨》中的赠宝机缘与《掼宝石》极为相似,都是老实弟弟受兄(嫂)欺负的遭遇引起了海神同情。在弱者更为善良的民间思维中,获赠宝物可视作对善良、诚实等品质的认可与嘉许。宝物如果不是被直接赠予,赠宝人会以指点、托梦等形式告知所藏之处,帮助乡民摆脱危机。在《圣泉治疫》中,相传南宋绍兴二十五年(1155),福建兴化一带发生瘟疫。经妈祖托梦指点,村民在距离海边不远的地方掘井,取"圣泉"治愈了染疫村民。综上,赠宝人的身份各异,但宝物的赠予与使用始终与主人公的正直善良、助民禳灾密切相关,具有较强的伦理教化功能。《海石响》③故事梗概与《宝磨》相仿。主人公有根梦见白发老叔公。老叔公告知有根,向南跨越七七四十九弯抵达一条小石港,往石港外走七七四十九步,会发现沉在泥潭里的一只小船,里头有个磨子。只要挖七七四十九锹,便可挖出小船和磨子。往磨子里放入粮食,便会磨出各种粉,但老叔公也反复叮嘱磨出的粉一定要分给穷苦人家。有根夫妇第二天照着梦中景象寻找,果然挖得一方磨子。夫妻俩把家中仅有的一把麦子放入磨眼,雪白的干面立即从磨子里落下来。磨了近一个时辰,船舱里堆满干面之后,他们就回村分给村里穷人。

---

① 陈伟忠:《中国民间故事丛书·上海浦东新区卷》,知识产权出版社2016年版,第310—311页。

② 丁秀发:《中国民间故事丛书·江苏南通海门卷》,知识产权出版社2016年版,第188—189页。

③ 《中国民间故事集成·江苏卷》,中国ISBN中心1998年版,第576—577页。

不久,有根挖得一方宝磨的消息传到了沈粮户耳中,他借口此磨为其祖上所传,派人抢夺。有根顺手往磨眼里丢了一把盐,暗中念起口诀,磨子瞬间出来白花花的盐。沈粮户生怕穷人涌上前来抢盐,让手下人把小船撑得远远的。盐越磨越多,一个浪涌来,沈粮户连船带人沉入海底。沉入海底的石磨依旧轰隆作响,故而沿海百姓称之为"海石响"。

如若海神未能直接告知主人公宝物的功效,后续还有识宝情节:(1)主人公因某种机缘得宝,却未能识别宝物功能;(2)主人公主动献宝却遭惩罚;(3)他人意外发现宝物功效,从此化解人们的某种生存危机。这种被动识宝模式常见于海洋起源性传说。浙江余姚流传的《盐的故事》说的是海边人朱余将凤凰驻足过的滩涂泥当作宝物献给皇帝,却因欺君而受罚的故事。这类被动识宝故事反映了民间对海盐来源的原始想象,滩涂泥的神奇魔力不是海神或智者直接告知,而是故事主人公在不经意间发现,甚至为此付出了生命代价。整则故事充满了对盐的最初发现者的无限崇敬之情。

(三)主动索宝模式

该类模式不脱"巧智""神迹"叙事,主人公打破某种平衡,与加害方(通常为宝物拥有者)正面交锋,通过搏斗、比赛或降伏等方式胜出后,成功索取海中珍宝或恢复原有秩序,充满了民间生存智慧和生活情趣。一是搏斗取胜索宝,如流传于浙江舟山的《渔翁斗龙王》[①]传说。其情节大致如下:(1)龙王不慎丢失镇海宝印;(2)拘鱼老头捕鱼时网得宝印;(3)双方正面交锋,拘鱼老头有宝印护身,龙王也奈何不了他;(4)拘鱼老头以宝印相要挟,索求风平浪静、潮涨有时及海货满舱的美好生活。二是比赛胜出索宝,如同样流传于浙江舟山的《龙王输棋》[②]传说。相传,东海嵊山岛上有个叫陈棋的孩子,棋艺精湛,人称"东海棋怪"。东海龙王自认为棋艺无人能敌,找陈棋比试,

---

① 忻怡:《中国民间故事丛书·浙江舟山普陀卷》,知识产权出版社2019年版,第199—201页。
② 王洁、周华斌:《中国海洋民间故事》,海洋出版社1987年版,第88—91页。

并以连输三局就进献鱼鲜为赌注。输了棋的东海龙王,只能兑现先前诺言,年年进献鱼鲜。三是降伏龙王索宝,典型如《沙门岛张生煮海》。潮州儒生张羽清夜抚琴,吸引了东海龙王三女琼莲,两人约定在中秋之夜相会,却招致龙王的阻挠。张羽使用仙姑所赠的"银锅一只""金钱一枚""铁勺一把",以银锅煮沸海水,最终逼迫龙王将琼莲许配于他。江苏太仓的《乌郎子的故事》①中,乌郎子因意外碰触了能打开龙宫之门的石头,由此产生了与龙王三公主相恋结婚、龙王阻挠婚事、乌郎子勇闯难关、借来法宝(西王母的碧玉簪)制伏龙王等故事情节。而龙王三公主之所以违抗父命非乌郎子这一普通海边小伙不嫁,是因为前文交代的他待人和气(善待穷人),最为关键的是,曾救下一条会哭会叫的"娃娃鱼"。回到海中的"娃娃鱼"向三公主述说自己被救的经历,遂引起公主的注意。只是私下许婚,并不为东海龙王认可,所以才有龙王阻挠婚事、乌郎子借宝制伏龙王的后续情节。

上述围绕宝物索取的斗龙、戏龙及伏龙故事,虽然索取之物有物质和精神层面之分,索取行为有智取和软硬兼施之别,但都集中呈现了弱者面对强势力量压迫时爆发的反抗精神;而弱者获胜的结局调适着人和海洋的紧张关系,给向海而生的涉海群体以精神鼓舞和前进动力。

(四)识宝易宝模式

这一模式的故事一般讲的是主人公海上遇仙或遇险,无意间得到平淡无奇之物。在经历了空间位移或数年的无人问津之后,此物被识宝人发现、抢购,因其稀缺性而变得奇货可居。唐宋时期,海洋识宝人多为胡人,他们的识宝、易宝故事通常在旁人的惊羡中戛然中止。海洋贸易带来的丰厚回报以海中奇物被高价收购叙事加以呈现,无形中刺激着民间社会对海洋贸易的热衷和利益追逐,如洪迈《夷坚志》所载《海山异竹》、周密《癸辛杂识》所载《海井》。《夷坚志》中《海山异竹》将海上遇仙情节与胡人识宝故事相结合。温州巨商张愿于绍兴七年(1137)出海,涉海途中遭遇风浪,经五六日,船漂至一

---

① 《中国民间故事集成·江苏卷》,中国 ISBN 中心 1998 年版,第 587—591 页。

山。山上修竹戛云,弥望极目,又见一白衣翁,告之此地非他们所能留,并指东南方可达乡间。该故事用"修竹戛云""白衣翁"营造海中神山的缥缈氛围,故事结尾用胡人识宝情节揭晓了海山砍取的修竹实为"聚宝竹"。

较之唐宋识宝故事,民间盛传的海洋识宝故事在叙事方面有着明显的变化:其一,海洋宝物由稀世珍宝变为寻常之物;其二,持宝人与识宝人并未取得利益一致;其三,故事结局由易宝成功转为取宝失败。民间识宝故事的叙事重心不在主角如何得宝,而在于交易过程中信守承诺或言而无信的行为选择。背信弃义招致人财两空的故事结局反复揭示了民间渴望一夜暴富又深受传统义利之辨影响的价值观。

如若宝物不与物质财富直接挂钩,故事还有另外一个走向,持宝人得知真相后,拒绝交易,从而护佑一方平安。如流传于宁波海曙的《天封塔的传说》,先是介绍天封塔的镇塔宝物"停风蜘蛛"的来历——这原是一只木蜘蛛,因吸取天地灵气所化,护佑明州海波不惊、风调雨顺。其后嵌入了一个外来客识宝故事。天封塔中的那只"停风蜘蛛"常常拖长线停在渔民阿毛家的香篮上。外来客闻讯赶来,欲高价购买此香篮。阿毛深知如果失去"停风蜘蛛",天封塔可能会倒塌,届时全城百姓就会遭殃,一番权衡之下,还是果断拒绝了外来客的高价收购。

三、作为文化镜像的海洋宝物幻想

(一)宝物形态折射的民间海洋意识

"'镜像'隐含着一种关系,即镜像活动中主体通过镜子这一介体与客体构成的互动关系。"[①]海洋宝物幻想,实际上呈现了海洋生产实践中人与海洋的关系,其形态从物质层面逐渐向着精神层面的过渡,从某个侧面呈现了人

---

① 梁昭莉、吴兴帜:《文化镜像视野下的遗产保护研究》,《百色学院学报》2020年第6期,第36—42页。

们认知海洋、经略海洋意识趋强的发展轨迹,由此,建构了人与海洋互动的第一层文化重镜像。

恶劣自然环境和低下抗灾能力使然,濒海百姓希冀得到海神的眷顾,幸运得宝以消除生存危机或现实困境。宝物多以物质化形态呈现,如神奇动物类宝物、日常器物类宝物。随着海洋经济社会的发展,人们试图通过宝物蕴藏的奇幻魔力,挑战海神权威,强化自身经略海洋的行动力量。宝物内涵由物质化向着精神化过渡,如能舀干海水的煮海锅、平定风浪的莲花、斩妖除魔的宝葫芦等。

事实上,真正的无价之宝总是超越物质层面的。在民间社会,夫妻和睦、兄弟团结以及由此衍生出来的良好人际关系、道德品质,都可视作精神层面的"宝物"。浙江宁海县流传的《正月初一不扫地》[①]与《录异记》中《求如愿》、《搜神记》中《欧明遇龙君海神》如出一辙,只是主人公名字、故事发生地点稍有变化。《正月初一不扫地》中的主人公欧阳为生意人,因屡次向澎泽湖投随身物品,而被请至湖中做客。经人提醒,欧阳求得如愿而归。暴富后的欧阳越发骄狂,大年初一竟要殴打如愿,如愿躲入门后杂物堆逃离。

《正月初一不扫地》中的主人公欧阳之所以求得如愿,是因为他常向湖中抛掷随身之物,有明显的酬神之意。"他们习惯于像看待世俗事物一样地看待被赋予超自然力量的神灵,并以现实生活中对待俗人的方式来换取神灵的帮助。"[②]作为答谢,湖神春湖君派人请欧阳入湖挑选礼物,这是第一层"以宝易宝",较为典型的商人逐利思维。欧阳听从使者之劝,舍弃眼前的奇珍异宝,坚持求如愿。如愿聪明伶俐,协助欧阳致富,这是第二层"以宝易宝",它以隐喻方式阐释了宝物的双向价值。夫妻和睦、家庭和谐等精神财富可以恰如其分地转为物质财富;反之,亦能夺取人们珍视的财宝甚至生命。

---

① 戴余金:《中国民间故事丛书·浙江宁波宁海卷》,知识产权出版社2015年版,第98—99页。

② 侯杰、王小蕾:《民间信仰史话》,社会科学文献出版社2012年版,第174页。

(二)叙事模式隐含的民间价值取向

民间海洋宝物故事反复出现的二元对立结构,如围绕宝物的赠予/夺取、交易/反悔、索取/失去等矛盾冲突,较为深刻反映农耕思维与商业思维的激烈碰撞,也影响着沿海民众关于涉海逐利、美好生活的表达,由此建构了人与海洋互动的第二层文化镜像。

农耕文化影响下,不仅宝物形态留有农耕劳作烙印,连叙事方式也体现着农耕文明的强势话语。幸运得宝而家财万贯的故事虽迎合老百姓对平淡生活藏有奇迹的期待,但在流传过程中,这类故事会被添加不同程度的道德意义。受赠宝物是对主人公乐善好施、信守承诺的物质回馈,故而有同情赠宝、感恩赠宝故事的生成与传播。相比之下,贪心之人强取豪夺只为私利,这就注定了宝物消失结局,甚至借宝、夺宝之人还会受到不同程度的惩罚,以此达到训诫、警示作用。

饶有意味的是,幸运赠宝模式中的"失而复得"情节,喻示了对不劳而获财富的果断拒绝,强调辛勤劳作才是真正意义上的传家之宝。《摇钱树和聚宝盆》[①]表层叙事是一个得宝/夺宝故事,老大幸运得到摇钱树和聚宝盆两样宝物,老二、老三拔树、盗盆不成,偷了一筐金银连夜逃离。兄弟二人都想独吞这笔巨款,结果酿成悲剧。该故事的潜层叙事为宝物的失而复得,老大清晨醒来,不见兄弟二人,又见金银少了一层,心中已猜测到了几分,他思前想后,打算刨掉摇钱树、砸了聚宝盆。第二天推门时,发现摇钱树竟变成了一张渔网,聚宝盆化作了一条渔船。失而复得的叙事余波,实则表达了在海洋贸易冲击下对待海洋逐利现象的折中态度。渔网和渔船犹如渔家的摇钱树、聚宝盆,是他们向海谋利的"鱼钩","以宝取宝"才是通往富足生活的正当途径。

对海洋宝物的主动寻求衍生出识宝、易宝叙事模式。如《民间》月刊一卷八集载有《乌龟》故事,说的是一个渔翁网到一只乌龟,识宝人愿意出三千

---

① 王洁、周华斌:《中国海洋民间故事》,海洋出版社1987年版,第450—453页。

第八章 海洋冒险叙事

两银子购买此龟。渔翁察觉其中蹊跷,推脱明天等音信。第二天,渔翁告知识宝人乌龟已逃走,并追问购买原委。识宝人见购宝无望,便如实相告,只要给乌龟喂盐,就能撒出珠子来。识宝人走后,渔翁如法炮制,喂盐、得珠,并以此致富。民间对不劳而获的隐忧又进一步衍生出了取宝失败的叙事余波。通常而言,出尔反尔的持宝人在终止交易后鲜有"以宝取宝"成功的,更多的时候他们因打破禁忌致使宝物消失。其情节结构大致为:持宝人对常见物件,如青草、稻草、蜘蛛、乌龟、猪等习焉不察,经识宝人高价求购提醒,获悉宝物的神奇力量,私下藏之并试图"引""钓""诱"海中珍宝,因操之过急或不得要领,持有的宝物终究鸡飞蛋打。

总的来说,民间海洋故事并不排斥主人公对宝物的渴求,如何使用和守护宝物才是"以宝取宝"的关键所在。持宝人是主动促成宝物流通以获取间接、可供交换的价值,还是以知足方式维持财富平衡,成为农耕思维和商业思维冲突的叙事焦点。故事多以取宝失败为结局,某种程度上反映了叙事者对那种不事生产仅靠交易就能"一本万利"的隐忧,故而要以正直守信、勤劳善良等伦理道德作为守财、致富的前提,这也不失为民间对涉海逐利观念的道德修正和接纳。

宝物作为观照沿海百姓生存状况的一面镜子,真切反映了人与海洋的互动关系。宝物形态从神奇动物类、日常器物类向着魔力御敌类变化,与涉海群体认知海洋、经略海洋意识趋强的发展轨迹相一致。民间海洋故事围绕宝物展开的赠予/夺取、交易/反悔、索取/失去等二元对立叙事,较为鲜明地呈现了农耕文明影响下的海洋逐利表达。幸运赠宝模式的失宝结局源于抢夺者的贪念,具有较强的道德规劝作用,而海洋识宝模式的失宝结局具有自我解构意蕴,如若持宝人缺乏驾驭宝物的能力,即使拥有宝物也终究是梦一场。

第九章　海洋神圣性叙事

海神来源诸多，诸如自然神，佛教、道教等诸神，历史人物神甚或普通百姓应灵成神。从海神信仰的播衍来看，吴越地区海域传播较广的海龙王、南海观音、妈祖等海神，备受老百姓崇敬的历史人物，以捕鱼技艺超群闻名或在海难中舍身救人的普通人，"经过'因水而灵'圣迹故事的扩展、置换或重塑，被赋予了不同程度的海洋灵性，成为沿海百姓解除生活困厄的重要精神寄托"①。具体而言，"因功成神"的叙事与英雄人物戍守海疆安全这一历史功绩密切相关，人们很自然地将其英雄事迹神化，成为民间价值备受推崇的护卫海疆安全的神祇之一；"因水而灵"的叙事聚焦传统伦理道德的民间重构，当个体义行与传统伦理相一致时，顺理成章地成为神祇队伍中的一员；渔师、护航神"因善成神"的叙事聚焦海洋，"或是为民除害护佑渔民出海平安，或是凭借超凡神力护佑渔民鱼虾盈舱，满足了沿海百姓最直接、最基本的祈福禳灾精神诉求"②。

第一节　"因功成神"叙事

"英雄崇拜是人类的普遍心理，中华民族的英雄崇拜在英雄共性之下有

---

① 谢秀琼：《浙东海神信仰的民间传说展演》，《文化学刊》2020 年第 5 期，第 32—36 页。
② 同上。

第九章 海洋神圣性叙事

自己独特的内涵……英雄兼有智慧、胆识与高尚的道德。"①曾经活跃在吴越之地的历史人物,之所以能深入民间并成为该地崇奉的对象,首先与其心系社稷、忧国忧民情怀密切相关;其次,经过民间传说演绎,适当转换为海神圣迹的一部分;再次,与官方、民间的合理推动有关。以下,以戚继光传说为个案,分析"因功成神"叙事的生成、内蕴及其播衍。

一、卓著功勋:"海疆守护"圣迹的生成

倭寇对中国沿海的侵扰始于明朝洪武初年,到了明朝中后期尤其是嘉靖时期,皇帝求仙、严嵩专权、军备废弛、海防虚废等多重因素所致,倭患日趋严重。倭寇所到之处焚烧抢掠,东南千里海滨几无宁土,百姓流离失所,史称"嘉靖大倭寇"。嘉靖三十四年(1555),一支不足百人的倭寇,突犯会稽县,一路劫掠杭州、严州、徽州等县二十多处,流窜数千里后,向南京城进逼。《明史·列传第二百十》记载:"突犯会稽县,流劫杭州,突徽州歙县,至绩溪、旌德,屠掠过泾县,趋南陵,至芜湖。烧南岸,趋太平府,犯江宁镇,直趋南京。"这次被如实记载于史传的抗倭战例,无疑暴露了明朝军队的怯懦无能,也让明政府真正意识到了倭患的严重性。时代呼唤英雄,救民于水火之中,戚继光便是其中一位。戚继光,字元敬,号南塘,出身于山东登州将门世家。嘉靖二十三年(1544),承袭父职任登州卫(今山东蓬莱)指挥佥事。嘉靖三十四年(1555),戚继光调任浙江都司佥书,次年(1556)升迁至分守宁绍台参将,驰骋于浙江沿海战场抵御倭寇。鉴于所练之兵"怯于短刃相接"缺陷,嘉靖三十八年(1559),戚继光听闻义乌山民剽勇,以"城居者不用,尝败于敌者不用,服从官府者不用"三不用原则,征得义乌兵四千余名,训练而成后来让倭寇闻风丧胆的戚家军。嘉靖三十九年(1560),因擒获王直有功,戚继光任分守台金严等处参将,负责台州、金华、严州等地防卫,所练义乌兵随之奔赴

---

① 杨宗红:《民间信仰与明末清初话本小说之神异叙事》,人民出版社2017年版,第267—268页。

吴越海神信仰的传说展演研究

浙东沿海抗击倭寇。嘉靖四十年(1561),"戚继光率领戚家军,在临海桃渚、花街、大田、白水洋等地,九战皆捷,史称'台州大捷',从此倭寇远离浙江"①。与之呼应的是,宁波、台州地区流传的戚继光传说较之嘉兴、绍兴、温州等地数量更多、流传程度亦广,如《戚家军巧摆空城计》《戚继光竹竿破倭刀》《少保胡公庙宇》《神马找水惊倭寇》等,甚至戚夫人相关传说也被该地百姓津津乐道,如《王氏桥》②《戚夫人坚守新城河》③。《王氏桥》解释了地名由来,即使随着城镇化建设,临山城里街河已被填平,桥也拆了,王氏桥这个地名一直沿用至今。究其原因,当地百姓赞颂戚继光抗倭功绩的同时,也对戚夫人王氏与军民联合守城的深明大义颇为敬仰。

嘉靖四十一年(1562),戚继光离浙赶赴福建,开启南征北战的新征程。戚继光平定浙江、福建倭寇,屡建奇勋,深受沿海百姓崇敬。在浙江,戚公信俗除寿诞和忌日外,还有舟山岑港和台州温岭等地渔民在开洋和谢洋时进行祭祀,"祭品规格高于一般神灵"④。至今,浙江不少海岛尚有"戚公祠"等一批宫庙遗存。可以说,一位卫戍边疆有功的英雄凭借其显赫战功,在老百姓心中便具备了镇守海疆的神迹。

戚继光在东南沿海的广泛影响得益于显赫战功,一系列传说围绕其军事奇才展开。戚继光著有《纪效新书》,设计出了克敌制胜的鸳鸯阵法和狼筅等武器,锻造了一支纪律严明、骁勇善战的戚家军,在流传的过程,层累而成沿海百姓的集体记忆。这种集体记忆有一定的史实基础,如倭寇勾结东南沿海海商、海寇分股流窜,沿途劫掠。鉴于此,戚继光主张通过流动作战歼灭倭寇,台州抗倭九战九捷战绩见证了该策略的有效性。《上马石》⑤用一

---

① 思苇:《戚继光的临海双城记》,《文化月刊》2015年第36期,第16—19页。
② 鲁永平:《中国民间故事丛书·浙江宁波余姚卷》,知识产权出版社2015年版,第89页。
③ 《浙江省民间文学集成·台州地区故事卷》,浙江文艺出版社1991年,第170—172页。
④ 姜彬:《东海岛屿文化与民俗》,上海文艺出版社2005年版,第461页。
⑤ 《浙江省民间文学集成·台州地区故事卷》,浙江文艺出版社1991年版,第83页。

前一后的"离散情节"交代地方风物与戚继光抗倭的关系。开头叙事交代了台州松门的上马乡,原本叫"三弯里"。结尾有呼应,三弯里百姓为纪念戚继光杀倭,把戚将军踏过的大石头称作"上马石",该地也相应改称"上马"。中间核心情便是对流动作战的叙事:听闻三百多倭兵烧杀温岭松门,戚继光兵分两路迎击,一路亲自率领士兵绕道至石塘,杀得倭寇措手不及;一路实施水上包围,截断残余势力的唯一退路。两路夹击之下,戚家军大获全胜。

这种民间集体记忆不尽然对应历史上真实存在的人、事、物,"而是话语与读者信以为真的事物之间的关系……它属于公众舆论。这公共舆论显然不是'现实',而只是一种独立于作品之外的第三种话语"①。如《少保胡公庙宇》②明显承载着民间的价值取向。相传戚继光在慈溪龙山抗倭有功,龙山百姓为其造了一座庙。在塑戚将军神像时,平地起风波。当地县官李大人得知老百姓正为戚继光造庙,提出胡宗宪总督功劳更大,更有资格被塑像,并在庙宇匾额上题词"胡公庙"。村民内心不服,但也只能听从县官安排,将戚将军的神像移开,取而代之为胡宗宪塑像。后来,李县官升迁至知府,村民趁新官未到任,在庙宇东首改建"少保殿"。与"少保殿"香火日夜不息形成强烈反差的是,正殿里的胡公像却被蛛网笼罩,人们干脆将庙名改为"少保胡公庙"。从《少保胡公庙宇》传说可以窥见,相比同样抗倭有功却攀附严嵩、饱受争议的胡宗宪,沿海百姓对功勋卓著、廉洁奉公的戚继光的崇敬之情更为鲜明。

二、胆识与济世:"海疆守护"圣迹叙事的内蕴

"传说一般是以真实的历史人物或事件做'原型'基础,经过长期集中、

---

① 王泰来等:《叙事美学》,重庆出版社1987年版,第9页。
② 《浙江省民间文学集成·宁波市故事卷》,中国民间文艺出版社1989年版,第242—243页。

丰富的典型化过程而逐渐定型的。"[①]戚继光传说据史传、碑记等史实记载,通过小说、民间故事等虚构想象,将戚继光抗倭事迹和因功成神叙事策略相结合,塑造了集胆识与济世精神于一身的民族英雄形象。具体而言,戚继光传说"机智"主题与"三射倭酋""智胜倭寇"等情节相融合,塑造了胆识过人的抗倭英雄;"济世"主题与"痛斩亲子""严惩亲舅"等情节结合,将其塑造成儒家精神与民间价值都推崇的"儒将"代表;"神奇"主题与"三支神箭""神马找水"等情节相融合,见证了战功卓著向着显灵成神的演化,让戚继光成为吴越民众所尊崇的海神之一。

(一)机智主题

围绕戚继光屡建奇勋记载,民间传说采用移花接木之法畅叙"机智"主题,将历史上相似事件附会于主人公身上,戚继光几乎成为"垛箭式"人物。

机智主题的诙谐效果首先源自故事中行为主体的等级差异。故事在弱者的聪明与强者的愚蠢对比中,反复展开叙事,从而展示"弱势群体"的生存力量。在《巧计驱倭》[②]传说中,戚继光驻守慈溪临山卫,防守的海岸线全长百余里,当时兵额不足,兵器也不如倭寇,如若不在战略、战术上动动脑子,要击败敌人十分困难。某日,倭寇调集大批人马,向着临山卫发起了突然进攻。戚继光收到情报后,深知寡不敌众,只能运用巧计对付敌人。他先是发动全体将士在沿海深挖壕沟,以备掩蔽作战;另外又组织两队人马,一队手举大旗在壕沟里轮番走动,摇旗呐喊,另一队在岸边敲锣打鼓,鸣放鞭炮。倭寇来袭时,戚继光一声令下,顿时响起呐喊声、鞭炮声、锣鼓声,震耳欲聋,威震四方,营造万军迎战的声势。倭寇以为戚继光早有所准备,吓得不敢轻举妄动,慌忙将兵船掉转方向。戚继光用巧计驱倭,也极大增强了军民抗倭

[①] 段宝林:《中国民间文学概要(第四版)》,北京大学出版社2009年版,第64页。
[②] 鲁永平:《中国民间故事丛书·浙江宁波余姚卷》,知识产权出版社2015年版,第91页。

的信心。《脚印计》①传说中,戚继光利用地形地貌优势,设计歼灭倭寇。得知倭寇即将从上马地段登岸抢掠,戚继光立即打开地图,一番思量后,选择了水桶岙作为歼敌之地。戚继光传令,让住在上马和水桶岙的百姓,全部暂避内地。出岛时,要求水桶岙村民倒穿鞋子走路,沿途再丢一些米粒。这样海涂上出岛脚印就变成了进岛脚印。这天下午,两千多倭寇果然在上马泊船登陆,却发现村子空荡荡的,而在通往水桶岙的海涂上,发现数千入岛脚印,沿途还有洒落的米粒。天黑之时,倭寇涌向水桶岙,才发觉中计,急忙传令退兵,但为时已晚。只听见一声炮响,戚继光率部队从四面八方包抄而来,两千多倭寇全被歼灭。

　　机智主题的诙谐效果还源自知足与贪婪的二元对立叙事。这种根植于民间的诙谐文化,"既有嘲笑——否定作用,又有欢快——肯定作用",在生活的"戏仿"中嘲讽了邪恶或权威势力的愚蠢(具有否定、解构意义),同时又展现了底层百姓战胜邪恶势力的智慧与勇气(肯定其生存智慧与价值)。《戚家军计歼倭寇》②利用倭寇的贪婪,步步引诱,最终将其一网打尽。倭寇闯入慈溪大楼头村,烧杀抢掠,村中杂货店老板出去收账,等他回到家,妻儿已被倭寇杀害,财物被洗劫一空。老板强忍悲痛,挖出原先埋藏好的金银去找戚家军,将之献给军队做军饷。第二日,戚将军命人做了四块大小不同的木牌,依次竖立在大路旁,等着倭寇再次来袭。不久,倭寇两三百人进村抢掠,见东首第一村口,竖着一块六尺见方的大牌,"西村有黄金,无勇不可进"。倭寇贪财,赶去西村。路上,竖着一块四尺见方的木牌,"牌下有黄金,胆小不可寻"。倭寇朝着木牌一通挖掘,果然挖得黄金,更是急切地向西村前行。到了西村,见一块两尺见方的木牌,"西村有七斤,倭寇莫前进"。倭寇以为西村藏有黄金七斤,冲到村子最西处,又见一块一尺见方的木牌,"七

---

① 《浙江省民间文学集成·台州地区故事卷》,浙江文艺出版社1991年版,第173—174页。
② 《浙江省民间文学集成·宁波市故事卷》,中国民间文艺出版社1989年版,第239页。

斥变戚军,倭寇要丧命"。此时,戚家军从墙根屋角、芦苇丛中冲出,将倭寇一网打尽。

(二)济世主题

戚继光深受儒家思想影响,以安民为其志,具有强烈的济世情怀,"为将者不必计死生,但要做得个忠臣义士。便此肉身受苦受难,不过数十年之物。丢他去了,换得名香万古,立像庙庭,哪个便宜?勘破此关,便能真心任事,上阵不惧矣"①。

戚继光体恤将士,但宽容不苟的前提是军纪严明,"寮寀虽亲,法有必执,不执则挠变于中。若一概以宽容、含忍处之,所谓萎靡,所谓罢软"②,而法有必执的民间"确证"当属忍痛处死违反军令的儿子戚印,重责违反军令的亲舅刘将军三十军棍。《戚继光重责娘舅》③将故事背景设置在浙江抗倭胜利,南下福建抗倭的路途之中。戚家军从宁波南下赶往福建抗倭,途经乐清雁荡山时已是深夜,将士们便扎营休息。戚继光娘舅见他连日奔波,端来一盘红烧鸡。可是,戚继光非但不领情,反问鸡从何处得来,娘舅谎称是捡来的,实为村民圈养之鸡。戚继光一听,气得脸色铁青。天亮后,老百姓听闻此事,纷纷求情,在老百姓求情之下,戚继光的怒气才消,但还是依照军规重责了娘舅。民间流传较广的《戚继光斩子》《戚继光重责娘舅》等传说,虽无史料记载,但表达了民众对戚继光治军严明、不徇私情的由衷赞美。

(三)神奇主题

在该主题叙事结构中,真实性的历史叙事主要有招募义乌兵、发明狼筅、"桃渚"之围等,虚构要素主要有射龙、斩龙、借潮等想象。历史与虚构相

---

① 戚继光:《练兵实纪》卷九《练将》,载《中国兵书集成》第十九册,解放军出版社、辽沈出版社1994年版,第370页。
② 同上,第382页。
③ 詹王美:《中国民间故事丛书·浙江温州乐清卷》,知识产权出版社2016年版,第153—154页。

第九章 海洋神圣性叙事

互交织,为民间叙事增加传奇性和审美性。嘉靖三十八年(1559),戚继光率部队到浙江抗倭,历任宁绍台参将、台金严参将。在台州各地三年,大小战役10余次,屡战皆捷,战功卓著。传说《三支神箭》①的开篇就交代了三支箭为神仙所赐,紧接着对三射倭酋故事作了全新演绎。第一箭射向假活佛。相传戚继光巡海到普陀珞珈山,只见山上寺庙里,有个小和尚乔装成活菩萨,向香客索要钱财。戚继光十分气愤,射出一支神箭,却出乎意料地未射中。他上岸后走进寺庙,只见该箭落在了观音塑像手中。第二支箭射向了桃渚龙。这原是一条恶龙,常兴起狂风暴雨,淹没田地。戚继光驻兵椒江时,正好碰到桃渚龙出来作恶,便用神箭将它的一只眼睛射瞎,从此成了独眼龙。第三支箭射中了九指山峭壁上的"九疯藤"。此草药可治疗他母亲的风湿病。戚继光一箭射"活佛",二箭射恶龙,三箭射草药,空间从普陀山到台州桃渚再到海山仙山,叙事从头至尾传奇且神秘,极富想象力。

狼筅是戚继光在东南沿海抗倭时用的一种防御性武器,分为竹和铁两种。竹狼筅用长而多分叉的毛竹制成,顶端装有铁枪头,两旁多留枝刺,各尖处敷上毒药;铁狼筅长一丈五尺,重达七斤,远超过倭刀的攻击范围,在近距离作战时能取得奇效。《戚继光竹竿破倭刀》②在戚继光发明竹狼筅历史叙事的基础上,讲述了戚家军以退为进取得抗倭胜利的故事,兼具历史性和趣味性。江苏省太仓市浮桥一带的老百姓为了纪念戚继光,每年庙会时,总有一队人头扎两色彩巾,手执长竹竿,走在出会队伍前面,像极了当年戚家军奋勇杀敌的威风样子。

传说的神奇性叙事还借助各种"巧",偶然性的巧合与英雄人物的智勇双全巧妙融合,营造"出奇制胜"的叙事效果,进而凸显戚继光抗倭英雄品格之外的超乎寻常的胆识巧智。在《戚继光借潮》③中,戚继光为了建造抗倭兵营,到海盐澉浦谭仙岭驿站察看地形。这里就预先埋下了伏笔,适合做兵营

---

① 《浙江省民间文学集成·台州地区故事卷》,浙江文艺出版社1991年版,第78页。
② 《中国民间故事集成·江苏卷》,中国ISBN中心1998年版,第129—130页。
③ 《浙江省民间文学集成·嘉兴市故事卷》,浙江文艺出版社1991年版,第67—69页。

的地点应该具备易守难攻的地理优势,或者说戚继光对天文地理常识了如指掌。不料戚继光刚到,山下就传来倭寇船只停靠的消息,六百多倭寇抢劫了塘前村,又向北进犯。戚继光只带了五十余士兵,去盐官调兵肯定是来不及,心急之余他赶到海边了解情况。此时潮水正好退平,倭寇的十只大船远远停靠在一块高沙滩附近。戚继光看了会儿潮水,又抬头望了望月亮,计上心来。他领着士兵直奔村中,杀了正在抢劫的倭寇,乔装打扮一番杀了个回马枪,攻下了倭寇船只。涨潮时分,戚继光下令士兵在沙滩点上冲天大火。正在大肆抢劫的倭寇看到冲天大火,以为船只受袭,慌忙往回赶。等到他们赶到海边,只见船只平静地停靠在海岸,周围一片寂静。正在疑惑之余,船上飞出一阵乱箭,倭寇发现中计,连忙后退,此时潮水已涨到高沙滩。大潮汛恰逢西北风,汹涌的潮水从四周袭来,一个巨浪打来,倭寇统统被钱塘江潮水吞没。

《借潮灭倭寇》[①]与嘉兴地区流传的传说有异曲同工之妙,说的是戚继光上知天文,下知地理,巧用潮水灭倭寇。略有不同的是,正在岸上烧杀抢掠的倭寇看见海边大火燃烧信号,急忙赶回。当他们看见自己的船只逐渐远离岸边,只得泅水追赶。此时船上利箭齐发,毫无准备的倭寇转身跑向岸边,却正中戚家军的埋伏。恰值天文大潮汛,潮水越涨越高,惊恐万分的倭寇被巨浪吞噬。潮汐除了受月亮、太阳影响,还受到地形和海水黏滞性等多种因素的影响。显然,自小生活于山东登州的戚继光熟悉潮汐规律、潮流时刻,将之运用于抗倭之战看似在意料之外,实则在情理之中。

《倭仔窝》[②]解释了"倭仔窝"地名的由来,将专名解释附会于戚继光抗倭事迹之中。明嘉靖三十五年(1556)夏秋之交的某个清早,戚继光在庙山击退部分倭寇,正思索着下一步杀敌作战计划。这时,潮水刚刚退去,渔民背着渔网,提着鱼篓到海里捕鱼,让戚继光感到奇怪的是,几个渔民舍近求远,

---

① 鲁永平:《中国民间故事丛书·浙江宁波余姚卷》,知识产权出版社2015年版,第92页。

② 同上,第87—88页。

总在海涂上绕来绕去。渔民一见是戚继光,便告知实情,海涂上有几处"风窝",人若陷进去,就只会越陷越深,所以当地人捕鱼时尽可能绕着圈子走,避开"风窝"。戚将军一听,盘算着将这些天然的陷阱用在今后的作战上。他派人将渔民所说的"风窝"位置、大小、深浅逐一记下;又在渔民的指点下,在"风窝"边插上标记,便于戚家军识记。过了几日,倭寇卷土重来,戚将军听闻消息,立即带领部队反击,倭寇大败而归。戚将军一面指挥大部队乘胜追击,一面吩咐部分戚将军抄近路赶到海边拦截,步步紧逼之下,将倭寇赶往几处"风窝"里。陷入"风窝"的倭寇插翅难飞。从此,"风窝"便改为了"倭仔窝"。

三、生前应灵:"海疆守护"圣迹叙事的播衍

传说真实性来源有三:"1.内容本身包含真实元素,如真实存在的人、事、物。2.社会事象的真实——有一定历史依据。3.集体记忆的真实——作为民众集体记忆的表现,传说人物或细节的真伪并不重要,重要的是在其产生和流传过程中,创作者传播者改编者的心态与观念"①。"海疆守护"圣迹在融入日常叙事、神圣性叙事后流传、再生产,播衍过程中,也承载着传播者、接受者对历史人物、历史事迹的评价与态度。

(一)融入日常叙事的播衍

传说的每一次讲述、每一个异文,都是将共有的地方性知识或地方传统不断强化、巩固或传承。作为集体记忆的地方性知识,会不自觉地介入传说的改编、传播,与故事母题一起构成另一种叙事话语。如不少地方特色美食的来历均与戚家军的铁血传说相关,无不透露着百姓对戚家军的敬意与爱戴,最为鲜明的表征便是,军民一心的情义已融入日常生活。由于倭寇入

---

① 张志娟:《论传说中的"离散情节"》,《民族文学研究》2013年第5期,第153—161页。

吴越海神信仰的传说展演研究

侵,乡村民众坚壁清野,明军所至之处往往缺乏饮食。《光饼的故事》[①]解释了浙东沿海出产"光饼"的命名由来。明朝倭寇经常侵犯浙东沿海地区,一会儿上岸抢劫,一会儿乘船逃离。戚继光追杀倭寇,要求兵贵在神速,但埋锅做饭极为不便,将士们总是饥一顿、饱一顿。某天,戚家军营前来了一位妇女,手拎一篮薄饼,中间留有小孔,说是自家男人出门打猎带饭不方便,就将此饼用绳子串起来带在身边,饥饿时扯下一块就可以充饥。戚继光听闻后,觉得可让士兵们行军打仗时也带上咸光饼,既不影响作战,也不耽误吃饭。光饼制作在浙东一带流传了下来。

每年元宵节,台州地区各家各户,都有吃"糟羹"的习俗。相传,戚继光曾率军在临海筑城墙,天寒地冻之时,老百姓自发送来米饭、芋头、粉丝、芥菜等食物。为了让戚家军吃上一口热饭,老百姓抬来几口大锅,把四面八方送来的食物倒在一起,烧成"大锅羹"。戚继光深为感动,派属下买来酒糟,掺入大锅羹里,创制而成"糟羹"。

沿海百姓将渔民滩涂劳作工具"泥艋船"(又有"海马"等别称)的发明或使用嫁接在戚继光传说之中,塑造了善于捕捉战机、奋勇杀敌的戚继光形象,同时表达了人们对抗倭英雄的感激之情。《泥艋船》[②]说的是倭船到后海塘,因退潮而搁浅在滩涂上。戚继光领兵攻打,可是海涂泥泞,士兵行动缓慢,眼睁睁地看着倭寇逃走。为解决军队滩涂作战难题,戚继光设计出一种小船,长五尺,宽一尺,上面装上横柄,使用时双手扶柄,左腿跪在船尾,右脚向后一蹬,船在海涂上飞快滑行,故而取名为"泥艋船"。倭寇再犯时,恰逢海水退潮,戚继光一声令下,埋伏在海塘后的泥艋船似箭一样驶出,远的使箭炮,近的用刀枪,将倭寇全部歼灭。也有地方流传的版本是戚继光受渔民

---

① 鲁永平:《中国民间故事丛书·浙江宁波余姚卷》,知识产权出版社2015年版,第90页。
② 《浙江省民间文学集成·宁波市故事卷》,中国民间文艺出版社1989年版,第240页。

使用泥艋船启发,将之用于滩涂战事,如《戚继光造"海马"》[①]。如今,吴越之地的百姓根据潮水涨落规律,在潮落时分,滑着小巧又便捷的"泥艋船"捡海货,曾经被附会为抗倭利器的"泥艋船"在沿海日常劳作、生活中延续着它的使命。

(二)转为神圣性叙事的播衍

"传说的神圣性往往通过历史人物的神化而实现。"[②]《戚继光掘井》《沙井》《神马找水惊倭寇》等传说均套用了"神马刨泉"母题。按理说,戚继光抗倭和找水源没有必然的逻辑关系。当抗倭之地发生严重干旱,百姓生活就会遭受严重困扰。戚继光急百姓所急,帮着寻找水源,解决眼下的自然危机,便回到了"缺水—神马刨泉—解渴"的叙事逻辑之中。至于他是在嘉兴还是余姚发现了水源,并不影响其整体叙事。《神马找水惊倭寇》[③]说的是,戚继光率领部队进驻慈溪龙山一带时,为当地百姓寻找水源的传奇故事。倭寇得知陆上百姓缺水,将船只聚集在澥浦海边,寻找机会登陆,趁机侵犯三北地区。戚继光眼见田地开裂、百姓挨饿,急得睡意全无。三更已过,他独自骑马漫步乡间。快到营地时,马前肢突然扑通一声跪地,戚将军赶忙下鞍前去扶马,马见主人下鞍,趴在地上不肯起身。细细观察之后,发现马肚子下面的土色有点发暗,戚继光将剑插入土中,地面上渗出许多小水珠。他连忙唤来士兵开挖,等到士兵找来锄铲,那匹红马已经在水洼里畅饮了。戚将军和部下连夜挖出一口井。第二日,埋伏在澥浦海边的倭寇闻讯,认定戚将军有天神相助,吓得连夜逃走。《戚继光掘井》[④]与嘉兴地区的相关传说并

---

① 郑辉:《中国民间故事丛书·浙江宁波象山卷》,知识产权出版社2015年版,第54—55页。

② 刘丽丽、陈刚:《论民间叙事文学的神圣性特质——以昭君传说为考察对象》,《求索》2011年第3期,第182—184页。

③ 《浙江省民间文学集成·宁波市故事卷》,中国民间文艺出版社1989年版,第237—238页。

④ 鲁永平:《中国民间故事丛书·浙江宁波余姚卷》,知识产权出版社2015年版,第93—94页。

吴越海神信仰的传说展演研究

无二致。有意思的是,为了增强故事的真实性,该传说加入了离散情节,即戚继光所掘的"沙井"在20世纪末因城镇建设而湮没。

事实上,沙井因井底有黄沙而得名,与马刨泉情节关联度也不大,之所以附会于戚继光事迹之中,其一,增强传说的历史感和可信性。如果抹掉"戚继光掘井"的背景交代,取而代之为普通村民掘井,传说必要的可信性、历史感维度也会相应减少。某种程度上,读者或听众已不再关注内容上的真实可信,而在意真实可信的集体记忆营造。也就是说,"传说能造成真实可信的效果,根源未必在于提及实存之人、物,也未必在于人、物的专名,恐怕更多是因为人们知道这些人、物'存在'并对他们先有了解"[①]。即文化真实存在于老百姓的先在认知之中,对拥有集体记忆的人而言,传说唤起的是他们对先在认知的情感共鸣,并对此产生信赖。其二,强化神圣性叙事。"民间叙事文学之神圣性开拓了民众的想象空间,解决了民众的内在需要,坚定了民众的精神信仰。"[②]在《戚继光掘井》《神马找水惊倭寇》等传说中,民众用神马找到水源这一极富想象力的方式解决了现实中缺水的困境,不仅使戚继光闪耀着神圣光辉,且把民众的集体记忆和愿望也神圣化。又如《戚继光和敲榔岩》[③]传说中,苍前山的"敲榔岩"因戚继光在象山县昌国卫抗倭而闻名。倭寇仗着人多,把戚家军逼到了昌国卫城下。为鼓舞士气,戚继光把战鼓搬到苍前山的一块岩石上。战鼓敲响,戚家军士气大振,倭寇大败而退。随后,戚继光率领大军去附近沿海追杀倭寇。倭寇打算卷土重来,但刚上岸,就听见苍前山附近传来阵阵鼓声,月光下依稀看见苍前山顶戚将军威风凛凛摆动双臂。百姓们闻讯纷纷拿起棍棒、刀枪,向倭寇杀去,倭寇吓得转身就逃。月光下挥舞双臂的戚继光犹如战神降临,而与之相关的安放战鼓的岩石也有了传奇色彩,被老百姓称为"敲榔岩"。

[①] 张志娟:《论传说中的"离散情节"》,《民族文学研究》2013年第5期,第153—161页。

[②] 刘丽丽、陈刚:《论民间叙事文学的神圣性特质——以昭君传说为考察对象》,《求索》2011年第3期,第182—184页。

[③] 郑辉:《中国民间故事丛书·浙江宁波象山卷》,知识产权出版社2015年版,第53—54页。

第九章　海洋神圣性叙事

第二节　"因水而灵"叙事

一、缘起：避江河波涛之害

"在近代交通手段出现之前，水路是最方便、最经济的交通手段。但水上航运是一项充满危险的事业，万一遇上翻船或触礁等事故，不但船上货物悉数尽散，人的生命也受到严重威胁，于是人们便塑造出水神，祈求保佑水上活动的安全。"① 水上航运与吴越泽国之乡的多数人生活息息相关，相对陆地运输，水路运输不仅缩短两地之间的距离，且船只承载货物量大，获利亦丰厚。然则，风向多变、暗涛疾、暗礁险……这些潜在风险都是行舟之人不可承受之重，轻则船翻物没，重则船毁人亡。东南沿海民众遭遇的海洋灾害，以台风、海啸的危害最大，因其突发性强、破坏力大，不仅直接危及沿海百姓的生命安全，而且对沿海航运、渔业、盐业乃至农业生产破坏也是极大。"濒海多飓风，《南越志》云：飓者，具四方之风也。常以五、六月发。未至时，鸡犬为之不鸣。"② 台风多兴于农历六七月，过境时常带来狂风暴雨，对浙江沿海中段、南段影响尤为严重。在台州、温州等沿海地区，台风引发的海啸造成海水倒灌、毁堤、毁房甚至溺人的灾难时有发生。例如，南宋乾道二年(1166)"八月丁亥，温州大风海溢，漂民庐、盐场、龙朔寺"③。明永乐二十二年(1424)七月，"黄岩潮溢，溺死八百人"④。明崇祯元年(1628)七月，杭、嘉、

---

① 朱海滨：《近世浙江文化地理研究》，复旦大学出版社2011年版，第109页。
② 浙江省地方志编纂委员会：《宋元浙江方志集成(第7册)》，杭州出版社2009年版，第3105页。
③ 陆人骥：《中国历代灾害性海潮史料》，海洋出版社1984年版，第37页。
④ 同上，第91页。

吴越海神信仰的传说展演研究

绍三府发生海啸,"坏民居数万间,溺数万人,海宁、萧山尤甚"①。台风、海啸引发的潮水倒灌,损害农作物生长;即使潮水退却,土壤盐碱化也让农田尽废,多年无法复种。

面对人力所不及或无法控制的海洋灾害,沿海百姓凭借勇气和智慧积极应对。首先,积累大量的预测海洋灾害的天象知识,如根据风向、雷声、浪花、生物异样等预测台风。《测海录》记载有通过观察风向来预测台风,"清明以后,地气自南而北,以南风为常,应南风而反北。霜降以后,地气自北而南,以北风为常,应北而反南,则台将作。六七月北风,则必为台矣。六月初六前后七日,尤宜谨防之,俗云六月防初,七月防半"②。郁永河《采硫日记》记载:"海上人甚畏之,惟得雷声即止。"③温州地区谚语有云:"六月一雷压九台,七月闻雷风就来。"台风来临前,近海会先产生涌浪,古代称之为"移浪"。舟山地区民间流传"海水臭,风将起;下隔动,有台风""海上起蛮涌,必定发大风""滩横生浪叫声哄,不久有大风"等说法。由于浪涌作用引起海洋动物习性异常,古代也用此来预报风暴。其次,不惜人力物力修筑海塘以御海潮侵袭。海洋传说中的"潮神"泛指掌控江河、海洋潮汐的神灵。江河暴涨潮的形成,与入海河流的河口地貌有着密切关系,"入海河流的河口段有着复杂的潮汐现象。有一些喇叭形河口,会出现一种奇特的潮汐。这种潮汐来临时,潮端陡立,来势汹涌,犹如万马奔腾,排山倒海,异常壮观。潮汐学上把这种潮汐现象称为'暴涨潮',也称为'涌潮'或'怒潮'"④。如钱塘江的海洋暴涨潮既是壮阔的自然景观,也对沿岸民居构成了巨大的破坏。人们祈求海神护佑的同时,也积极投身于修筑海塘。"在全国的海塘工程中,以浙江海塘自然条件最复杂,工程措施最艰巨,工程建筑最宏伟,它能代表我国

---

① 陆人骥:《中国历代灾害性海潮史料》,海洋出版社1984年版,第171—172页。
② 马树华、曲金良:《中国海洋文化史长编·明清卷》,中国海洋大学出版社2012年版,第576页。
③ 同上。
④ 宋正海、郭永芳等:《中国古代海洋学史》,海洋出版社1989年版,第270页。

各个时期海塘工程的水平。"①唐代,江浙地区海塘修筑已渐成规模,并以土塘为主。五代时,江浙海塘向着石塘形式过渡。筑塘之法历经竹笼法、坡陀法、纵横交错法等,极大提升了海塘的抗潮性,守护着沿江、沿海百姓的生命安全。再次,崇祀那些能够免除突发性海洋灾害侵袭的神灵,希冀海不扬波、国泰民安,相应构成了浙东沿海及岛屿民众精神生活的重要底色。这也是金龙四大王、伍子胥等海神信仰较之山区,在沿海地区流传更广的原因之一。流传于浙江嘉兴的《伍子胥镇妖》②传说将修筑海塘的困境与海妖(乌龟、蛇)作恶相联系。伍子胥发现后举剑和海妖搏斗,一场激战后,将海龟和海蛇杀死在沙滩上。被杀的海龟和海蛇不断变大,变成了两座山,分别是乌龟山和蛇山。该传说也与当地谚语"青山乌龟长山蛇,伍子胥当年亲手捉"相呼应。

二、内蕴:传统伦理道德的民间重构

《礼记·祭法》:"夫圣王之制祭祀也,法施于民则祀之,以死勤事则祀之,以劳定国则祀之,能御大灾则祀之,能捍大患则祀之。"③儒家极力赞成的是忠孝节义。被封为神祇祭祀的历史人物,或是忠义、抵御外敌入侵有功,或是为政清廉、造福一方。当个人的义行善举与儒家传统道德相一致,他不仅被民众崇奉,也被列入国家祭祀层面,顺理成章地成为神祇队伍中的一员。

历史上的杭州湾、钱塘江沿岸各府县,曾饱受潮水之害,当地很早就产生了潮神崇拜现象。在诸多潮神中,最为出名的当属春秋时期伍子胥。伍子胥是春秋时期的楚国人,其父伍奢、兄伍尚为楚国重臣,后遭奸臣谗害被

---

① 陈吉余:《我国围海工程的历史经验与今后意见》,《华东师范大学学报(自然科学版)》1963年第1期,第111—121页。

② 《浙江省民间文学集成·嘉兴市故事卷》,浙江文艺出版社1991年版,第98—100页。

③ 胡平生、张萌译注:《礼记》,中华书局2018年版,第891页。

杀。伍子胥逃奔吴国,被委以重任后,以一种激烈的方式为父兄复仇。其后,因反对越国求和,曾为吴国励精图治的伍子胥开罪于吴王,落得个自刎而死、抛尸于江的下场。父子命运的惊人相似也加剧了伍子胥形象的悲剧色彩。人们同情伍子胥的同时,很容易将钱塘江怒涛与伍子胥的冤屈联系起来。而伍子胥尸沉江传说中出现的种种异象,经渲染和传播,便具备了潮神的最初想象。"乃弃其躯,投之江中,子胥因随流扬波,依潮来往,荡激崩岸。"①《绝越书》曰:"发愤驰腾,气若奔马。威凌万物,归神大海。仿佛之间,音兆常在。后世称述,盖子胥,水仙也。"②《录异记》卷七记载:"钱塘江潮头,昔伍子胥累谏吴王,忤旨赐属镂剑而死。临终戒其子曰:'悬吾首于南门,以观越兵来伐吴。以鲼鱼皮裹吾尸,投于江中,吾当朝暮乘潮,以观吴之败。'"投江后产生的种种异象是伍子胥作为潮神的肇始。

金龙四大王也是吴越地区较为典型的海神,其人物原型是世居钱塘县的南宋会稽人谢绪。"按《涌幢小品》:神姓谢,名绪,南宋人。元兵方盛,神以戚畹,愤不乐仕,隐金龙山,筑望云亭自娱。元兵入临安,赴江死,尸僵不坏。"③《铸鼎余闻》卷一记载:"山阴王祐《浣云集》云:金龙四大王,姓谢名绪,钱塘安溪里人,籍会稽,诸生……至明太祖与蛮子海牙战于吕梁洪,敌在上流,我师失利,而风涛忽卷黄河为之北注,海牙大败。太祖夜梦神告之曰:'臣谢绪也!'太祖惊寤,遂封为黄河神。其后拥护漕河,屡著灵异……得旨敕封护国济运金龙四大王。"④徐渭曾为金龙四大王庙撰写碑文:"自洪武迄今,江淮河汉四渎之间,屡著灵异。商舶粮艘,舳舻千里,风高浪恶,往来无恙,金曰王赐,敬奉弗懈。各于河滨建庙以祀,报赛无虚日。九月十七日为

---

① 〔后汉〕赵晔撰,周生春辑校汇考:《吴越春秋辑较汇考》,中华书局2019年版,第76页。

② 李步嘉:《越绝书校释》,中华书局2013年版,第369页。

③ 〔清〕赵翼著,栾保群、吕宗力校点:《陔余丛考》,河北人民出版社1990年版,第626页。

④ 宗力、刘群:《中国民间诸神》,河北人民出版社1987年版,第370—371页。

其诞辰,祭赛尤盛。"①滥觞于越地的金龙四大王信仰,从明朝初年开始向江南其他地方扩张,究其原因,主要有以下三个方面:其一,谢绪因不能报国而投水自杀,为死后神格转化提供了伦理基础。后人将他生前的忠义之举与水上救难显灵事迹相关联也是对传统理想人格的一种建构。其二,灵显于江河湖海圣迹的叠加,护佑漕运、河运往来者无恙。金龙四大王的水上应灵叙事通常为:泛舟海外,遭遇狂风,波浪掀天,舟中人几沉大海;舟中人望空祈祷,呼叫或叩头某海神,忽有神灵或神奇之物(如灯、火团等)从天而降,狂风顿息,水途安妥,一船人得救。其三,金龙四大王信仰的兴起与扩张,和官方推动密不可分,其助佑明太祖在吕梁洪打败蛮子海牙,遂被封为黄河神,后又因护佑漕河,敕封济运金龙四大王。《西湖二集》记载:"丁未二月,傅友德与元兵大战吕梁,见金甲神人在空中跃马横槊,阴兵助阵,旗上明明有'谢公之神'四字,元兵惊慌,大败而逃,从此时时见其形状,直杀到元顺帝弃了大都逃于漠北。后永乐爷议海运不便,复修漕运。他又竭力暗中护佑,凡是河流淤塞之处便力为开通,舟船将覆溺之时便力为拯救,神灵显赫,声叫声应。嘉靖中奉敕建庙在鱼台县。隆庆中遣兵部侍郎万恭致祭,封'金龙四大王'。"②河运发达的杭嘉湖宁绍地区,民间对金龙四大王祭祀、报赛之风也一直盛行。民间祭祀与传说的互动影响,共同推动着金龙四大王信仰的跨区域流布。

三、播衍:神性置换或叠加叙事

面对强大的异己力量,无论是自然灾害还是社会灾害,人们因无能为力而产生了对超自然力量的崇拜。"灵验故事是当代人和神的生活故事。它具有不同的发生和存在形式,与民间信仰的关系密切。它既是对民间信仰

---

① 〔明〕徐渭:《徐渭集》,中华书局1983年版,第1298页。
② 〔明〕周清源著,刘耀林、徐元校注:《西湖二集》,浙江文艺出版社1985年版,第546页。

生活的一种诠释和呈现,又是对民间信仰的反馈叙事。"[①]这种对抗自然或社会灾害的记忆经过漫长岁月,强化为集体记忆而流传下来。历史记忆和现实需求进入民间文学后,便会转化为与民间海神信仰有关的神异书写。

(一)神性置换:身负异能叙事

在传说的衍化中,日常生活为同类故事异文的产生、传播提供了取之不尽的素材。五代十国时期,钱塘江水势凶猛,常泛滥成灾,海塘屡建屡毁。钱王即钱镠,"候潮至,逆而射之,由是潮退"。这便是广为流传的《钱王射潮》传说。《钱王射潮》不仅在吴越之地,甚至在全国都有一定程度的传播。屈大均《射潮歌》有证,"人知钱王射潮,而伏波射潮罕有知者"。不过在民间的想象中,生前骁勇善战、修筑海塘有功的钱镠常被替换为身形高大、力大无穷的挑盐商贩。这种看似无意的原型重构,在传说播衍的过程中,经日常生活细节的不断增加、渲染或裁剪,共同演绎了《钱王射潮》传说的丰富性和多样性。在《担山和笠帽山》[②]传说中,钱镠被塑造为挑私盐的普通盐工形象——钱大王。钱大王力大无穷,一次就能挑起几万斤重的担子,远近大商贩都喜欢叫他挑私盐。七月里的一天,钱大王挑着一担私盐到夏盖山下。酷暑难耐,他放下担子,靠着石头打起了盹。其间,潮水冲上岸,一担盐逐渐消融。等钱大王醒来,一看箩筐空空的,越想越生气,拿起手中的长扁担,用尽全力朝海面打去,正中潮神背上。钱大王打了一扁担,还不解恨,打算挑起两座大山镇住潮神。路上碰到一老太太,她劝钱大王不要轻易惊动潮神,遭拒绝后,便递给他一顶笠帽。钱大王接过笠帽,挑起两座山,飞快向海边走去。可是,那顶笠帽越变越大,越来越重,压得钱大王不得不止步休息。原来,老太太乃观世音菩萨所化,那顶有法力的笠帽后来变成了笠帽山,而

---

① 杨旭东、赵月梅:《灵验故事:民间信仰研究的另一个视角》,《重庆文理学院学报(社会科学版)》2010年第5期,第1—4页。
② 《浙江省民间文学集成·绍兴市故事卷(上)》,中国民间文艺出版社1989年版,第89—90页。

钱大王挑来的两座山变成了现在的担山。在《担山和笠帽山》传说中,吴越国钱镠变为挑盐贩子,无论是拿起扁担痛击潮神,还是挑山以缓解海潮击岸的冲击之势,其实都表达了人们借挑战潮神以减少海潮对江岸的破坏这一意愿。

(二)神性叠加:遇难成祥叙事

伍子胥离楚奔吴应该确有其事,在《春秋左传》《国语》《史记》《越绝书》《吴越春秋》等均有记载,其中《史记》记有《伍子胥列传》。伍子胥的父亲伍奢、哥哥伍尚遭杀害后,伍子胥开始逃亡之旅,先后逃亡至宋国、郑国、晋国,最后逃亡至吴国。最初,伍子胥追随太子建逃亡宋国,"闻太子建之在宋,往从之……伍胥既至宋,宋有华氏之乱,乃与太子建俱奔于郑。郑人甚善之。太子建又适晋"。根据《史记》记载,晋国要求太子建为内应而谋郑,被郑人发现后而遇害。这就断送了伍子胥逃亡晋国之路,南下吴国成了不二之选。伍子胥逃难的路线基本确定,但也充满各种变数和危险,流传最广的故事当属乞食浣纱女、江上遇渔丈夫和过昭关。

"民间传说将伍子胥神化、英雄化,造出许多不经的履历,但最重要的框架却难以动摇。"①《史记》对伍子胥乞食是这样记载的:"伍子胥未至吴而疾,止中道乞食。"东汉时期,伍子胥故事出现了浣纱女这一角色,对伍子胥有给食之恩,为保密或因贞节而投水。《越绝书》:"子胥遂行。至溧阳界中,见一女子击絮于濑水之中,子胥曰:'岂可得托食乎?'女子曰:'诺。'即发箪饭,清其壶浆而食之。子胥食已而去,谓女子曰:'掩尔壶浆,毋令之露。'女子曰:'诺。'子胥行五步,还顾女子自纵于濑水之中而死。"②按《越绝书》记载,浣纱女因绝疑而自纵于濑水。《吴越春秋》卷三《王僚使公子光传》:"至吴,疾于中道,乞食溧阳。适会女子击绵于濑水之上,筥中有饭。子胥遇之,谓曰:'夫人,可得一餐乎?'女子曰:'妾独与母居,三十不嫁,饭不可得。'子胥曰:

---

① 张志娟:《伍子胥传说研究》,北京大学硕士论文2011年,第19页。
② 李步嘉:《越绝书校释》,中华书局2013年版,第18—19页。

'夫人,赈穷途少饭,亦何嫌哉?'女子知非恒人,遂许之。发其箪筥,饭其盎浆,长跪而与之。子胥再餐而止。女子曰:'君有远逝之行,何不饱而餐之?'子胥已餐而去,又谓女子曰:'掩夫人之壶浆,无令其露。'女子叹曰:'嗟乎!妾独与母居三十年,自守贞明,不愿从适,何宜馈饭而与丈夫,越亏礼义,妾不忍也。子行矣。'子胥行,反顾女子,已自投于濑水矣。"①可见,按《吴越春秋》记载,当伍子胥提出为其保守秘密时,浣纱女投水兼有保守秘密和自守贞明之意。虽然"浣纱女"传说存在诸多异文,但有共有的情节模式:江边遇到浣纱女,伍子胥乞食,浣纱女或因绝疑而投水自尽。相比浣纱女故事,江上遇渔夫多了赐剑和辞剑情节,但此情节的添加或删减,并不影响故事走向。

《伍子胥过昭关》②传说与地方风物结合,将过昭关一夜白头、江上遇渔夫、乞食浣纱女等故事串联。相传过昭关时,伍子胥一夜白头,躲过了楚兵的盘问。逃至溧阳,有乌鸦山挡住去路,伍子胥连人带马躲进山神庙。楚兵一看庙门结满蜘蛛网,便离开。走出山神庙的伍子胥想采野果子吃,山神敬重他是忠良之后,劝他不要吃。从乌鸦山下山的伍子胥快马加鞭向濑江逃去,路见浣纱女,饥饿难忍,向浣纱女乞食。浣纱女为保全伍子胥的安危,投江自尽。伍子胥又一路逃到沙河,追兵就在身后,见一渔翁垂钓,便借了渔翁的蓑衣和钓鱼竿,佯装渔翁蒙混过关。过长荡湖时候,伍子胥搭乘的小船眼看着要被楚兵追上,他不慎掉到了湖里的草鞋,化作湖中小山挡住了楚兵的追赶,草鞋山也由此得名。

诸多伍子胥逃吴传说始终围绕着"遇难—神奇之人或物相救—获救"三段式情节结构展开。1.遇难,一般指逃吴路上,遭遇人为(自然)障碍:(1)楚兵逼近,无处可藏;(2)或被楚兵围困,无从突围;或遇自然阻碍(山水),无法前行。2.绝处逢生,一般会出现神奇的救助者或一种神奇之物:(1)渔夫;

---

① 〔后汉〕赵晔撰,周生春辑校汇考:《吴越春秋辑校汇考》,中华书局2019年版,第18页。

② 《中国民间故事集成·江苏卷》,中国ISBN中心1998年版,第37—40页。

(2)浣纱女;(3)山神;(4)芦花;(5)蜘蛛网;(6)鞋子;(7)其他。3.获救,继续逃亡。"中国文化以家族、社会为本位,复仇乃是行孝尽伦的社会使命而不光为一己私愤。"①可以说,《史记》奠定了伍子胥作为强烈复仇意志驱使下的"烈丈夫"形象,其后的史传、戏剧小说中的伍子胥形象基本未脱离这个设定。而在民间话语场域中,英雄落难又不断挑战、超越困境的故事向来被人们津津乐道。在传布过程中,救助者的相继出现被赋予了绝对的权威和超自然力量。就叙事功能而言,命中注定的获救如一路出现的救助者(或物)也强化了主人公为父兄复仇的正当性和合理性。

第三节 "因善成神"叙事

一、缘起:善美同构

海神信仰叙事的审美价值总是与主体民众、主流文化的审美意识相连,即在历史人物、普通船老大、民间女子等形象建构中传播依附着善者更善、美者更美、善美同构的主流审美意识。《说文解字》对"善"这样解释:"善,吉也。从誩,从羊。此与义美同意。"原初意思是,从羊群中,择其优者用于祭祀,后引申为通过祭祀仪式祈求吉祥、幸福。"美"在《说文解字》释义为:"美,甘也。从羊,从大。羊在六畜主给膳也。美与善同意。"从词源看,善与美具有同源关系。在民间主流审美意识中,"美的观念往往与善的观念相互交融而协调发展"②,审美对象善的行为往往具有美的属性与价值。

---

① 王立:《中西方复仇文学主题褒贬倾向比较》,《西南民族学院学报(哲学社会科学版)》2000年第1期,第73—76页。

② 郑新胜:《审美文化视域中的民俗——以福州民俗为例》,福建师范大学博士论文2015年,第73页。

二、内涵与播衍:护佑鱼盐之利

(一)他们生前的善举与水域安全有着不可分割之联系

"因善成神"的核心灵力叙事聚焦海洋,或是为民除害护佑渔民出海平安,或是凭借超凡神力护佑渔民鱼虾盈舱,满足了沿海百姓最直接、最基本的祈福禳灾精神诉求。民间航神与出海平安息息相关,常为渔夫舟子指引航道、航向乃至港道。平安抵达目的地的引航神原型不少也是由普通老百姓神化而来。舟山东极岛流行着"青浜庙子湖,菩萨穿笼裤"的谚语,说的就是青浜岛、庙子湖岛渔民崇奉"引航神"——笼裤菩萨。相传,从福建前往浙江海域的一条渔船在黑夜中航行,遇上风暴不幸触礁沉没,除一位老渔民幸存外,其他人全部遇难。每逢黑夜,老渔民就会擎着火把为穿梭于茫茫夜海的渔船引航。老人去世后,渔民们尊他为"菩萨",造庙供奉,因其塑像穿着渔民传统服饰"笼裤",俗称"笼裤菩萨"。

宁波慈溪胜山一带的引航神,人称"胜山娘娘"。在《胜山老外婆》[①]传说中,每年三月初一到初三,慈溪及周边地区的男女老少向胜山老外婆献香烛祈祷,悼念为迷航船只点亮"神灯"的地方神灵。相传南宋初,告老还乡的尚书夫妇选择风景秀美的胜山定居。胜山北面是茫茫大海,靠海渔民按潮汛涨落出海,茫茫黑夜常迷途难归。尚书公和夫人得知此事,制作了一盏能避风雨的明灯,将之系在竹竿梢头,插在胜山的最高处,渔民朝着这盏灯方向行进便能安全返回。尚书公过世后,尚书夫人依旧守护这盏明灯,人们感激她的善举,亲切地叫她"胜山老外婆"。某年的农历三月初一夜晚,风雨大作,明灯在风雨中飘摇欲倒,胜山老外婆不顾安危,跑去扶牢摇摇欲坠的明灯。迷航的渔船因明灯的指引安全靠岸,胜山老外婆却不幸滑下山坡遇难。

[①] 童银舫:《中国民间故事丛书·浙江宁波慈溪卷》,知识产权出版社2015年版,第160—162页。

第九章　海洋神圣性叙事

当地渔民有感于胜山老外婆的救命之恩,造庙塑像,称其为"胜山娘娘"。迷航时,渔民默念祈求"胜山娘娘",便会出现明灯,指引着船只平安返航。另有一说是,一位老婆婆夜间纺纱,点灯透出的微弱亮光,为夜海迷航的船只指明了方向,好多渔船因此而得救。老婆婆死后,渔民们尊之为神,称之为"胜山娘娘"。无论是"笼裤菩萨"还是"胜山娘娘",都经历了"死后成神"的叙事演绎,生前善举如同她们所举之火把、所点之油灯散发的光亮极为有限,却给夜间航行的船只带去希望的光芒;死后成神更是护佑一方百姓,成为可亲可敬、一心为民的地方保护神。

杨甫传说在吴越地区各有版本,但无一例外承载着渔民祈求捕鱼平安、丰收的心理。舟山地区的杨甫是定海岑港老白龙。相传渔民杨甫帮助福建一个寡妇捕鱼,捕上来的梅童鱼变成了大黄鱼,成为远近闻名的捕鱼能手。在浙江奉化,杨甫衍化为名叫洋夫的渔民,很大程度上,源于海神信仰在同一区域内传播出现的音同字异现象。

(二)他们身上集中体现了民间对勇敢、善良、机智等美好品质的推崇

受滨海地理条件和渔业生产习俗影响,吴越地区沿海百姓不仅发明、使用多样渔舟、渔具等物质形态,而且通过民间传说塑造了集正义、勇敢与传奇于一身的渔师形象。象山石浦一带崇奉的渔师是少年阎黑,因斩鲨护渔有功而为当地百姓敬仰,后又凭借非凡才智和神勇,降伏水怪,救下海豚一族,被尊奉为阎公大帝,永享香火。余姚临山一带奉祀的渔师为晏公。相传南山门一带汪洋大海,海口常有大鲨鱼出没,威胁着当地渔民的生命。某天,鲨鱼搁浅,一名姓晏的叫花子与鲨鱼展开殊死搏斗。一场恶斗之后,鲨鱼失去双目,晏公也因失血过多而离世。当地渔民集资建庙塑像以纪念晏公。在温岭石塘,渔民崇信的渔师是捕鱼本领高超的钓幺郎,传闻他仅凭水色、潮流、温度、风向等就能准确判断鱼群出没的地点,渔船随其出海便可满舱而归。钓幺郎熟谙水性、乐于助人,死后被当地渔民尊奉为渔师菩萨。

(三)各地渔师、护航神都经历了"人死封神"演绎

"人死封神"叙事,其结构大体为:平凡之人生前具有神力,因救护他人而离世,成神后越发灵验。这种超越生命有限性的情感叙事让传说更深入人心,延续民间对善美同构的审美价值追求。太湖流传的《赤脚黄泥郎》①述说了太湖船户,每遇大风,在船头烧香呼喊赤脚黄泥郎求救习俗的由来。黄泥郎儿时就异于常人,每次太湖刮风下雨,在私塾上课的他便趴在课桌上睡觉,醒来时却满头大汗。在私塾先生的逼问下,黄泥郎才道出实情,睡梦中的他听闻太湖中有人喊救命,前去相救。先生将信将疑,只是黄泥郎再睡觉时他不再打扰。某次,先生看见睡梦中的黄泥郎满头大汗,就好意帮他扇扇子,不想弄巧成拙。先生扇出的逆风耽误了救助时辰,黄泥郎再也没醒来。后来,黄泥郎托梦给先生,太湖船户们如遇大风,呼喊"赤脚黄泥郎",他便会前来相助。

---

① 《中国民间故事集成·江苏卷》,中国 ISBN 中心 1998 年版,第 585—586 页。

第十章 海洋禁忌叙事

第一节 海洋禁忌习俗

许慎《说文解字》对"禁"的解释为"吉凶之忌也。从示,林声"。"忌"则为"憎恶也。从心,已声"。"'禁'与'忌'合成'禁忌'一词,象征着一种人们普遍接受的禁约力量。"①禁忌是人们对神圣的或不洁的、危险的事物所持态度继而形成的某种禁制,它具有以下两个互为关联的基本特征:(1)在观念层面的否定性,从最初的恐惧与崇拜互为交织的认知,逐渐演变为一种禁忌意识,表现为对神圣之人或物不可亵渎,或是对危险之物不可接触的心理忌讳。(2)在行为层面的强制性,通常借助超自然的外在力量,对人们的行为方式产生无言却有威慑性的禁止作用。

海洋作业的危险性使然,吴越百姓除了崇奉信仰圈极为广泛的妈祖、观音、海龙王等海神,还崇拜区域性较强的海神。此外,他们借助超自然力量对"神圣的""不洁的、危险的"事物进行语言、行为方面的抑制,从而消除自身心理上的不安与紧张。出于驱邪避祸、祈安求利等心理需求,渔民平日生产劳作倍加小心,进而衍生出了很多禁忌习俗,诸如接触禁忌、视听禁忌。

---

① 杨慧敏:《大理白族民间故事中的禁忌主题研究》,云南师范大学硕士论文 2020 年,第 13 页。

吴越海神信仰的传说展演研究

一是避免各种吉凶难卜之事的干扰,确保出海平安。如"翻"这个动作,它在掀锅盖、揭仓盖、晒鱼筐甚至吃鱼等日常行为中,都是被禁止的。船上忌说"翻""没有""倒掉""碰礁",或取而代之以吉利言语,如用"过鲜"代替"倒菜"。二是为驱邪避祸,确保海洋劳作的丰收。俗有"初五、十四、二十三,神仙出门背空篓"一说,每季头次出海,须避开农历初五、十四、二十三;吴越沿海地区,妇女跨网、小孩钻网底等行为,会犯鱼钻出网底之忌;船板上蹬脚、拍手,会犯捕鱼"空网"之忌;浙江舟山、台州一带忌讳外借船上之物,诸如淡水,以免财运被借走。如果触犯禁忌,渔民就会及时采取禳灾仪式进行补救,希冀转危为安。每季鱼汛出海前,吴越地区渔民会举行祭海仪式祈求渔业丰收,捕鱼过程中如遇意外,渔民会撒盐米于海上,点燃稻草把,待冒出青烟,挥舞于船四周,以此赶驱邪气。

不独海洋生产习俗中有禁忌的存在,生活习俗、人生礼俗也有种种禁忌,以防止危险的发生。"污染是一种无序,这种无序因其污染性而变得危险,因此社会中存在各种禁忌来防止这种危险的发生。"①《姑娘出嫁要撑伞》②讲述了宁波姑娘出嫁撑伞习俗的由来,以禁忌叙事唤起人们内心的恐惧,进而达成了行为的约束目的。相传,宁波有位刘姓知府,看到宁波婚嫁习俗过于铺张浪费,想借着自家闺女出嫁仪式改变这种奢靡之风。知府请当地官员和乡绅到府上小聚,席间,谈及女儿出嫁碰上难题。原来,观音大士托梦给他,民间女子出嫁坐花轿、凤冠霞帔,惊动了天上仙女下凡。玉皇大帝下令,往后哪家女子出嫁如此铺张,就把新娘变成怪物。唯一可解的办法,便是用撑伞一俗替代凤冠霞帔之俗。知府带头,地方乡绅效仿,加之禁忌叙事引发的危险规避,女子出嫁撑伞相约成俗。

---

① 王伟、夏晓莉:《疾病、洁净与社会秩序:重读〈洁净与危险:对污染和禁忌观念的分析〉》,《医学与哲学》2019 年第 5 期,第 64—68 页。
② 唐佩娟:《中国民间故事丛书·浙江宁波北仑卷》,知识产权出版社 2015 年版,第 127—128 页。

第二节　海神传说中的禁忌形态

"关于未开化人的禁忌(Taboo)、占卜(Divination)等宗教思想和行为，也常表现为地方传说中。"①禁忌叙事作为海洋故事、传说的重要母题之一，其形态主要包括自然禁忌、窥视禁忌、语言禁忌、宝物禁忌、神谕禁忌等。

一、自然禁忌

在生产力相对低下的古代社会，面对很多无法预见、破坏性巨大的自然灾害，人们倾向于认为海洋自然灾害是神灵发怒而施加的惩罚。"人们对禁忌的恐惧，不是来源于事物本身，而是源于对心理的暗示作用。"②与自然相关的禁忌，通过惹怒神灵而遭受惩罚叙事，强调了自然界的不可冒犯，既反映了人类面对神秘莫测的自然界，自身命运无从把握的恐惧心理，也透露了人们渴望与自然和谐相处的心理诉求。自然禁忌叙事常见的情节结构为，主人公出于无知或私欲，明知禁忌不可触犯却依旧越界，故而遭受的惩罚也更为严厉。明代陆粲《庚巳编·九尾龟》所载，海宁百姓王屠与其子出行，从一渔父购得一只巨龟，打算煮了吃。有江右商人识得此龟为九尾龟，欲以千钱赎买放生，王屠却坚持杀而啖之。是夜，海水倒灌，卷走了王屠父子。九尾龟为神物，商人欲放生，遭到王屠拒绝，此举不仅打破了神圣之物不可冒犯的禁忌，且明知不可为而为之"杀而啖之"，对其惩罚也就更加严厉——夜间倒灌的海水夺其生命。与自然相关的禁忌叙事将道德劝诫融于生死选择之中，往往能引发听众强烈的思想共鸣，从而达到道德教化作用。

自然相关禁忌不可触犯，也有不得不打破的例外，那便是故事主人公出

---

① 钟敬文：《钟敬文民间文学论集（下）》，上海文艺出版社1985年版，第95页。
② 陈志勇：《民间演剧与戏神信仰研究》，中山大学出版社2017年版，第248页。

于舍己为人、造福乡民的大义而不得已触犯禁忌。那么,其悲剧性命运往往能引起读者的同情和情感共鸣。民间海洋传说中不乏兴风作浪的恶龙形象,更有庇护百姓而挑战天庭权威的善龙形象,充分体现了吴越百姓面对汪洋大海既恐惧又试图近亲的复杂情感。龙王虽有兴云布雨的能力,却没有随意施雨的权力,稍有犯错,便会受到惩处甚至殃及整个龙族。如浙江丽水缙云县的《玉柱峰》、江苏淮安金湖县的《老龙窝与黎龙河》,上述龙王故事具有浓郁的生活气息,其中的冒犯禁忌蕴含着人们对自身命运的抗争,即使这种抗争以失败告终,行为本身产生的悲剧力量足以令人动容,具有震撼人心的力量。

二、窥视禁忌

该类禁忌叙事的核心情节是"异类"原形如羽衣或螺壳不能被看见,触犯窥视禁忌后,"异类"将消失于人间或回到原来的时空之中,典型如螺女传说。"民间故事中的异类,不论是动植物精灵也好、鬼魅或仙女也好,本来生活于另一个完全不同于人间的世界里面,只有在他们幻变为人而且不为人所察觉的情况下,才能平安和谐地生活于普通人之中。"①在螺女传说的最初版本中,主人公谢端只是幸运地得到大海螺,蓄养于瓮中,螺女幻化而现,这一过程中并不掺杂对谢端的道德奖赏。在其后版本中,加了对谢端少年孤苦却慎独自守的道德奖赏,更有甚者是对其"为性介洁,不染声色"品行的奖励,如《述异记》所载。在濒海地区,神女主动下凡传说本就相当丰富,若是真身或变形被世人察觉,神女们只能被迫离开。螺女传说在流传过程中,受农耕文明影响,海螺逐渐被人们更为熟悉的田螺取代,奉天帝之命下凡的神女被动物"异族"取代,窥视离开核心情节变得更为丰富。当故意藏匿的

---

① 刘守华:《中国民间故事类型研究》,华中师范大学出版社2002年版,第365页。

螺壳被发现后,螺女主动选择了离开,如嘉兴地区流传的《田螺姑娘》①。该传说讲述了年轻小伙在田里拾到一只田螺,养在自家水缸里。从田间劳作回到家,小伙子意外发现破衣服已被补好,饭菜已被烧好。出于好奇,他躲在屋子角落一看究竟。看到田螺姑娘从水缸边现身,小伙子竟藏匿了田螺壳。田螺姑娘自知回不去壳内,只好与小伙子成亲。婚后生有一子,当懵懂的儿子问及自己为何没有外婆时,小伙子直言孩子母亲原是田螺精所化。村上小孩听闻此事,还编起了顺口溜,"笃笃笃,笃了倷姆妈只田螺壳;叮叮叮,叮了倷姆妈只田螺精"。田螺姑娘听到后,很是恼怒,主动索要田螺壳。等丈夫拿出藏匿多年的田螺壳后,田螺姑娘便钻了进去,再也没出来。田螺姑娘主动索要田螺壳,主要出于丈夫及乡民对其"异族"身份的嘲讽。即使是婚后生下孩子,当地人对外来闯入者"异族"的排斥与鄙视依旧没有消除。田螺姑娘愤而离去,带有一定程度的女性独立意识,比之螺女报恩叙事更富现代意义。

三、语言禁忌

受万物有灵观念影响,听懂动物语言就获得了掌握天机的秘诀。"先民们对语言的关注较任何时候都要强烈,他们除了以各种神话解说人类语言起源外,还在万物有灵观念支配下,认为动物发出不同音质、音高的禽言兽语也和人一样在表达情感和交流思想。在原始世界里,人与鸟兽生命可以互相置换,那么人类听懂鸟言兽语更是不成问题的了。"②天机自然是不可泄露的,故事主人公只能恪守秘密,有意泄露天机将招致惩罚,即便是无意透露,也将失去先前的好运或馈赠。"任何违犯禁忌者,无论有意还是无意,都

---

① 《浙江省民间文学集成·嘉兴市故事卷》,浙江文艺出版社1991年版,第412—413页。

② 林继富:《守禁违约的背后——"猎人海力布"型故事解析》,《民族文学研究》2000年第3期,第7—21页。

会受到神秘的和强制性的惩罚。"①触犯禁忌而受到惩戒,是以禁忌自身的危险性为前提,但如果没有预先设置禁忌,其后的违禁受罚就不甚严重。在民间流传中,主人公的身份、听懂鸟语的契机常被替换,但核心情节"听懂鸟语—得罪乌鸦—诬陷入狱—自证清白"相对稳定。嘉兴地区流传的《公冶长听鸟语》中,公冶长因为喜欢花鸟,故而通鸟语。头一次听闻老鹰唱及"前山有只死山羊,你吃肉来我吃肠",果然碰到一只死山羊,但他忘记留给老鹰一点羊肠。第二次听闻老鹰唱及"后山有只死山羊,你吃肉来我吃肠",却碰到一具尸体,因而染上了官司。地方官员自然是不信公冶长能听懂鸟语的自述,便派人拿两盆各掺了盐和糖的饭做试验。公冶长在鸟儿的帮助下,精准区分咸、甜米饭而无罪释放。在《鸟语案》②中木匠公冶长救治了受伤的小鸟,伤愈后的小鸟赠以一颗小珍珠,吞下珍珠的公冶长故而能听懂鸟语。某年年底,公冶长无处做木工活,家里缺米少盐,听见屋外鸟声:公冶长,公冶长,南山有只老绵羊,你吃肉来我吃肠!公冶长跑到南山,寻得一只冻死的大绵羊,靠着这只羊度过了年关,但他忘了给鸟儿留下肠子。第二年冬天,又听见屋外鸟儿叫,"南山有只老绵羊,你吃肉来我吃肠"。可这一回,未见绵羊却见一具死尸,公冶长刚想转身逃跑,被公差逮了个现行。鸟儿第一次告之南山有绵羊,是报答公冶长的善意救助,第二次误导公冶长则带有恶作剧意味。入狱后的公冶长为自证清白,不得已透露了自己懂鸟语这一天机。

四、宝物禁忌

宝物故事中的禁忌主题,主要分为两类,一是意外获宝后,偷宝或借宝之人因无法掌控宝物的变量,而导致宝物消失;二是获悉宝物价值后,撇开识宝人,独自取宝触犯时间、地点或距离等禁忌而致使宝物的消失。

---

① 金泽:《宗教人类学导论》,宗教文化出版社 2001 年版,第 242 页。
② 季忠新:《中国民间故事丛书·江苏南通启东卷》,知识产权出版社 2016 年版,第 270—271 页。

第一类宝物禁忌故事,比较典型的是江苏南通海门流传的《宝磨》。故事将兄弟分家与得宝相缀合,哥哥继承了大部分家产,弟弟只分得一条破渔船。摇船出海的弟弟遭遇大风,被吹入了海底。龙王出于同情赠予他一方能出盐的宝磨。贪心哥哥借走宝磨,打算磨出一船盐去贩卖。宝磨飞转出盐,盐很快就积满了船舱。忘记止盐口诀的哥哥只能绝望地和船一起沉入海底。漠视止盐口诀,实际上反映了借宝之人过度膨胀的私欲。犹如逐鹿的猎人看不见山,捕鱼的渔夫看不见水,被眼前利益迷了眼,反而忽视了潜在的危险,等反应过来,失去的可能不仅仅是宝物。第二类宝物禁忌故事,比较典型的是民间识宝取宝故事。宝物几乎是在无意识状态下被人获取的,并非肇端于贪念。当持宝人知晓所获之物为"宝物"后,在逐渐膨胀的欲望驱使下,他甚至否定易宝的必要性,期盼以宝"钓""引"宝物而一本万利。识宝取宝故事中的禁忌有两层意义:一是持宝人违反口头的交易契约,私下匿藏宝物,而独自取宝;二是触犯了取宝时间、地点或方法等禁忌,到手的宝物化为乌有。

识宝取宝故事关键转折在于持宝人知晓宝物的价值,这就在无形中设置了一个无法抵御的诱惑,持宝人不得不陷入善/恶、利己/利他、满足/贪婪的道德选择之中。在宁波地区流传的《天封塔》传说中,固有的识宝易宝模式有了新的叙事分支,持宝人即使知晓了宝物(蜘蛛)隐藏的无限力量,依旧抵制了以宝易宝或以宝取宝的诱惑,让蜘蛛继续守护天封塔,助佑一方平安。

五、神谕禁忌

该类禁忌叙事中,如果主人公恪守神明意志,包括与神灵达成的约定,就会交好运或规避凶兆发生;反之,违背约定,将会导致好运落空或招来不必要的麻烦。"神谕之所以会构成禁忌,成为禁忌的对象,就在于神谕绝非戏言,违背神谕者,无一例外都要遭殃。这是所有的民间口头叙事文学都遵循的一个事件发展的逻辑。"①神谕禁忌往往通过预言、应验的实现,强化其神圣性,让遵循者交上好运或规避危险;反之,好运落空或陷入困境。《中国民间故事类型(修订版)》录有"创世、混沌初开、最初的人"类型②,与洪水有关的故事,其结构大致如下:(1)一男人(或一妇人)行善;(2)作为报答,他获知洪水暴发的征兆;(3)其他的人开玩笑,仿制出这些征兆;(4)洪水果然暴发;(5)只有这个男人和他的家人在洪水中幸免于难。浙江洞头地区流传的《洞头洋的传说》③中,一位善良的老人梦见玉帝托梦,若是城东石狮吐血,城南铁树开花,全城将成为一片汪洋。老人将此梦中神谕告知乡人,却无人相信。城里有杀猪人、卖摇鼓人仿制老人述说的征兆,用猪血涂红了石狮嘴巴,用纸花扎满铁树。老人见此劝告众人搬家,众人却是一通嘲笑。无奈之下,老人只好举家乘船离开。不久,大浪涌现,全城被淹,只有老人一家幸免于难。

神灵除以托梦形式向世人发出地陷这类禁忌信息之外,还会化身为普通人到凡间向心善之人透露灾祸将至的神谕。在流传于宁波的《沉东京》④传说中,神谕来源于观音对世道人心的考验。观音化身为商人,载着一船芝麻油,以卖油试探人心。买油者有付少钱多舀油的,也有不付钱只舀油的,更有来回舀油的。一船油,没出几天就舀光了,观音坐在船头很是感慨。此时,来一个年轻人,在钱柜上投掷十个铜板,在油桶底刮了一点点油,只因母亲想尝一口芝麻油。观音觉得不虚此行,临走前,留下"东门外石狮子鼻孔出血,东京城有大难,你要赶紧跑"神谕,并嘱咐"此乃天机,不可外传"。后面的故事走向几乎一致,他人开玩笑仿制出征兆。年轻人在海水袭来前,背

---

① 万建中:《神谕型禁忌母题与民间凶兆信息传输》,《宝鸡文理学院学报(社会科学版)》2001年第3期,第8—14,35页。
② [德]艾伯华著,王燕生、周祖生译:《中国民间故事类型(修订版)》,商务印书馆2017年版,第79—80页。
③ 邱国鹰、陈爱琴:《中国民间故事丛书·浙江温州洞头卷》,知识产权出版社2016年版,第21—22页。
④ 《浙江省民间文学集成·宁波市故事卷》,中国民间文艺出版社1989年版,第404—405页。

上老母亲逃离出城。"……将毁灭性的自然灾害与人的善恶行为联系为直接的因果关系,令禁忌主题更有振聋发聩的威慑效果。"①与《沉东京》相似的传说,将神谕的获得与个人的善恶品行相关联,使得人间的至美真情,诸如善良、诚信、孝顺等,被赋予了超越世俗规约,甚至超越生死的动人力量。

第三节　海神传说中的违禁叙事

海神传说的禁忌叙事,有着显性违禁和隐性违禁之分。显性违禁由设禁、违禁、惩戒等要素构成,禁忌的预先设置,很大程度上是为了引出后文的明知故犯或无意违禁。而惩戒的约束性和强制性意在让窥视禁忌中的不能相见、语言禁忌中的不可泄露、宝物禁忌中的不可贪求、神谕禁忌中的不可违背等要义,成为根植于人内心的存在。相比而言,隐性违禁没有明显的设禁,即使违反禁忌,有时也能化险为夷,充分体现了民间叙事的诙谐幽默风格。

一、海神传说违禁叙事类型

(一)显性违禁

神灵赐予的语言天赋、神谕、宝物等,不是任何人都可以得到的。因此,显性违禁首先以主人公的善举为前提,遵守禁忌者得救,不守禁忌或有不当言行者,被神灵施加惩罚,如"沉京东"类型故事。宝物禁忌的遵循,以适度为宜,借宝者或抢宝者因滥用宝物而受到惩罚。"田螺姑娘"的禁忌设置是田螺壳不能被发现,而多年后男子告知田螺壳藏匿所在,便触犯了不可相见的禁忌,田螺姑娘也随之消失。其次,显性违禁叙事通过主人公对禁忌的遵

---

① 万建中:《民间文学的现实意义》,《社会科学战线》2006年第1期,第119—123页。

循或违背展开叙事,具有强烈的道德规劝意义。《恶宝和善宝》[①]故事中,善宝辛苦劳作一年积攒的钱财被恶宝用一袋石头偷梁换柱。夜晚,善宝路过深山,听见山中妖怪聊天,说是宰相之女的眼睛可用山脚下井中的鱼胆治愈。善宝听闻,取出鱼胆,到宰相府献宝。宰相之女眼疾治愈后,宰相遵循先前约定,将女儿许配给善宝。恶宝看见善宝领着千金小姐回家,询问原委。恶宝如法炮制,深夜入山林窃听妖怪聊天,不想被发现,落了个人财两空下场。颇有意思的是,虽是善宝未能遵循"天机不可泄露"禁忌在先,对其违禁惩罚却间接转嫁到了恶宝身上。究其原因,善宝是无意中听见了天机,而恶宝有意偷听,类似"以宝取宝"故事中的仿照窃取却不得要领,结果偷鸡不成蚀把米,赔了夫人又折兵。

(二)隐性违禁

禁忌传说的一些禁忌设置诸如窥视禁忌的不能相见、语言禁忌的不能泄露、自然禁忌的不可冒犯、神谕禁忌的不可违背,或是缺位,抑或是不易察觉,这就直接导致了后续的违禁与惩罚经常发生错位,从而制造了诙谐幽默的喜剧效果。《神蚌和崇明》[②]中居住在崇明岛上的种田人,一夜之间全都得了眼疾,双目失明。幸好村里来了一位年轻郎中,不避风雨地为岛上百姓治病。每当夕阳西下时,年轻郎中便独自一人朝大海走去,这一幕正好被放牛娃看见。村中恶财主听闻此事,猜想郎中十有八九是海中精怪,用火烤逼他现出了原形——海中巨蚌。乡民听闻郎中被抓,二话不说直接捣毁了财主老窝,救出巨蚌。回到大海的巨蚌,张开受伤的蚌壳,一颗耀眼的明珠飞向天际,岛上患有眼疾的百姓重见光明。岛上百姓感恩神蚌的相助,把世代居住的岛屿取名为重明岛,几经流传,成为现在的崇明岛。按照窥视中的不能

[①] 郑辉:《中国民间故事丛书·浙江宁波象山卷》,知识产权出版社2015年版,第251—252页。
[②] 施仲君、黄文元:《中国民间故事丛书·上海崇明卷》,知识产权出版社2016年版,第68—69页。

相见禁忌,在放牛娃目睹了郎中幻化成海中巨蚌的经过之后,郎中因被看见而离去,而非再次出现在岛中。其后的故事又嵌入了宝物禁忌,财主将出入于海中、陆地的郎中(实为海中巨蚌)视若珍宝,逼其现出原形,结果招致岛民的集体反抗。得救的巨蚌在彻底离开前,吐出明珠治愈了患有眼疾的岛民。

《乌鸦的由来》中,相传玉皇大帝身旁的鸟儿能替他传话,十分受宠。某天,玉帝派其大女儿察访凡间生活,发现人们并不珍惜玉帝恩赐的食物。玉帝听闻后,十分恼怒,决心从此不再向人间发放粮食,作为惩罚,人们三天只能吃一顿饭。鸟儿领旨飞往凡间宣读,路过丛林与同伴玩乐全然忘了传话任务在身。夜幕降临时,才想起传话一事,慌忙中将"三天吃一顿饭"说成了"一天吃三顿饭"。玉帝怪罪鸟儿瞎传话,命其飞去人间生活,以惩戒其说瞎话。这则故事一开始并未设置语言禁忌,对违禁后的惩戒也就不甚严厉,带有民间独特的诙谐幽默效果。

二、海神传说违禁叙事的文化意蕴

(一)违禁叙事强化了无言的契约关系

"对于不尊重神灵、有不当言行的人,神灵总是施加惩罚;而对于尊重神灵或者诚心信奉神灵的人,神灵总是予以奖赏,护佑平安。"[①]出海捕鱼危险性大,渔民在鱼汛前会进行盛大的祭祀仪式,以求出海平安、渔业丰收。部分海商在酬神方面也表现得非常积极,因为海洋贸易航程时间长、海况复杂,他们不仅在出海前祭祀,在整个航行过程中也焚香祭祀,每经过一方海域,还要祭祀地域性较强的海神。建于唐永徽年间(650—655)的象山东门庙,供奉"天门都督"神祇,护佑航海者出入平安。根据乾道《四明图经》卷六

---

① 游自荧:《灾难、传说和信仰的互动:日常政治与人神互惠》,《民族文学研究》2020年第6期,第45—53页。

吴越海神信仰的传说展演研究

记载:"其下有庙,号为东门,盖在宁海之东,故以名之。其庙神传为天门都督,或云今置庙处,正当古鄞县东南,是承西北天门之势。庙侧之水,亦自西北山而来,故有天门之称。尊敬其神,方之连率都督,行旅往返,无不致祀,随其诚怠,咸有感应。唐贞观中,有会稽人金林,数往台州买贩,每经过庙下,祈祷牲醴如法,获利数倍。尝因祭毕,解舟十余里,欻然暴风吹舟,复回不得前进。舟人怖甚,谓必有忤于神,果误持胙物而去,乃还致庙中,更加祈谢,即得便风,安流而去。永徽中,又有越州工人蔡藏,往泉州造佛像,获数百缗归,经此庙,祀祷少懈,舟发数里,遂遭覆溺,所得咸失,而舟人仅免焉。其庙建置年月,即无碑碣可考。皇朝建炎四年,赐今额。"①图经以会稽人金林和越州人蔡藏的海上经历为例,告诉人们致祀天门都督虔诚者出海平安,获利数倍;如致祀不诚者可能会遭遇风浪,甚至危及生命。在洪迈《夷坚志》中也有类似记载,宋代泉州杨客在海外经商十几年,积累多金,每遇到风暴袭击,必大叫神求,大许愿,等到回家后就全忘光,后得报应。商人身份虽有变化,但因酬神不虔诚而受到惩罚的叙事如出一辙,对其他海商亦有警示作用。

民间推崇的种种道德劝诫、观念,常通过梦境或他人传话上升为神明意志,从而产生无形的威慑力。金元好问《续夷坚志》中的《麻姑乞树》,说的是宁海昆仑山石落村刘氏家门前有棵大槐树,树荫遮蔽数亩之地,为世间罕见。一日夜里,刘氏梦见自称是麻姑的人求大槐树修庙。刘氏虽有不舍,但想着麻姑庙相距甚远,不妨先答应着。过几日,风雨大作,雨过天晴后,刘氏惊觉大槐树不知去向。四下寻找之后,才发现大树卧于麻姑庙前。《麻姑乞树》先有麻姑托梦乞求刘氏门前的大槐树,后有风雨大作将树挪至麻姑庙前,梦境与现实相互交织,强调了当事人对此事的深信不疑,即便在梦中,答应神灵的事情亦不可反悔。从这个意义而言,海神传说中的违禁叙事,与其说对禁忌习俗的接受与传播起到了推波助澜作用,不如说传说也在无形中

---

① 浙江省地方志编纂委员会:《宋元浙江方志集成(第 7 册)》,杭州出版社 2009 年版,第 2912—2913 页。

强化了某种契约精神。

(二)违禁叙事以迂回方式达成劝人向善的目的

违禁叙事对背信弃义、违背禁令、贪得无厌等行为进行了惩罚,以迂回方式告知人们应该如何做人、如何行事,进而达到惩恶扬善、劝人向善的目的,起到了调节社会秩序的作用。"'灾难源于上天(天神)对人类不义的道德和行为施加的惩罚'的观念由来已久。这类观念反映出中国人'天人合一'的宇宙观:人与自然万物可以相连通、相互感应,天能预示灾祥,干预人事;人的行为也能感应上天。直到今天,这样的观念一直构成了中国人的灾害伦理观的重要内容:人的不当行为能为上天所感知,并降下灾害以示惩戒;人通过修身正己,便可以化解灾祸,遇难成祥;唯有心地善良的人能在大灾难中得救。"①违禁叙事中的惩戒力量,唤起人们对超自然力量的敬畏之情,在现实生活中制约着人们的言行,具有一定的调节社会秩序的功能。《湖海新闻夷坚志续》载有《江神送妪》:"杭州一老妪,年六十余,常诵《金刚经》,诵毕佩带于身。咸淳己巳中秋,到江头观潮,值潮头最高,澎湃冲激,吸没百余人,妪亦与焉。已而潮回,乃独送此妪于江之滨,俨然存活。人问之,则曰:'见潮神阅簿,言我曾诵《金刚经》,有功,送回阳世。'视之衣襟皆湿,惟所佩之经独干。"《江神送妪》所述,百余人被钱塘江潮水吞没,老妪常诵《金刚经》有功,江神送其至江之滨。这则观潮遇难转危为安的传奇性叙事带有较为浓重的因果报应观念,但违禁带来的灾难性后果对违禁者形成了强烈的威慑作用,一定程度上达到了维护社会秩序的目的。

民间传说有着和文人创作不一样的审美特征,除其蕴含的价值观念更贴近民众日常之外,惩戒叙事的强制性在诙谐幽默中自然生成。流传于嘉

---

① 杨利慧:《世界的毁灭与重生:中国神话中的自然灾害》,《民俗研究》2018 年第 6 期,第 57—66 页。

兴地区的《吕纯阳》①用"失去"这一惩戒方式告知世人亲情和金钱孰轻孰重。该传说中,一小孩经吕纯阳点化,拍下自己的手心,便能跳出一个铜板。小孩欢喜地拿着铜板买糖吃,母亲得知铜板来源,开启了疯狂的拍打模式,拍出两袋铜板却未有停止之意。此时,小孩脸色发白,一头栽在地上。母亲看见倒地的孩子,方才清醒,四下寻找郎中看病,却为时已晚。绝望之际,有个自称郎中的人,主动上门治病,只见他往小孩脸上轻轻吹了一口气,小孩便醒了过来。孩子母亲千恩万谢,将此前所得的两袋铜板作为治病报酬给了郎中。此郎中便是吕纯阳,他用"失去"亲人的方式告诉这位母亲,亲情和金钱孰轻孰重。生命和金钱的轻重关系也体现在《神牛》②传说中。相传泖河边的泖塔下面,镇着一头触犯了天条的神牛,由塔中高僧严加看管。某日,捕鱼夫妇网住了碗口粗细的金链条,两人喜出望外,拼命将金链条拖到船舱里。此时,波涛汹涌、狂风大作,泖塔开始摇晃,高僧猜想是有人动了锁住神牛的金链条,召集众和尚敲钟。神牛闻声,重新卧入塔底。船舱里的金链条瞬间又被拖了回去。夫妇俩急红了眼,眼见辛苦拖出的链条滑入水中,渔人操起斧头,砍下了其中两节,慌乱中也砍伤了自己的手指。渔人四处求医,直到用尽两节金链条,才勉强医好。此后,人们即使知道神牛所在,也不敢有动金链条的念头。

(三)违禁叙事调适着人与自然、人与人、人与神之间的复杂关系

"对于先民们来说,毫无根据地带来灾难的海洋成了操作其命运的看不见的鬼魅,长久地依附在人们的无意识中,一旦被唤起,就会让人们莫名地战栗。"③或者可以说,一切神谕都是人谕,呈现人与自然、人与人、人与超自然的复杂关系。借助神谕故事中的预言实现或禁忌遵循,民众不自觉接受

---

① 《浙江省民间文学集成·嘉兴市故事卷》,浙江文艺出版社1991年版,第120—121页。
② 顾静华:《中国民间故事丛书·上海松江卷》,知识产权出版社2016年版,第125页。
③ 董志文:《话说中国海洋神话与传说》,广东经济出版社2014年版,第11—12页。

第十章 海洋禁忌叙事

守禁与违禁的文化功能。

人和自然的和谐相处是沿海百姓生活的理念之一,因冒犯大自然运行规律而受到惩罚的叙事中,我们不难看出沿海百姓对自然界的敬畏心理。这种敬畏心理有原始的恐惧情感掺杂,但其中传递的人与自然和谐相处的愿望在当下依旧有着积极的现实意义。《鱼死为啥不闭眼》①说是铁拐李教训贪得无厌的坷鱼佬的故事。坷鱼佬一连三网,却没网住一条鱼,正生闷气时,有个身穿破衣、拄着拐杖的老头求其摆渡过河。坷鱼佬没好气地说,等他捕到大鱼时再说,老头就在一旁耐心等候。没想到坷鱼佬捕到一条之后,还想着捕捞更多,甚至要装满一船才肯摆渡。老头见坷鱼佬说话不算话,用拐杖重重敲了几下地,船上所有的鱼都跳入水中。坷鱼人方觉对方来头不小,但仍然索要十两纹银作为摆渡费。老头厉声呵斥道,如此贪心之人要发财,除非鱼死"闭眼"。该故事中,拄着拐杖的老头实为铁拐李,他轻松帮助坷鱼人捕到第一条鱼,当对方索求无度,即使鱼已满舱,仍未兑现最初的摆渡诺言时,设禁者就没收其所有作为惩罚。

类似的故事还有《小鱼去,大鱼来》②,捕鱼人王老头捕获了一条首似龙头、鳞如金甲的小金鱼,对方恳请释放,并授以"小鱼去,大鱼来"口令报答王老头的救命之恩。之后,王老头钓上五斤重的鱼嫌小,三十斤的依旧嫌不够大,口中继续念道"小鱼去,大鱼来",这回钓上大鱼足有一百八十斤重。只可惜,王老头费了九牛二虎之力,也无法将其拖上岸来,用力时脚下一滑跌入了崎浦潭。与之相反的是,传说中的主人公为让乡民过上平静、幸福生活,主动打破禁忌变成"异族"叙事。这类传说让同样挣扎于社会底层的民众在文学的想象中获得了一丝精神抚慰,重燃对生活的希望。在《慈妹思夫变海螺》③中,相传梅山岛曾经一片海涂荒滩,海边人家靠着张网坷鱼过日

---

① 《浙江省民间文学集成·绍兴市故事卷(下)》,中国民间文艺出版社1989年版,第478—479页。
② 同上,第370—372页。
③ 唐佩娟:《中国民间故事丛书·浙江宁波北仑卷》,知识产权出版社2015年版,第227—228页。

子,其后海水倒灌,淹没了滩涂,乡民的生计成了问题。村中有个叫张仁的年轻人在太白山老婆婆的指点下,请求龙王传授退潮方法。龙王坦言,退潮是件苦差事,需吃下龙涎草,且不得与凡人有任何往来。吃下龙涎草的张仁获得了掌控潮涨潮落的能力,他也遵守不能与他人相见的禁忌,每天躲在海里,定时推着潮水涨落。一日,他听闻妻子的声声呼唤,一时忘记了龙王的告诫,从海里探出身来,却目睹了日思夜想的妻子瘫倒在滩涂上,化成了一只海螺。主人公获得超自然能力的前提是不得与人间有任何交集。他从海中探头望向思念已久的妻子的瞬间便是对预设前提的超越,而这种超越是不为允许的。违反禁忌的代价,不是让主人公失去潮水涨落的控制能力,而是让身形已变成"异族"的他在精神上还要饱尝失去至亲的痛苦。该传说朴实无华却极富感染力。

总的来说,海神传说中的违禁叙事,强化了无言的契约关系,以迂回方式达成惩恶扬善、劝人向善的目的,调适着人与自然、人与人、人与神之间的复杂关系,具有一定的调节社会秩序的文化功能。

后　记

　　民间海洋文化与文学一直是笔者关注且感兴趣的研究方向。本书《吴越海神信仰的传说展演研究》写作历时近3年，但对此选题的关注可以追溯至2014年。那年，机缘巧合申报了校级重点课题"宁波渔故事的文化特征与保护研究"，遂萌生了对民间海洋文学与海洋文化进行互文研究的念头；其后又将研究视域延展至海洋民俗，并顺利出版了首部专著《浙江渔民俗文化研究》。

　　在研究过程中，笔者发现民俗事象无论是生产习俗、生活习俗、人生礼俗，还是岁时节令习俗，都深受精神习俗的影响，故而将研究目光聚焦到了海神信仰习俗之中。又因海神信仰习俗的传播离不开移民、商贸及传说流布等因素影响，即通过海神传说的发生机制、核心情节变化等探析海神信仰的演变及其背后的社会原因和心理原因，这似乎是一个可行且颇有挑战的研究路径。以此为契机，成功申报了2018年度教育部人文社科青年基金项目"吴越海神信仰的传说展演研究"。

　　本书的写作以文献资料阅读和实地走访相结合，收集、整理尽可能完整的吴越（今江苏、上海、浙江）沿海地区关于海神信仰传说、庙宇景观及信仰仪式的文献史料、实物史料和口述史料，为吴越海神信仰的生成和发展演变提供必要的基础资料和实践支撑。在论述中，重点关注吴越海神信仰传说的类型流变、主题内蕴及跨区播衍，勾勒出相对系统的吴越地区海神信仰传说体系。

吴越海神信仰的传说展演研究

付梓在即,要特别感谢宁波城市职业技术学院提供的出版资助,这份资助不仅是对我研究成果的认可,也让我可以心无旁骛地投入书稿的后期修改,无须过多担心出版费用;感谢宁波出版社黄彬老师的精心编校,他的专业意见和无私帮助让书稿更为严谨、完善;感谢家人、师友的鼓励和支持,让我有信心面对诸多困难和挑战。

海神信仰与传说研究是一项长期的研究任务,囿于本人的学识和精力,对海神信仰与传说的互构研究还有待深化,对吴越地区影响甚广的观音传说、妈祖传说、龙王传说的探讨尚有进一步提升的空间。此外,海神信仰传说的域外传播,也是本书试图展开探讨却未能如愿的遗憾所在,主要考虑资料收集的工作量及难度之大,只能退而求其次,计划另找时间弥补研究中存在的不足与缺憾。

谢秀琼
2024 年 6 月